高等教育公共基础课精品系列教材

新编大学生安全教育教程

主　编：胡　强　沈智祥　刘文娟
副主编：张　程　马　娜　张冬英
　　　　李　毅　赵　巍

北京理工大学出版社
BEIJING INSTITUTE OF TECHNOLOGY PRESS

内 容 简 介

本书依据教育部颁布的《普通高等学校学生安全教育及管理暂行规定》和其他相关法律法规，并结合普通高校对于学校安全工作和安全教育的实践编写而成。全书紧紧围绕大学生在校期间的各项行为活动，对国家安全、人身安全、财产安全、学习安全、消防安全、心理安全、饮食安全、网络安全、公共安全等方面内容进行了系统阐述和探讨，其间结合大量的案例分析，帮助大学生增强安全防范意识，最终促使大学生自觉提高自身应对和预防安全事故的能力，促进大学生的身心健康发展，从而进一步维护高校正常的教学和生活秩序，加强高等学校对大学生安全的有效管理。

全书语言流畅，结构清晰，案例丰富，体例合理，内容完整，具有较高的出版价值。可作为各级高校大学生的安全教育公共课教材，也可供社会各界人士作为提高自身安全的参考读物。

版权专有　侵权必究

图书在版编目（CIP）数据

新编大学生安全教育教程／胡强，沈智祥，刘文娟主编．－－北京：北京理工大学出版社，2023.8
ISBN 978－7－5763－2680－2

Ⅰ.①新… Ⅱ.①胡… ②沈… ③刘… Ⅲ.①大学生—安全教育—高等学校—教材 Ⅳ.①G641

中国国家版本馆 CIP 数据核字（2023）第 143096 号

出版发行 ／ 北京理工大学出版社有限责任公司
社　　址 ／ 北京市海淀区中关村南大街 5 号
邮　　编 ／ 100081
电　　话 ／ （010）68914775（总编室）
　　　　　　（010）82562903（教材售后服务热线）
　　　　　　（010）68944723（其他图书服务热线）
网　　址 ／ http：//www.bitpress.com.cn
经　　销 ／ 全国各地新华书店
印　　刷 ／ 涿州市新华印刷有限公司
开　　本 ／ 787 毫米 × 1092 毫米　1/16
印　　张 ／ 14.75　　　　　　　　　　　　　责任编辑 ／ 龙　微
字　　数 ／ 318 千字　　　　　　　　　　　　文案编辑 ／ 李　硕
版　　次 ／ 2023 年 8 月第 1 版　2023 年 8 月第 1 次印刷　　责任校对 ／ 刘亚男
定　　价 ／ 42.00 元　　　　　　　　　　　　责任印制 ／ 李志强

图书出现印装质量问题，请拨打售后服务热线，本社负责调换

前　言

2022年10月16日至22日，中国共产党第二十次全国代表大会如期召开。习近平总书记在此次会议报告第十一条《推进国家安全体系和能力现代化，坚决维护国家安全和社会稳定》中明确指出：国家安全是民族复兴的根基，社会稳定是国家强盛的前提。必须坚定不移贯彻总体国家安全观，把维护国家安全贯穿党和国家工作各方面全过程，确保国家安全和社会稳定。我们要坚持以人民安全为宗旨、以政治安全为根本、以经济安全为基础、以军事科技文化社会安全为保障、以促进国际安全为依托，统筹外部安全和内部安全、国土安全和国民安全、传统安全和非传统安全、自身安全和共同安全，统筹维护和塑造国家安全，夯实国家安全和社会稳定基层基础，完善参与全球安全治理机制，建设更高水平的平安中国，以新安全格局保障新发展格局。

党的十八大以来，习近平总书记多次指出，贯彻落实总体国家安全观，必须既重视外部安全，又重视内部安全，对内求发展、求变革、求稳定，建设平安中国，对外求和平、求合作、求共赢，建设和谐世界；既重视国土安全，又重视国民安全，坚持以民为本、以人为本，坚持国家安全一切为了人民、一切依靠人民，真正夯实国家安全的群众基础；既重视传统安全，又重视非传统安全，构建集政治安全、国土安全、军事安全、经济安全、文化安全、社会安全、科技安全、信息安全、生态安全、资源安全、核安全等于一体的国家安全体系。国家安全关系到国家存亡与民族兴衰，没有国家安全，就没有和平稳定的建设环境。大学生即将成为社会主义现代化事业的建设者，是国家的未来和希望，也是西方敌对势力推行"和平演变"战略的重点对象。随着我国改革开放政策的日益深化，涉外活动的日益频繁，大学生在涉外活动中保守国家秘密、维护国家安全也显得越来越重要。作为大学生，其国家安全意识如何，直接关系到国家的长治久安。大学生应增强国家安全忧患意识，做一个自觉维护国家主权、国家安全和利益的卫士。

近年来，各高校不断完善体制机制、加强"三防"建设和大学生安全教育，保持了长期的安全稳定局面，各类案件的发案率也保持在较低水平，但这与经济社会发展的需要及国家对大学生成长成才、全面发展的要求还存在差距。作为高校思想政治工作者，我们在为每一件学生受伤害事件痛心的同时，也在不断反思当前大学生安全教育存在的缺陷和不足。俗话说"吃一堑，长一智"，亲身的经历、直接的经验对人的教育是最深刻的。因此，我们希望用鲜活、生动的案例教育大学生，使他们从别人的教训中得到启发、获取知识、提高安全意识、增强防护能力。本书所选的案例绝大部分是发生在高校大学生身边的真实典型案例，相信对大学生的警示作用和教育作用更为深刻。

由于编写时间仓促、编者能力有限，书中难免仍存在缺陷和不足，敬请读者特别是大学生读者不吝指正，我们将根据大家的意见及时对本书进行进一步的修订完善。

编　者

2023 年 6 月

目 录

第一章 绪论 ... 1
第一节 大学生安全教育的内涵、特征与目标 ... 1
第二节 大学生安全教育的内容、方法与原则 ... 3
第三节 大学生安全教育的必要性 ... 7

第二章 国家安全 ... 19
第一节 总体国家安全观与大学生面临的国家安全形势 ... 19
第二节 崇尚科学，反对邪教 ... 23
第三节 防范打击恐怖主义和极端主义 ... 27
第四节 涉外及出国（境）安全防范和注意事项 ... 29

第三章 人身安全 ... 34
第一节 防范日常纠纷 ... 34
第二节 防止性骚扰和性侵害 ... 44
第三节 识别和防范传销 ... 49
第四节 大学生防身自卫 ... 56

第四章 财产安全 ... 60
第一节 防范校园盗窃 ... 60
第二节 防范校园诈骗 ... 71
第三节 防范校园抢劫和抢夺 ... 82

第五章 学习安全 ... 89
第一节 实验安全 ... 89
第二节 实习安全 ... 95
第三节 创业与社会实践安全 ... 98

第四节　运动安全 ... 103

第六章　消防安全 ... 108
第一节　认识校园火灾 ... 108
第二节　掌握消防常识 ... 112
第三节　自救与逃生 ... 115

第七章　心理安全 ... 122
第一节　大学生心理健康 ... 122
第二节　常见的大学生不良心理表现 ... 125
第三节　大学生常见的情绪障碍 ... 128
第四节　大学生常见的心理疾病 ... 133

第八章　饮食安全 ... 142
第一节　平衡饮食与营养 ... 142
第二节　明确饮食禁忌 ... 147
第三节　应对食物中毒 ... 154

第九章　网络安全 ... 161
第一节　网络安全体系现状 ... 161
第二节　合理使用网络 ... 167
第三节　远离网络犯罪 ... 172
第四节　谨防网络陷阱 ... 176

第十章　公共安全 ... 183
第一节　交通安全 ... 183
第二节　住宿安全 ... 185
第三节　常见传染病防治 ... 193
第四节　逃生技巧 ... 199

附录　典型骗术分析 ... 210

参考文献 ... 228

第一章 绪 论

安全是人类生存发展过程中最基本的需求之一。它不仅关乎个体生命财产的安危,关乎家庭的美满幸福,更关乎社会的和谐稳定,关乎国家的长治久安。大学生作为一个庞大的群体,其安全教育还存在许多薄弱环节,加强大学生安全教育具有重大的理论和现实意义。

第一节 大学生安全教育的内涵、特征与目标

党的二十大以来,党和政府更加重视维护大学生的安全合法权益,将对大学生进行安全教育、依法治校确定为学校各级领导的法定义务,从而极大地推动了大学生安全教育工作。当前,大学生安全教育已经成为各院校人才培养过程中必不可少的内容。

一、大学生安全教育的内涵

什么是安全?所谓安全就是指人的身心、财产、隐私、尊严等没有危险,不受危害损失,它既包括国家、社会层面的安全,也包括人类及个体的安全。安全是人类生存和发展最基本的需要,是生命和健康的基本保障。

什么是安全教育?所谓安全教育既指教育者对教育对象施加的以安全问题为主要内容的系统性教育活动和教育影响,也包括教育对象进行的自我安全教育。

什么是大学生安全教育?所谓大学生安全教育是指高校依照国家有关法律、法规的规定,组织教师对大学生进行国家安全法规、学校安全规章及纪律、安全防范知识和技能教育的活动。

高校对大学生进行安全教育,旨在引导大学生树立正确的世界观和人生观,增强其安全意识与法制观念,提高其安全防范、自我保护和应急救护的能力,最终促进大学生的全面发展,维护社会的安全稳定。

二、大学生安全教育的主要特征

大学生安全教育既具有教育的一般特征,也具有其特殊性。概括来讲,大学生安全教

育的特征主要表现为以下几个方面：

（一）全面性

一方面，安全教育是大学生综合素质教育的重要组成部分，是面向全体大学生的安全素质教育；另一方面，安全教育涉及的内容丰富，种类繁多，因此，在开展安全教育时要面向全体学生，使学生全面掌握安全知识和技能，保障和促进学生综合素质的整体提升。

（二）实用性

进行安全教育的最终目的是通过提升大学生的安全意识，防范安全事故、安全灾害。要实现这样的安全教育目的，只有通过学习、生活、工作中的实践活动。因此，在对学生进行安全教育时，教师和安全教育实际工作者不能把安全教育停留在空洞的说教上，不能停留在让学生仅仅了解安全知识和技能上，还应采取现场说法、案例分析、模拟演习、实习实践等形式，让学生在实践中学习、锻炼和提升。

（三）长期性

安全教育不可能一蹴而就，必须长期坚持。绝大多数学生在学习、生活、工作中很难遇到刻骨铭心的安全事故和安全灾害，容易认为安全事故、安全灾害离自己很远，导致自身的安全意识整体不强，加之学习安全知识和安全技能后又不经常使用，掌握的安全知识很容易淡化。所以，在开展安全教育时，必须根据安全形势的需要，以灵活多样的方式方法，开展经常性的安全教育，使安全教育常态化、制度化、科学化，从而不间断地巩固学生的安全意识、安全知识和技能，实现安全意识、安全知识和技能递进强化的效果。

（四）创新性

随着科学技术的迅速发展和人类生产、生活方式的变化，诱发安全事故、安全灾害的因素也在不断地发生改变。大学生已有的安全意识、安全知识和技能，随着时间的推移和环境、条件的不断变化，也需要不断地更新和创新。因此，教师和安全教育实际工作者要积极主动地结合新知识、新技术、新案例、新技能，教育学生与时俱进地掌握安全知识，增强安全意识，提升安全技能，排除学习、生活中的安全隐患，正确应对新型安全事故和安全灾害。

三、大学生安全教育的目标

大学生安全教育具有重要的目标指向，其目标在于使大学生在安全意识、安全知识和安全技能3个层面取得进步。

（一）意识层面目标

通过安全教育，大学生应当彻底走出把安全问题不当回事的思想认识误区，牢固树立

"安全重于泰山""安全无小事"的安全观念,形成"安全第一"的安全意识,培养树立积极正确的社会安全责任感,把安全问题与个人发展和国家需要、社会发展相结合,为构筑平安中国、平安社会、平安校园做出积极的努力。

(二)知识层面目标

通过安全教育,大学生应当了解和具备安全的基本知识,学习和掌握与安全问题息息相关的法律法规和校纪校规,学习和掌握安全问题所包含的基本内容与诱发因素,学习和掌握必要的安全信息、相关的安全问题分类知识及安全保障的基本知识。

(三)技能层面目标

通过安全教育,大学生应当了解和掌握安全防范技能、安全信息搜索与安全管理技能;了解和掌握以安全为前提的自我保护技能、沟通技能、问题解决技能;了解和掌握必要的急救技能;养成在日常生活和突发安全事故、安全灾害中正确应对的行为习惯,最大限度预防和减少安全事故和安全灾害对自身造成的危险与伤害,从而保障自身健康快乐地成长。

第二节 大学生安全教育的内容、方法与原则

大学生安全教育是高等院校思想政治教育和素质教育的重要组成部分,涉及的内容非常广泛和丰富。同时,大学生安全教育也要遵循其自身的方法和基本原则,只有这样,才能提高安全教育的实效性、针对性,取得事半功倍的效果。

一、大学生安全教育的内容

大学生安全教育的内容主要是指与大学生的生活、学习密切相关的安全方面的内容,从安全防范的角度来讲,主要包括9个方面:国家安全、人身安全、财产安全、学习安全、消防安全、心理安全、饮食安全、网络安全、公共安全。

(一)国家安全

近些年,境外人员来高校参观访问、举办讲座、讲学、留学、科技合作等情况日益增多,国家安全面临许多新的问题。因此,高校有必要开展保密教育,提高大学生的国家安全意识,增强大学生敌情观念和保密意识,使其能正确认识当代社会隐蔽斗争的新形势和新特点,自觉抵御境内外敌对势力的渗透活动,在对外交往中自觉遵守各项保密制度和规定、保守党和国家的秘密。

(二)人身安全

从广义上讲,人身安全包括人的生命、健康、行动自由、住宅、人格、名誉等安全。

狭义上的人身安全，一般指自然人的身体安全。大学生具有特殊的社会属性，容易成为暴力侵害的对象，因此，大学生应当掌握防抢劫、防绑架、防性侵害、防被殴打等方面的知识和学习必要的自卫技能。

（三）财产安全

近几年来，由于受社会多种因素的影响，侵财案件成为大学校园内发案最多的类型。这类案件不仅使学生遭受物质损失，而且直接影响到学生正常的学习和生活。因此，必须加强大学生财产安全教育，提高防范校园盗窃、校园诈骗、校园抢劫、校园传销等意识，减少校园侵财案的发生。

（四）学习安全

大学生进入大学便标志着独立生活的开启，开始独立处理各种可能出现的问题。学习安全是重要的起点，主要包括实验安全、实习安全、创业与社会实践安全、运动安全等。大学生自我保护能力差，安全意识薄弱，缺乏社会生活经验，常导致安全事故的发生。所以，大学生在学习过程中，必须掌握必要的学习安全技能。

（五）消防安全

随着我国高等教育事业的迅速发展和招生数量的不断增加，校园内人员密集度相应增加，消防重点部位不断增多，消防安全形势日益严峻。当前大学生消防安全意识淡薄，缺乏必要的消防常识和自救逃生技能，往往小火酿成大灾。因此，大学生要认真学习消防安全知识，自觉遵守学校消防安全管理规定，增强灭火技能和火灾发生时逃生、自救、互救的本领。

（六）心理安全

由于学习压力、经济压力、就业压力、家庭环境及个人经历等诸多原因，导致一些大学生产生心理问题。大量的研究表明，相当一部分大学生存在不良心理、情绪障碍和心理疾病。因此，要特别重视学生的心理安全教育，使学生了解常见的心理问题及调适的知识，学会自我调节的方法。通过心理安全教育培养学生健康的心态，健康的心态在很大程度上能减少心理安全事故的发生。

（七）饮食安全

"民以食为先，食以安为先"，饮食安全是保证大学生健康安全的重要一环。然而饮食安全事件频发，现状不容乐观。在大学周边，有许多食品摊点，由于缺乏有效的管理和监督，成为大学生饮食安全的隐患。在大学校园内，许多大学生缺乏饮食安全的知识（如食用了一些有问题的食物）也会发生饮食安全事件。因此，大学生要掌握必要的饮食安全知识，从而树立安全意识，远离安全隐患，保护身体健康。

（八）网络安全

网络迅速发展，高校学生几乎人人涉足网络，虽然他们有驾驭网络的技能，但对维护网络安全的法律、法规、条例却知之甚少，网络安全意识相对淡薄，容易遭受不良信息的侵蚀和人身财产的损害。对大学生进行网络安全教育，引导大学生正确使用网络，是当前高等院校非常急迫的任务。重点是抵制网络病毒和不良信息的入侵、保证网络交友安全和预防网络成瘾、防范网络陷阱、预防网络犯罪等。

（九）公共安全

认识和了解新时期我国公共安全面临的严峻形势及形成原因，进一步学习公共安全的基本知识，掌握应对突发公共事件的基本方法。重点学习交通安全、住宿安全以及常见传染病防治、防溺水的知识，自觉遵守公共安全规章制度，维护校园和社会秩序的稳定。

二、大学生安全教育的方法

大学生安全教育要加强针对性，突出实效性，教育方法与途径的选择至关重要。概括来讲，大学生安全教育需要重视 3 个方面的方法与途径。

（一）课堂教育

课堂教育既包括安全教育教师组织的课堂教育，也包括安全教育实际工作者如辅导员、班主任组织的班课、团课等课堂教育。课堂教育具有计划性、系统性、科学性、思想性等特点，是安全教育常用的方法与途径，也是实现安全教育目标的主要方法与途径。

课堂讲授形式应该灵活多样，适合大学生的认知特点和身心发展的基本规律，可以采用计算机多媒体教学、实物演示、典型案例分析以及研讨式、演讲式、座谈式、参观式、竞赛式、辩论式等教学方式。

（二）实践教育

大学生安全实践教育主要包含 3 个方面的内容：一是模拟危险场景（如火灾、地震等灾害）演练，使学生身临其境，在实践中加深感悟，从而增强自救逃生的意识和能力；二是事故现场参观感悟，比如，带领学生参观地震遗址、泥石流灾害现场、安全事故现场等；三是让学生积极参与学校安全管理。

强化安全教育实践，可能会使学生产生更深刻的认识与感悟，开展一次模拟演练，参观一个事故、灾害现场，参加一次安全管理，远比一次空洞的课堂说教的教育效果好。同时，还要经常组织学生参与安全技能实践，使其熟练掌握和运用一些必要的安全技能，这样才能在遇到安全事故和安全灾害时灵活正确地应对，最大限度减少安全危害和损失。

（三）自我教育

自我教育是激发大学生自身安全教育意识和能力的教育途径和方法。大学生在校学习、生活的几年之中，安全事故、安全灾害并非时时刻刻都会发生，也并非每位学生都会亲身经历，因此很容易认为安全事故、安全灾害离自己很遥远，从而产生麻痹大意、消极松懈的思想意识，进而导致在行为上疏于防范。单纯依靠课堂教育、实践教育这两种途径和方法是远远不够的，还需要学生通过自我管理、自我学习、自我教育，把安全教育贯穿于在校学习、生活的全时段、全方位、全过程，做到安全问题年年讲、月月讲、天天讲、时时讲，将其内化为自觉的安全意识和能力。采用这种教育途径和方法，需要在教师的引导下，既突出某项专门防范重点，又宣传一般安全知识，寓教于乐，使安全知识、安全信息通过潜移默化的方式深入学生心中。

在安全教育的3种途径和方法之中，课堂教育和实践教育是外在的教育，自我教育则是内化的教育。只有把外在的教育积极转化为内化的教育，把安全教育外在的规范要求、说教转化为学生内在的、自觉的安全意识和安全需要，安全教育的效果才会更加显著。

三、大学生安全教育的原则

大学生安全教育要从大学生认知特点出发，遵循大学生身心发展的基本规律，坚持和把握如下基本原则：

（一）课堂教育、实践教育和自我教育相结合

课堂教育是安全教育的主渠道，实践教育是安全教育的重要组成部分，自我教育是安全教育的内化要求，三者必须相互结合才能相得益彰。安全教育课程要采用理论讲授与实践训练相结合的方式进行。加强对安全教育的制度规划和制度设计，将安全教育课程列入教学计划，落实师资、教材、课时、经费及相关教学设施设备，落实实践教学相关环节，确保安全教育课堂教学、实践教学和自我教育的质量。

在安全教育过程中要坚持理论联系实际，通过模拟演习、参观现场、安全管理等实践活动，让学生身临其境，提高运用安全知识解决实际问题的水平，将安全知识加快转化为实践能力。

（二）内容充实与方法创新相结合

现代网络信息技术的快速发展，拓展了安全教育的空间和渠道，大学生安全教育如果停留在原来的老面孔、老套路、老方法上，必然会缺乏时代特征、吸引力、针对性和时效性。

因此，开展大学生安全教育要在继承和发扬优良传统的基础上，不断推陈出新，注意引用最新发生在高校的典型安全事件、安全案例，不断更新和丰富安全教育内容，增强教

育的时效性和前瞻性。要不断改进和创新教育的方式方法，使之由封闭型向开放型转变，由单纯灌输型、说教型向理论与实践并重转变，由传统的教育手段向现代教育手段转变，只有这样，才能取得更好的安全教育效果。

(三) 教育引导与强化管理相结合

管教结合是安全教育的重要原则。重管理、轻教育不对，重教育、轻管理更不对。在安全教育实践中，安全教育与安全管理相辅相成，缺一不可，它们都是实现安全教育目标的重要途径和手段。

加强大学生安全教育，要坚持以正面教育为主，引导学生重视安全问题，培养他们的安全意识，提高他们处理安全事故、安全灾害的基本技能，提高他们应对安全风险的防范能力。在教育引导的同时，还要加强学校安全管理，将安全工作纳入学校办学治校的重要议事日程，严格依照国家有关安全工作的法律法规，建立健全各项安全管理规章制度，规范学生的日常行为；采取各种积极有效的措施，预防、发现和控制学生中可能发生的违法犯罪行为；认真落实学校各项人防、技防安全措施，保障学生的生命财产安全和学习生活安全。

(四) 加强领导与加强安全队伍建设相结合

安全工作事关重大，安全责任重于泰山。各院校要高度重视安全工作，切实加强安全工作领导，把安全工作纳入院校的重要工作，与其他重要工作同布置、同落实、同检查；要把安全教育纳入学校人才培养工作，纳入学校德育工作体系。安排和落实好安全教育课时与教学计划，为安全教育进课堂、进教材、进学生头脑提供最基本的组织保障和制度保障；加大安全教育的经费投入，为开展安全教育提供良好的教学基础设施、设备，良好的教育教学条件；建立安全教育教研机构，负责教育教学组织；建立安全教育资料室，收集整理各种教学资源和学习资源；加强安全工作的考核检查，建立健全考核评价体系，完善安全教育的奖惩激励机制。

在加强安全教育领导工作的同时，要高度重视安全教育队伍建设。把安全教育队伍建设纳入学校人才队伍建设的总体规划，做到安全教育队伍建设立足当前，着眼长远；根据学校办学实际，建立专职（保卫干部、专职安全教育教师）和兼职（辅导员、班主任和其他工作人员）相结合的安全教育师资队伍，加强安全教育教师培养和培训工作，鼓励教师积极开展教学实践和教学研究，鼓励团队教学；聘请校内外相关方面的专家和安全工作实际工作者充实教学队伍，创造性地开展各种形式的教学活动，促进教师教学效果和学术水平不断提高；积极组织教研活动、集体备课和教育培训，不断提高安全教育师资队伍的整体素质。

第三节 大学生安全教育的必要性

安全是社会发展的基础，是人类个体发展的基本保证。高等院校的安全稳定，不仅关系到师生员工的合法权益和人身财产安全，也是大学生在校学习、生活、成长和全面发展的根本前提。近年来，我国高等教育事业的快速发展使高校学生管理工作面临许多新的问题和挑战，管理的对象变得数量巨大化、形式多样化、内容复杂化，公共安全已成为学生管理的重点和难点问题。据有关部门统计，近年来高校每年非正常死亡人数占学生总数的万分之0.5至万分之0.7。至于失窃现象，近年来高校内因单车、书包、手机、计算机、钱包等物品被盗成为热点和焦点话题的事件比比皆是，更是破案工作的难点。

因此，加强大学生安全教育，提高大学生安全防范意识，掌握安全方面的知识和应对处理突发事件的措施和办法，对确保大学生安全、顺利完成学业，维护高校稳定、社会稳定，有着重大意义。

一、我国高校安全现状

（一）校园治安状况及特点

总体来说，高校的治安状况是好的，校园安全保卫力量较强，学校安全环境不断得到改善。但是，近年来随着高校开放程度不断加大，学生人数不断增加，外来人口大量涌入，刑事、治安案件呈上升趋势。这类案件的特点如下：

1. 盗窃案件居高不下

在某省高校2021年上半年400余起案件中，盗窃案件337起，其中重大案件109起。在重特大案件中盗窃案件占47.18%。2013年3月10日、24日，海南某高校学生宿舍连续发生多起盗窃案件。2015年1月，湖南某高校连续发生6起盗窃案。2019年3月，安徽某公安局抓获一名校园惯犯，通过审讯，犯罪嫌疑人盛某如实供述了作案事实，自2015年以来，他多次通过使用自制的三环锁针形开锁器开锁，串入宿舍内对学生的笔记本电脑、手机、照相机等财物实施盗窃，已经查证落实的案件40余起，涉案价值高达10多万元。

2. 诈骗案件增多

近年来，随着互联网络的发展，大学生校园诈骗案件屡有发生，涉案金额不断增大，部分不法分子利用大学生明辨是非能力弱、社会阅历浅、安全防范意识差等弱点，在校园进行电信诈骗。

2021年1至6月，某高校诈骗案件共发生32起，比2012年同期增加21起。2017年，据不完全统计，有据可查的校园贷诈骗案的受骗人数约3 679人，涉案金额达5 496余万元，涉及全国22个省市。

3. 恶性案件时有发生

近日，个别高校因为校园恶性事件频频登上热搜。有些高校还出现学生偷拍、猥亵、造谣甚至凶杀等恶劣事件，这也给遇害者家属带来巨大痛苦。

案例集锦 1-1

【例1】
2023年4月19日下午5点，山东某大学（青岛校区）北门外发生一起持刀伤人案件，造成七人受伤，其中一人经抢救无效死亡。犯罪嫌疑人已被当场抓获，据警方通报，此案的犯罪嫌疑人付某某具有精神类疾病，因为偷了学校电脑，被学校开除以后而心生报复心理。

【例2】
2023年5月，吉林某职业学院发生一起恶性凶杀案件。据悉，事发地点在该校男生公寓。一名男生疯狂地持刀追砍另一名同学院男生。躲避不及的男生，被追赶上后，被连捅3刀，顿时鲜血喷溅。一刀刺破大动脉，一刀刺入心脏，还有一刀刺中腰部，刀刀皆可致命。据现场视频显示，被捅男生血流如注，躺在地上的他上半身几乎被血液所包围。不幸中的万幸，该男生在医生的紧急救治下，得以保住性命。

点评

以上案例的发生，实在令人胆战心惊，高校是学生学习、生活的地方，却也无法避免个别恶性事件的发生，这也是高校管理者们常年高度重视高校学生安全的主要原因。

4. 公共场所失窃多

高校的宿舍、食堂、图书馆、体育馆、教室、操场等公共场所，人员较复杂；有些学生安全意识差，吃饭时用书包占座，洗澡时携带贵重物品等，下课时忘拿手机、书本，宿舍不关门等，失窃案件屡屡发生。

如图1-1所示，相关统计数据显示，宿舍发案次数最多，占44%；教室次之，占21%；再次为停车场、操场、食堂等场所，占35%。可见，校园盗窃的犯罪区域集中在宿舍、教室、食堂、图书馆等公共场所。

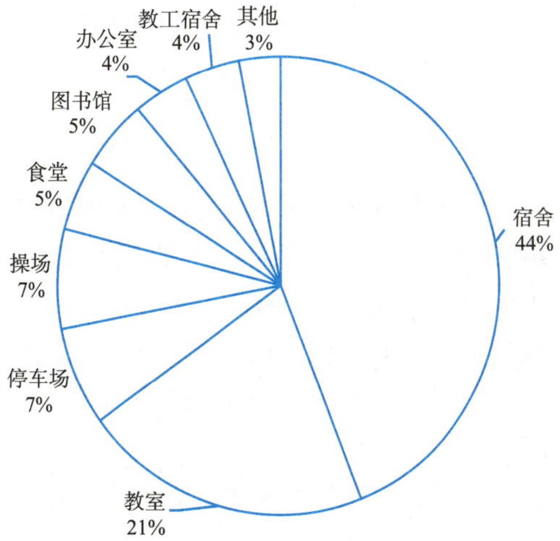

图1-1 高校盗窃案件作案地点图示

5. 外来流动人员作案比例高

中国高校传媒联盟曾针对"高校校园安全问题"这一主题向全国100余所高校的601名大学生发起问卷调查。调查结果显示，7.58%的受访大学生在校内遭遇过校外不明人员的骚扰；65.24%的受访大学生表示，虽然自己没有遭遇过不明校外人士的骚扰，但周围

的同学有过这种遭遇。以某省高校为例，2018 年 1 至 6 月抓获的 85 名犯罪嫌疑人中有 57 名是外来流动人员，占比为 67%。

6. 大学生作案突出

有些大学生人生观、价值观扭曲，对自己的不良意识缺乏理智的控制，导致违法犯罪。高校发生的案件中，很多作案人是在校大学生。例如 2023 年 5 月，在某高校抓获的 37 名犯罪嫌疑人中，在校大学生就有 18 人（男 14 人，女 4 人）；在已破获的 21 起学生宿舍被盗案件中，有 15 起是在校大学生所为。再如某高校 2018 年上半年发生的 8 起盗窃案件，破案后发现，竟然全部是在校大学生所为。

（二）高校成为不法分子作案的重点目标

近年来，随着国家经济的不断发展，老百姓的生活不断改善，大学生手中的零用钱越来越多，计算机、手机、相机一应俱全。这就使社会上的一些不法分子把目光转向了高校。

1. 不法分子混入校园内实施盗窃、诈骗

有的诈骗、抢劫、盗窃团伙专"吃"高校，一些师生又不按规定保管公、私财物，使犯罪分子作案很容易得手。

> **典型案例**
>
> 2017 年某高校保安人员抓获一名专门在高校行窃的犯罪分子，她在供述中谈到，她之所以到高校作案，一是高校门卫看守不严，进出方便；二是上午 8 点至 10 点为学生、老师主要上课时间，治安防范薄弱，容易得手；三是如今的大学生大多都家庭经济条件优越，现金和手机等贵重物品多，得手后收获大；四是大学生丢东西后不及时报案，容易脱身。因此，她先后在高校作案 30 余起，获得赃物、赃款数额高达十几万元。

2. 不法分子将大学生引出校外实施犯罪

每逢大学生打工的旺季，一些非法中介公司抓住学生急于打工赚钱的心理，收取高额的中介费却不履行合同，造成不少大学生上当受骗。例如，小李是某高校大三学生，2016 年 7 月初，他通过一家中介公司找到一份推销员的工作，中介公司让他交纳产品抵押金 500 元，他一时无法交纳，后返回中介公司欲按约定另换岗位，却发现该中介公司已是"人去屋空"，门口已经围着十来个要求退款的求职者，此时他才知道遇到了"皮包公司"。

有的公司在与大学生签订的合同中做手脚，大学生没有经验，往往受骗。

> **典型案例**
>
> 2018 年 7 月，某高校管理系学生小张经人介绍到一个国际贸易公司做市场调查。按约定做完一份调查可以领取 2.5 元的劳务费。为了完成一万份的任务，小张又在学校招

聘了50名兼职同学帮忙,刚过两天,公司却又紧急通知问卷需要在10天内完成,因为时间紧迫,公司同意他们问卷内容只需填写姓名和电话号码便可,并以时间紧迫为由拒签合同。10天后小张按公司的要求交回了问卷,放心地回校了。几天后再回公司取劳务费时却被告知,他们交的一万份问卷中有500张是假的,按照一张假单罚70元的标准,他们不但拿不到报酬,反而还欠了公司近万元。

3. 不法分子利用网络设骗局

随着网络的普及和科技的发展,信息传播的速度和广度大大提高,由于网络信息的传播速度快,真假难以识别,犯罪分子利用这些特点,在网上设置骗局诱人上当。

案例集锦1-2

【例1】

2021年12月,某高校大一新生小杜回家心切,在网上订购了一张机票。不久,自称是航空公司的工作人员打来电话,告知机票已出票,但是由于机器故障,需要小杜拨打某电话"激活"。小杜拨打了该电话后,被告之"激活"需要在ATM上输入验证码。小杜鬼使神差地来到ATM上插入银行卡按照提示不断输入验证码,后来才得知,所谓的"验证码"其实是转账的金额。小杜发现自己上当了,但此时已被骗走了9 852元。

【例2】

2017年9月,一苏姓男子在广东省各大高校以发传单、发校园网贴等形式招募电话卡校园代理,声称有"交纳120元,可享受240元消费"的大优惠。每充一个号码,代理可得23元。丰厚回报吸引了不少大学生成为"校园代理"。"话费是分期返还,每月20元。"校园代理们自己"充"了120元,结果当天果然有20元到账。"校园代理"开始大量进购电话卡,各高校近5 000名大学生购买了电话卡后的次月才发现上当受骗,此时苏某早已携带50多万元巨款潜逃。

【例3】

2019年5月,某高校大二学生小姚在网上看到淘宝刷信誉的兼职信息后与招聘者取得联系。招聘者自称是一家淘宝专业代刷公司,专门为淘宝网店刷信誉,只需要兼职者填一张申请表就可以开始工作。工作流程就是:小姚在淘宝上拍下货物,用支付宝付款后,淘宝店主就会将货款和佣金一并打入小姚的支付宝账户里,小姚确认收货,给卖家好评就可以了。小姚被推荐购买了1 200元的游戏点卡,下单支付后,却迟迟没有收到卖家的返款,小姚急忙申请退货,谁知,由于游戏充值卡属于充值业务,卖家无法退货。意识到情况不对的小姚找到辅导员告知情况后才得知自己被骗了。

点评

　　以上骗局通常是卖家经过几次正常操作骗取学生信任后，再引诱其购买数额较大且无法退款的商品，然后以资金冻结的借口要求学生再次充值购买解冻，有些学生为了拿回原来的钱就会再次购买，导致最后被骗金额越来越大。

（三）大学生缺乏必要的安全防范意识

　　高校校园刑事、治安案件居高不下，除了犯罪分子活动猖獗以及内部防范相对薄弱外，大学生缺乏安全防范意识是重要原因，主要反映在以下几个方面：

1. 独立生活能力不强，对财物疏于管理

　　据有关统计，近年来，高校发生最多的是盗窃案，失窃的地点多是学生宿舍，而在失窃物品中，较多的是笔记本电脑或手机等贵重物品。这说明部分大学生缺少独立生活的经验，防盗意识较差，经常在宿舍无人或休息时不锁门关窗，对贵重财物疏于管理，随意乱丢乱放，使盗贼有空子可钻。

 案例集锦 1-3

【例1】
2022年12月13日，某高校大二学生朱某将手机放在床上，未锁宿舍门便出去踢球，回来时发现手机无影无踪。

【例2】
2021年3月5日，某高校大一学生孙某把手机放在宿舍的书桌上充电，开着门离开，几小时回来后发现手机丢失。

【例3】
2020年12月，某高校音乐舞蹈专业学生何某将新买的手机放在床上后到公共卫生间去洗漱，忘关宿舍门，几分钟后回来发现手机丢失。

【例4】
2019年6月，某高校发生多间学生宿舍失窃，共有13台电脑和6部手机被盗，价值近10万元。经调查，多间宿舍门窗未关，小偷是从二楼窗户爬进宿舍行窃的。

【例5】
2018年3月16日，海南某高校一学生宿舍被盗笔记本电脑11台。

点评

　　以上案例中大学生失窃事件的发生，多因为大学生对于自己的手机、电脑等物品缺少最基本的保管意识，且在平常生活中没有养成必要的防盗意识：比如出门不关门

关窗,对自己随手携带的手机也经常乱放等。有鉴于此,高校应在大学生入学后就加强防盗安全专题教育,提升大学生的防盗意识、确保自己的财产安全。

2. 自我保护意识不强

大学生由于缺乏社会经验,思想比较单纯,自我保护意识薄弱,有时会轻易相信陌生人,对社会上的人和事的辨识能力不强,对可能遇到的危险认识不足,容易导致人身和财产遭受侵害。

  案例集锦 1-4

> 【例1】
> 2019年9月,某高校学生陈某在校外阳光商厦附近打电话时,有一个外地女青年与其搭话,并谎称自己的钱用完了,父亲打算汇钱过来,但自己又无账号,想借账号和储蓄卡用一下。这位同学欣然同意,结果"帮助"女青年从自己的卡上骗走了5 000元现金,等这位同学发现自己上当时,那个人早已不知去向。
>
> 【例2】
> 2018年8月,3名女大学生因轻信黑车司机连遭不幸:8月9日,20岁的女大学生高某在重庆搭错车,轻信某黑车司机搭乘顺风车而不幸遇害;8月21日,22岁的女大学生金某在济南被黑车司机绑架、囚禁4天,并惨遭殴打、性虐;8月28日凌晨,江苏吴江19岁女大学生高某被黑车司机骗至郊外,失联半个月后被确认遭劫杀。
>
> 【例3】
> 陕西某高校大三学生王某是学校志愿者协会的会长,2017年12月的某天接到了来自"西安大学生创业先锋营"的通知,并说明这个先锋营正在运行一项既能服务残弱又能获得社会实践证书的志愿者活动,王某于是在本校对该活动作了宣传,最终吸引了该校150多名学生报名参加。然而活动开始后,王某才发现受骗了,原来他们去做家政服务的并不是所谓的残疾或贫困家庭,而是家政公司的客户,客户支付给该家政公司每小时35元劳务费,而该家政公司支付给学生每小时9元的工钱,该家政公司实际是把学生当成家政公司的廉价劳动力,利用工价差额大赚了一笔。

点评

> 以上案例中的大学生自我保护意识很弱,且对即将面临的危险完全认识不足,在面对同龄骗子、黑车司机以及貌似"志愿帮扶活动"时缺乏正确的判断力,最终遭遇上当受骗甚至遭到殴打、虐待,究其原因,是他们太单纯、太容易相信陌生人。可是社会是个大熔炉,必要的生命安全与财产安全意识还是要有的,要不然最终受伤的还是自己。

3. 安全意识淡薄

很多大学生安全意识不强，不愿意认真遵守相关的安全规定，往往会因小失大，造成严重的后果。

案例集锦 1-5

【例1】

2018年11月，上海某高校女生在六楼宿舍内使用"热得快"，导致火灾，4名女生跳楼身亡。

【例2】

2012年5月，安徽省铜陵市的10名当地高校学生到老洲乡太阳岛附近的长江水域玩耍，其中7人下水发生溺水事故，经铜陵海事处和公安部门赶到现场全力救援，2人获救，其余5人不幸溺亡。

【例3】

2014年6月，河北某高校5名男生和3名女生在邯郸市光明南桥一烧烤摊就餐。其中一男生不知何因落入水中，其他4名男生相继跳水施救。随后2名男生爬上岸，而跳水施救的另外2名男生和被救者没有爬上岸。待救护人员赶到，3名男生已经死亡。

点评

很多时候，高校对于学生的用电安全真是一再强调的，甚至严禁学生在校园内使用超过一定负荷的电器；对于溺水专题安全教育，也是三令五申、经常提醒的，奈何有些学生就是喜欢顶风作案，最终的下场只能是害人害己。

二、大学生安全教育的必要性

随着高校改革开放的不断深入，大学生的生活空间大大扩展，交流领域也不断拓宽。在校期间，学生除了进行正常的学习、生活外，还需要走出学校参加各种社会实践活动。在这种情况下，如果缺乏必要的社会生活知识，尤其是安全知识，势必会导致各种安全问题的发生。因此，加强大学生的安全教育，增强大学生的安全意识和自我防范能力，已迫在眉睫、刻不容缓。

（一）加强大学生安全教育，是维护国家安全和利益的需要

首先，从国家面临的安全环境来看，当前我国面临的环境复杂多变，安全形势不容乐观。

主要表现为境外敌对势力和间谍情报机构为达到分化、西化中国的目的,一方面利用各种渠道,以公开或秘密的方式,传播西方的政治和经济模式、价值观念以及腐朽的生活方式,培养和平演变的"内应力量"。另一方面采取金钱收买、物质利诱、色情勾引、出国担保等手段,或打着学术交流、参观访问、洽谈业务等幌子,刺探、套取、收买国家和单位秘密。

其次,大学生对国家安全也存在着种种模糊的认识。

(1)大学生对国家安全还停留在军事、战争、国防、领土、情报等一些传统的、局部的认识上。当前,国家安全既包括国土安全、主权安全、政治安全、经济安全、国防安全、国民安全等传统内容,也包括文化安全、科技安全、金融安全、信息安全等新内容。因此,全方位理解国家安全,有助于端正大学生的思想认识,增强其国家安全意识。

(2)讲国家安全,大学生会自然联想到美国的中央情报局、联邦调查局以及国家安全机关、军队、警察,这种把国家安全等同于情报间谍活动的认识,使大学生不能自觉地把维护国家安全与自身的责任联系起来,或多或少地、有意无意地认为"国家安全与自己无关"。

(3)随着我国经济发展、社会稳定、人民安居乐业,国际地位不断提高,和平环境使大学生自觉或不自觉地对国内外敌对势力的破坏活动放松了警惕,淡化了安全意识,认为"对外开放无密可保""和平期间无间谍"等。由于思想麻痹,国家的一些机密被泄露,更有甚者,有个别学生经不起金钱、美色等诱惑,不惜丧失国格、人格,出卖情报,给国家安全和利益造成重大损害,教训极为惨痛深刻!

总之,我国面临着复杂严峻的安全形势,而大学生的国家安全意识又相对薄弱,迫切需要对大学生进行安全教育,使他们了解国家安全知识,树立新国家安全观,这既是必要的,也是紧迫的。

(二)加强大学生安全教育,是高校治安形势的需要

随着改革开放的不断深入,高校由过去的封闭型办学变为开放型办学,由一般教学、科研机构,变为教学、科研、生产、商贸等多元化的社会机构。当前高校管理方式社会化,办学形式多样化,学生结构复杂化,校园与社会相互交叉、相互渗透,校园治安形势日趋复杂。其主要表现为以下几点:

1. 校园环境日趋社会化、复杂化

随着高等教育事业的发展和改革开放的深入,高校由原来单一的教学封闭转变为全方位、多功能、开放型的"小社会",校园内不仅有教学区、生活区,有的还混杂家属区、居民区;不仅有教学、科研设施,还有工厂、公司、超市、书店、银行、邮局、医院、招待所、浴室、饮食店、影剧院、歌舞厅等生活服务设施和机构。一所高校就像一个小县城。这种复杂的格局,客观上也给高校的安全造成诸多不利因素。社会上的一些不法之徒,时常窜入高校进行盗窃、抢劫、诈骗、行凶等犯罪活动,有的甚至危害师生的人身安全,直接影响学校的安全稳定。

2. 外来人员涌入校园，给学校的治安管理带来困难

随着高校后勤社会化的形成，大量的外来人员来校务工、经商。这部分人文化素质偏低，法制观念淡薄，流动性较大，不易管理，部分外来人员违法犯罪现象比较突出。据调查，高校外来人员引发的案件占高校刑事、治安案件的40%以上。有的外来务工人员在工余时间，惹是生非，寻衅滋事；有的以打工做掩护，盗窃学校公私财物；也有的聚众赌博、打架斗殴，严重扰乱了校园治安秩序。

3. 多校区运营，交通安全存在较大的隐患

高校合并办学，打破了学校独门独院的办学格局。由于校区分散，相邻校区间的人流、车流、物流互动，有的院（系）学生每天从甲校区到乙校区上课或去图书馆学习，校区之间人员流动性增大，稍有疏忽，就容易发生交通事故。

4. 校园周边治安环境日趋复杂

当前高校周边治安形势仍然严峻，引发校园及周边地区治安问题的消极因素仍然大量存在，侵害学校师生人身及财产安全的治安、刑事案件时有发生。有关统计数据表明，高校校园内外发生的刑事、治安案件或安全问题，大多数与学生有关。这些案（事）件的发生，不仅会给学生本人及其家庭造成伤害，而且会直接影响到学校正常的教学、生活秩序，严重时将危及整个社会的稳定。

因此，在社会治安形势严峻、高校周边治安环境复杂、校园治安形势不容乐观的情况下，加强大学生安全教育，提高他们的安全防范能力，可以有效地减少和避免发生在大学生中的各种安全问题，从而起到维护高校安全和稳定的积极作用。

（三）加强大学生安全教育，是大学生自我完善的需要

大学阶段，是大学生人生当中人格发展与完善的关键时期。近年来，在校园内外发生了许多学生意外伤害事故，究其原因虽然各不相同，但有一个共同点，就是大多数当事学生对事故的发生没有任何心理准备和自我保护意识，面对伤害不知所措。大学生群体是一个特殊的社会弱势群体，主要表现为以下几点：

1. 缺乏必要的社会经验

当代大学生从小在父母和老师的呵护下长大，社交需求强烈，但经验不足，又没有经受什么挫折，思想比较单纯，对社会上的不良风气和一些坏人坏事不能做理性的认识。由于缺乏社会经验，自我防范能力相对比较弱，缺乏保管自己的贵重物品、现金的经验，易发生财物被盗；缺乏人际交往中的经验，容易上当受骗。也有一些学生在受到不法侵害时，不知道如何保护自己，轻而易举地被一些不法之徒欺骗或威逼利诱。近年来发生的多起女大学生被拐卖、凌辱、残害的案件就是这方面活生生的例子。大学生的群体特征以及大学生特定的年龄结构、生活环境、文化背景，决定了大学生必然面临诸多安全问题。目前，我国大学生的年龄多在20岁左右，这是人生社会化的关键时期，也是人身安全问题的多发期。独生子女已成为大学生的主体，基本上是在父母的悉心呵护和老师的关心下成长的，人生经历大多是从学校到学校，对社会的复杂性知之甚少。一旦离开父母和老师，开始独立面对纷繁复杂的社会，就会对可能发生的各种安全问题缺乏必要的重视和警惕，

留下种种安全隐患，给违法犯罪分子以可乘之机。一旦发生问题，往往不知所措，处置不当，危害加重。

2. 缺乏安全防范意识，安全防范意识较差，自我防范能力较弱

一些大学生安全防范意识淡薄，对可能发生的各种安全问题，缺乏必要的重视和警惕，留下了种种安全隐患。如人离开不锁门，贵重物品不妥善保管、随意丢放，导致钱物失窃；有的学生违反宿舍安全管理规定，在宿舍内乱接乱拉电线、违章使用电器、吸烟乱扔烟头等，并由此造成各种安全事故。

3. 大学生心理成熟滞后，心理安全问题突出

大学生生理发育基本成熟，但心理发育滞后；个性趋向定型，但可塑性大；智力接近高峰，但尚未完全开发。由于生活节奏加快，社会压力加大以及家庭环境和个人经历等诸多原因，产生心理障碍和心理疾病的大学生日益增多。同时，因年轻、单纯、好奇心重，缺乏对社会消极因素的抵御能力，易受不健康文化的诱惑，特别是受"黄、赌、毒"的影响。目前，我国正处在一个前所未有的改革开放时期，西方资产阶级腐朽思想和没落的生活方式，以及"一切向钱看"的极端个人主义、利己主义、享乐主义思想，对那些涉世不深、阅历不广、缺乏社会经验、良莠不分的青年大学生来说具有极大的诱惑力。有的学生经不起这种诱惑，自觉或不自觉地接受了这些腐朽观念，如有些大学生受拜金主义、享乐主义、极端个人主义思想的影响，经受不住来自社会的金钱和好逸恶劳、贪图享乐生活方式的诱惑，从贪小便宜、小偷小摸而发展到大肆行窃，害人害己、危害社会，堕落成社会的罪人；有些大学生在西方"性解放"及淫秽书刊、录像的影响下，奉行"青春不美，死了后悔"的人生哲学，在这种腐朽思想的支配下，便很快成为淫乱思想的俘虏。针对上述大学生安全意识和防范能力方面存在的问题和不足，加强大学生安全教育和管理，使广大学生提高警惕，掌握必要的安全知识，可以起到预防犯罪、减少发案的作用。据对全国 14 所高校大学生心理状况的测试，大学生的心理疾病指标明显地高于社会同龄人，说明大学生的心理安全问题明显比社会同龄人的心理安全问题要严重。

（四）大学生安全教育是适应高校改革的需要

随着我国高等教育事业的蓬勃发展和各项改革的不断深化，多层次、多形式办学格局已经形成，后勤社会化改革也在逐步深入，市场经济的触角迅速地伸入校园，校园已由过去封闭型的"世外桃源"变为开放型的"小社会"。社会上的服务行业，校园里几乎都有，且各类从业人员和消费者（包括学生）参与其中，使得学校的安全保卫工作更加困难，防不胜防。有的不法之徒伺机作案，导致大学生成为被侵害的直接对象，人身和财产安全常遭受不法侵害。因此，加强对大学生的安全教育与管理，让大学生有针对性地学习必要的安全知识和法律法规，掌握必备的安全防范技能，增强遵纪守法观念和安全防范意识，提高自我保护能力，预防和减少违法犯罪，具有十分重要的意义。

（五）大学生安全教育是提高大学生综合素质的需要

我国的大学生安全教育，经过漫长的历史发展，已逐步由低级走向高级、由不成熟走向成熟。今天，大学生安全教育已发展为一门科学并进入课堂。随着我国改革开放步伐的加快，社会经济文化快速发展，教育事业发展迅猛，学生的毕业就业问题逐步显现，人才市场竞争激烈，用人单位对综合素质高的人才青睐有加，而良好的安全意识和一定的安全知识正是体现大学生综合素质的重要指标。从实践看，全国高校已普遍将安全教育列为学生入学教育的重要组成部分，有关的教育手册、资料日益丰富，大大方便了学生的学习。通过这样的方式，大学生的法律意识和安全防范意识将普遍得到提高。

第二章 国家安全

第一节　总体国家安全观与大学生面临的国家安全形势

国家安全是安邦定国的重要基石，维护国家安全是全国各族人民的根本利益所在。

党和国家历来重视维护国家安全，1993 年颁布首部《中华人民共和国安全法》，2013 年 11 月成立中央国家安全委员会。2014 年 4 月，习近平总书记在中央国家安全委员会第一次会议上的讲话中指出："我们党要巩固执政地位，要团结带领人民坚持和发展中国特色社会主义，保证国家安全是头等大事"。2015 年 7 月，十二届全国人大常委会第十五次会议通过《中华人民共和国安全法》。在党的十九大报告中，习近平总书记强调要"坚持总体国家安全观"。

国家安全是指国家政权、主权、统一和领土完整、人民福祉、经济社会可持续发展和国家其他重大利益相对处于没有危险和不受内外威胁的状态，以及保障持续安全状态的能力。其内容包括国家独立、主权和领土完整；人民生命、财产不受外部势力威胁和侵犯；国家政治制度、经济制度不被颠覆；经济发展，民族和睦，社会安全不受威胁；国家秘密不被窃取；国家工作人员不被策反；国家机关不被渗透等。

维护国家安全是一项系统工程，必须运用辩证思维统筹发展和安全，坚持总体国家安全观。总体国家安全观，就是坚持国家利益至上，以人民安全为宗旨，以政治安全为根本，统筹外部安全和内部安全、国土安全和国民安全、传统安全和非传统安全、自身安全和共同安全，完善国家安全制度体系，加强国家安全能力建设。坚持总体国家安全观，必须健全国家安全体系，加强国家安全法治保障，提高防范和抵御安全风险能力；必须防范和坚决打击各种渗透颠覆破坏活动、暴力恐怖活动、民族分裂活动、宗教极端活动。

一、公民和组织维护国家安全应当履行的义务

当代大学生是实现中华民族伟大复兴的中国梦的中坚力量，要自觉担负维护国家安全的神圣使命，履行国家安全义务。《中华人民共和国国家安全法》规定，公民和组织维护国家安全应当履行的义务为：

①遵守宪法、法律法规关于国家安全的有关规定。

②及时报告危害国家安全活动的线索。

③如实提供所知悉的涉及危害国家安全活动的证据。

④为国家安全工作提供便利条件或者其他协助。

⑤向国家安全机关、公安机关和有关军事机关提供必要的支持和协助。

⑥保守所知悉的国家秘密。

⑦法律、行政法规规定的其他义务。

维护国家安全，大学生不仅要知法守法，还要勇于同危害国家安全的犯罪行为做斗争。《中华人民共和国刑法》确定的危害国家安全罪共10条，分别是：

①背叛国家罪，即勾结外国，危害中华人民共和国的主权、领土完整和安全的行为。

②分裂国家罪、煽动分裂国家罪，即组织、策划、实施分裂国家、破坏国家统一的行为，煽动分裂国家破坏国家统一的行为。

③武装叛乱、暴乱罪，即组织、策划、实施武装叛乱或者武装暴乱的行为，策动、胁迫、勾引、收买国家机关工作人员、武装部队人员、人民警察、民兵进行武装叛乱或者武装暴乱的行为。

④颠覆国家政权罪、煽动颠覆国家政权罪，即组织、策划、实施颠覆国家政权、推翻社会主义制度的行为，以造谣、诽谤或者其他方式煽动颠覆国家政权、推翻社会主义制度的行为。

⑤资助危害国家安全犯罪活动罪，即境内外机构、组织或者个人实施资助以上犯罪的行为。

⑥投敌叛变罪，即投敌叛变的行为。

⑦叛逃罪，即国家机关工作人员在履行公务期间，擅离岗位，叛逃境外或者在境外叛逃的行为，掌握国家秘密的国家工作人员叛逃境外或者在境外叛逃的行为。

⑧间谍罪，即参加间谍组织或者接受间谍组织及其代理人的任务或为敌人指示轰击目标的行为。

⑨为境外窃取、刺探、收买、非法提供国家秘密、情报罪，即为境外的机构、组织、人员窃取、刺探、收买、非法提供国家秘密或者情报的行为。

⑩资敌罪，即战时供给敌人武器装备、军用物资的行为。

典型案例

李某是某高校参与军工项目研究的2020级学生。一次偶然机会，他结识了外国一位前来西安旅游的青年女郎。女郎美丽妖娆，出手大方，给他留下美好印象。然而，令李某意想不到的是，这位女郎服务于外国情报组织，看中的是他的研究项目。在与女郎交往过程中，李某违反保密规定，使用实验室中装有核心机密的计算机聊天和接收信件；对方趁机对该计算机播种木马程序，盗取了其中的军工研究机密。李某因泄露国家秘密罪受到法律制裁。

当前，我国正处于泄密案件高发期，其中以计算机网络泄密案最严重；网络泄密已占泄密案件总数的 70% 以上，并呈逐年增长趋势，严重威胁国家安全。高校开展的部分科研项目涉及国家秘密，师生均有保守国家秘密的义务。杜绝网络泄密，最有效的办法是物理隔断，即将有保密资料的电脑与互联网隔绝。遵守保密法规定：上网不涉密，涉密不上网；涉密电脑不得使用移动存储介质；不得将涉密计算机、涉密存储设备接入互联网及其他公共信息网络；不得在未采取保密措施的有线和无线通信、互联网及其他公共信息网络中传递信息。

> **典型案例**
>
> 某高校学生 2021 级朱某，在开展校外勤工助学时结识了某国驻华大使馆文化参赞 S。随后，S 请朱某搜集有关新疆伊斯兰教派的活动信息，并提供了摄像机 1 部、活动经费 1 万元和月薪 3 000 元，还签订了服务协议书。朱某在喀什、莎车等地拍摄伊斯兰教派有关活动资料，被我国家安全机关抓获。经国家安全机关认定，朱某搜集的资料为"机密"级。他的行为严重危害了国家安全，根据《中华人民共和国刑法》和《中华人民共和国国家安全法》，构成为境外刺探国家秘密罪，最终受到法律制裁。

我国边疆地区民族关系复杂、经济基础薄弱，是境外敌对势力渗透的重点。敌对势力妄图通过煽动民族仇恨、歪曲宗教政策等手段掀起暴乱，分裂中国，以阻断中国社会主义现代化进程。境外敌对势力利用大学生涉世不深、天性单纯的特点，以经济利益为诱饵，开展间谍活动，窃取国家秘密，严重危害了国家安全。

> **典型案例**
>
> 某大学外国国籍的一名女教师 E，来华后竭尽手段搜集中国情报。她与一位中国经济学学者相识后，表示愿意当他的英文秘书；并假托撰写题为《中国农村社会经济》的论文，向他索取了二十多份秘密文件。E 还以色相把北京某局一名干部和社会科学院一名研究生拉下水，并窃取了大量绝密资料。

经济基础决定上层建筑；经济安全影响政治安全，进而动摇国家安全的基石。在和平年代，国家之间的竞争，更多发生在经济领域。境外敌对势力为获取我国经济情报无所不用其极，温情脉脉的面纱笼罩着恐怖的嘴脸，虚情假意的关怀包藏祸心。每一名在校大学生都应该掌握涉外知识、增强保密意识，不断提高维护国家安全的本领。

二、大学生有义务维护国家安全

大学生除了进行正常的学习、生活外，走出校园参加各种社会实践活动也是一种必然。值得注意的是，大学生往往缺乏必要的社会知识，尤其对国家安全常识较为忽视；这种知识欠缺往往会造成对国家利益的危害，酿成悲剧。因此，大学生在今后的学习、工作、生活中应该做到以下几点：

1. 始终坚持国家利益高于一切的观念

一位著名的政治家说过:"没有永久不变的国家友谊,只有永久不变的国家利益。"大学生作为中华人民共和国公民,要始终将国家安全放在第一位。国家安全涉及国家社会生活的方方面面,是国家、民族生存与发展的保障。千万不要错误认为科学技术是没有国界的,而应该清醒认识到每一个知识分子、每一名杰出科学家都不能没有自己的祖国。"国家利益高于一切",是世界各国一致的理念。每个大学生都要从我做起,从每件小事做起,时刻把国家安全放在高于一切的地位。这不仅是国家利益的需要,也是个人安全的需要。

2. 熟悉有关国家安全的法规和制度

我国法律法规、规章制度中涉及国家安全和保密工作的有一百多种。虽然非法律专业的大学生要全部吃透弄清它们不现实,但是应该有所了解,弄清什么是合法的,什么是违法的;可以做什么,不能做什么。应当熟悉基本的法律法规,如宪法、国家安全法、保密法、刑法、刑事诉讼法等;还应当知晓一些规章制度,如科学技术保密规定、出国留学人员守则等。对可能涉及国家安全的事要三思而行,或请教老师和同学,以防被别有用心的人利用,从而危害国家,也危害自己。

3. 要善于辨别真伪

从表面上看,有关国家安全的法律法规和规章制度比较完善,依法依规行事不会有大问题;但是,实际生活要复杂得多。例如,有的间谍采用五花八门的手段,如假借"科研合作""社会调查"等方式套取国家秘密,特别是科技政治情报。如果缺乏警惕心,就有可能上当受骗,甚至走向不归路。作为大学生,在与外国人、外资企业、外国社团交往时,既要保持友好态度,又要内外有别;既要珍惜个人友谊,又要牢记国家利益;既要争取各种帮助,又要不失国格、人格。识别伪装说难就难,说易就易,关键在于是否淡泊名利。一旦发现别有用心的人,或者遇到疑似有关国家安全的事情,要及时向学校和国家安全部门举报。

现阶段,国家安全面临的挑战呈现出前所未有的复杂性和艰巨性,每个公民无时不在接受国家荣誉、国家安全、国家利益对自身道德水准的考验,没有明确、坚定的荣辱观很难做出清醒的抉择。因此,为了国家安全,我们必须大力倡导:以热爱祖国为荣,以危害祖国为耻。

典型案例

田某是在某高校在校大学生。在2012年全国硕士研究生入学考试中,他混入考场偷拍试题,并以通信工具传送给在考场外的付某,由付某组织团伙制售答案牟利。案发后,以上人员均被我公安机关拘捕。法院认为,被告人田某拍摄了整套试卷并将其泄露,判处有期徒刑一年,缓刑一年;付某等12名主犯利用考试答案牟利,分别被判处有期徒刑1年零1个月、1年。

由国家组织考试的试卷是国家秘密,泄露考试试题是严重违法行为。《中华人民共和国高等教育法》第十九条规定："高级中等教育毕业或者具有同等学力的，经考试合格，由实施相应学历教育的高等学校录取，取得专科生或者本科生入学资格。本科毕业或者具有同等学力的，经考试合格，由实施相应学历教育的高等学校或者经批准承担研究生教育任务的科学研究机构录取，取得硕士研究生入学资格。硕士研究生毕业或者具有同等学力的，经考试合格，由实施相应学历教育的高等学校或者经批准承担研究生教育任务的科学研究机构录取，取得博士研究生入学资格。"因此，高考、研究生录取考试都是法律规定的由国家组织的考试。《中华人民共和国刑法》第二百八十四条规定："在法律规定的国家考试中，组织作弊的，处三年以下有期徒刑或者拘役，并处或者单处罚金；情节严重的，处三年以上七年以下有期徒刑，并处罚金。"

第二节　崇尚科学，反对邪教

一、宗教和邪教的区别

（一）什么是宗教

一般而言，宗教是一种社会意识形态和文化历史现象，是对客观世界的一种虚幻反映，相信在现实世界之外存在超自然、超人间的力量，要求人们信仰上帝、神道、精灵，相信因果报应等，把希望寄托于天国或来世。宗教主要有4个方面的特征：一是宗教作为特殊的社会意识形态，具有一套以崇奉神灵为核心的信仰体系；二是宗教作为一种社会实体，有宗教组织、信仰群体、礼仪制度和宗教活动；三是宗教作为一种社会历史现象，有其产生、发展、消亡的过程；四是宗教作为一种文化现象，是人类文化载体之一，往往与民族文化渗透在一起。世界性的三大宗教是基督教、伊斯兰教和佛教；我国的五大宗教是基督教（新教）、天主教、伊斯兰教、佛教和道教。在唯心主义意识形态主导的社会中，宗教宣扬超自然力量主宰世界，违背宗教信仰者将在来世受到惩罚，从而统一了社会意识、凝聚了社会力量。唯物主义认为，宗教宣扬意识决定物质，倒置了世界本源，是一种颠倒的世界意识。

（二）什么是邪教

邪教是吸收正统宗教的某些成分形成的，不服从正统宗教并在正统宗教神职系统之外运作的，在思想上、行动上具有反正统性、反社会倾向的极端主义异端教派。简单地说，邪教组织就是假冒宗教的名义建立的、国家法律不予承认和保护的组织。2017年1月，《最高人民法院、最高人民检察院关于办理组织、利用邪教组织破坏法律实施等刑事案件适用法律若干问题的解释》对邪教组织进行了明确的界定，指出邪教组织是指冒用宗教、气功或者其他名义建立，神化鼓吹首要分子，利用制造、散布迷信邪说等手段蛊惑、蒙骗他人，发展、控制成员，危害社会的非法组织。邪教的基本特征有：教主崇拜、精神控制、编造邪说、秘密结社等。

（三）邪教与宗教的主要区别

（1）宗教中的神与人有区别，包括神职人员在内的现世的人，不论权势多大都不能自称为神；邪教主都自我神化或自称为神。

（2）宗教与社会协调，推崇道德，遵守法纪，不与政府对抗；邪教则反社会、反人类，蔑视法律，对抗政府。

（3）宗教依法公开活动；邪教则秘密结社，非法传教。

（4）宗教不允许神职人员敛财和行骗；邪教则用各种手段骗财、骗色，甚至胁迫信徒屈从。

（5）宗教有自己的经典教义；邪教的所谓教义，是危言耸听的歪理邪说。

近30年来，随着世界性宗教热的出现，邪教再度趋于活跃。其中，引人注目的有：美国的"大卫教"（创立于1934年）和"人民圣殿教"（创立于1953年），瑞士、加拿大、法国等国的"太阳圣殿教"（创立于1984年），希腊、英国的"黑魔教"，俄罗斯、乌克兰等国的"白兄弟会"（创立于1990年），日本的"奥姆真理教"（创立于1987年），中国的"被立教"（创立于1987年）、"法轮功"（创立于1994年）。韩国"新天地教"的猖狂活动，不仅在宗教界引起混乱，而且产生了严重的社会危害，甚至引起了社会动荡。邪教作为一个待治理的社会问题，摆在许多国家的政府和人民面前。一方面，邪教或多或少吸收了一种或几种正统宗教的某些成分，教义、仪式等方面与正统宗教有相似之处，常打着后者的旗号活动，有相当大的迷惑性；另一方面，由于邪教是正统宗教的极端主义异端教派，又与正统宗教及一般的异端教派（比如部分"新兴宗教"等）有着质的区别。

（四）邪教为什么会危害国家安全

（1）邪教煽动反对政府，危害基层政权。邪教头子煽动成员对现实不满，反对政府。邪教构筑"秘密王国"，产生社会动乱，严重危害国家政治安全；散布"地球爆炸论""世界末日论"等荒诞离奇、骇人听闻的歪理邪说，渲染恐怖气氛，制造思想混乱。

（2）邪教从事违法犯罪活动，危害社会。邪教组织往往使用绑架、非法拘禁、色情引诱、恐吓甚至杀人等手段扩充组织，控制成员。邪教是人类一大公害，影响社会的和谐，阻碍社会的进步。

（3）邪教破坏正常的生产生活秩序，危害群众身心健康。邪教宣扬"信主可以免灾，祷告可以治病"，胡说"只要虔诚祷告，不用打针、吃药，疾病自然会好"，不让患病的成员去医院看病，或用骗术为成员治病，导致伤残、精神失常甚至死亡。

（4）邪教盘剥信徒钱财，非法牟取暴利。邪教主欺骗成员说"信教的主要目的就是看轻钱财""钱财损害灵性"，骗取成员的"奉献款"，过奢侈迷乱的生活。

二、大学生如何远离邪教

（1）从历史角度辨别。要看其发展史是否为世人所公认，还要看其所谓的理论有没有迷信色彩。

（2）树立科学的世界观。树立理想，坚定信念，以科学对付歪理邪说，用科学理论武装头脑。

（3）养成健康科学的生活情趣。积极开展科技文化活动，提高对邪教组织的警惕性、鉴别力和防范力。积极参与健康向上、有益身心的各种文体活动，不参加以"祛病健身、修身养性"为幌子的邪教、会道门等非法组织。

案例集锦 2-1

【例1】

陈果是中央音乐学院品学兼优的学生，被李洪志的歪理邪说蒙骗，习练"法轮功"。2001年1月23日下午，陈果在天安门广场自焚，造成全身重度烧伤，医治无效死亡。

【例2】

湖南某大学学生王某是"法轮功"练习者，他以自己切身的经历，道破了该邪教的天机。有一天，他无意间看到一本名为《转法轮》的小册子，竟然一口气就将读完了，当时就觉得：这也太神奇了，这个"法轮功"教人"真、善、忍"，修炼之后还能"成佛成仙"。他逐渐沉溺于李洪志的"法轮"世界里不能自拔。他的老师同学发现这个情况之后，都积极开导他、劝慰他。在社会各界人士的耐心帮助下，王某开始对一些问题进行反思："你们总是讲'真'，你们的师父李洪志却随意更改自己的生日，这算不算真？""你们总说为别人着想，与人为'善'，可是你们为了自己修炼，连父母、子女以及其他亲人都不顾了，这能叫与人为善吗？"他开始自省："面对这些难以回答的问题，我才开始考虑自己的立场是不是真的有问题。"不久，他便幡然醒悟，从此不再听信邪教蛊惑。

【例3】

某退休工人刘某，抱着祛病强身的愿望接触了"法轮功"。有一年，她感到腿部不适，被医院确诊为神经官能症。练习"法轮功"后，对家人喂她的药物，她执意不吃不用。她说："师父不让我吃药，严重时他会来解救我。"刘某拒绝医治后病情日益恶化，逐渐地对"法轮功"产生了怀疑，并向"辅导员"说出了自己的想法。可"辅导员"说，这是"师父"在给你"消业"，如果不练功会遭到惩罚和报应。病魔缠身的刘某无法忍受病痛折磨，给家人留下一份遗书："练'法轮功'使我变成了'植物人'，我得了病，'师父'也不来救我。"她受不了折磨，要远离亲人而去。一天深夜，她投河自尽。

点评

"法轮功"为了蒙骗群众，推出了诱人的"招牌"，即所谓"真、善、忍"；并宣称，修炼"法轮功"是为了"上天国"，引诱练习者上当受骗。"法轮功"是当前对我国社会危害最大的邪教。该邪教制造颠覆政权的舆论，攻击党和政府，危害国家安全统一；聚众围攻、冲击国家机关、企事业单位，扰乱正常的工作、生产、经营、教学和科研秩序；非法聚会、示威，强占公园等公共场所，妨碍正常的社会活动；非法出版、发行宣扬邪教内容的出版物和邪教组织标识，毒化人们的思想；煽动、蒙骗其成员和群众"寻主""升天"，实施自尽、自残等行为，致人重伤或死亡；以迷信邪说引诱、胁迫、欺骗等手段奸淫妇女、诈骗财物。境内外"法轮功"组织及其顽固分子在敌对势力支持下，盗用宗教名号对高校实施渗透，使高校成为"法轮功"危害的重灾区。如今，"法轮功"虽被取缔，但高校个别教职工和学生仍然执迷其中，以致荒废事业、学业。党和政府及学校为了挽救这些痴迷者，对他们进行耐心说服教育，帮助他们解除思想包袱，使他们迷途知返；同时，依据法律法规对极少数顽固分子给予坚决打击。

案例集锦 2-2

【例1】

2014年5月28日晚，5名"全能神"邪教组织成员在山东招远市一家麦当劳快餐店内聚餐。团伙成员张帆因向顾客吴某索要电话号码被拒绝，便召集其他团伙成员将其殴打致死。事后，团伙成员中的犯罪嫌疑人张立冬在拘留所招供时说出了杀人原因："那名女子是恶魔、邪灵，就是要打死她。"

【例2】

2011年1月10日，河南省兰考县谷营乡谷东村妇女李桂荣用剪刀杀害了自己仅两个月大的女儿。李桂荣在拘留所交代了作案动机：自己加入了邪教组织"实际神"；女儿是小鬼，处处纠缠自己，使自己没有时间信神、读书，以致遭组织"降职"。

点评

邪教组织虽然名称各异，但其残忍、冷酷的本性始终不变。邪教反社会、反人类，其暴行罄竹难书。当代大学生要努力学习科学理论，坚持唯物主义，树立科学世界观，练就一双火眼金睛，使邪教无处遁形。

第三节　防范打击恐怖主义和极端主义

一、恐怖主义和极端主义对国家的危害

19世纪末20世纪初，我国境内外狂热的分裂分子与宗教极端分子，利用老殖民主义者炮制的一整套所谓的"泛突厥主义""泛伊斯兰主义"理论，鼓噪所有操突厥语和信奉伊斯兰教的民族联合起来，建立一个"政教合一"的"国家"，即所谓"东突厥斯坦"；否认中国各民族共同缔造伟大祖国的历史，叫嚣"要反对突厥民族以外的一切民族"，消灭"异教徒"。

20世纪初至40年代末，"东突"势力为了达到分裂和控制新疆、建立所谓的"东突厥斯坦""国家"的目的，大肆传播"泛突厥主义""泛伊斯兰主义"，宣扬暴力恐怖主义，组织策划一系列分裂活动。1915年，分裂分子麦斯武德回到伊犁，开办学校，公开向学生传播分裂思想。1933年11月12日，以穆罕默德·伊敏等为首的"东突"分裂势力建立了所谓的"东突厥斯坦伊斯兰共和国"，遭到新疆各族人民的反对，不到三个月这场闹剧就草草收场。1944年11月12日，以艾力汗·吐烈为首的"东突"分裂势力建立了所谓的"东突厥斯坦共和国"，仅一年多即土崩瓦解。此后，形形色色的分裂组织和分裂分子打着"东突"旗号进行颠覆分裂活动，妄图建立所谓"东突厥斯坦"国家。

1949年中华人民共和国成立后，在中国共产党领导下，新疆各族人民共同团结奋斗、共同建设美好家园，实现了社会稳定、经济发展和人民生活改善。但"东突"势力并不甘心失败，在国际反华势力的支持下，不择手段地组织策划实施各种分裂破坏活动。20世纪50年代初期，分裂分子在新疆制造了多起暴乱。60年代，先后发生了"伊塔事件"、"东突厥斯坦人民革命党"叛乱、南疆阿洪诺夫集团武装暴乱。70年代末80年代初，宗教极端主义进一步向新疆渗透。80年代以后，宗教极端主义与恐怖主义沆瀣一气、兴风作浪，成为严重危害新疆稳定安全的浊流。

20世纪90年代以来，特别是美国"9·11"事件后，受国际局势变化和恐怖主义、极端主义全球蔓延的影响，境内外"东突"势力加强勾连，扬言通过发动"圣战"建立"东突厥斯坦"国家。他们打着民族、宗教的幌子，利用群众朴素的民族宗教感情，煽动宗教狂热、大肆散布宗教极端思想，蛊惑煽动群众，实施暴力恐怖活动，使一些人走上违法犯罪的道路。他们大肆鼓吹"圣战殉教进天堂"等邪说，把一些人变成完全受其精神控制的极端分子和恐怖分子，甚至变成杀人不眨眼的魔鬼。

宗教极端主义打着伊斯兰教旗号，但完全违背宗教教义，并不是伊斯兰教。长期以来，他们把极端思想与宗教捆绑在一起，与广大信教群众捆绑在一起，与社会生活捆绑在一起，煽动群众"除了真主以外不能服从任何人"，教唆信教群众抵制政府管理；鼓吹把一切不遵循极端做法的人都视为异教徒、宗教叛徒、民族败类，煽动辱骂、排斥、孤立不信教群众、党员干部和爱国宗教人士；否定和排斥一切世俗文化，宣扬不能看电视、听广

播、读报刊，强迫葬礼不哭、婚礼不笑，禁止人们唱歌跳舞，强制妇女穿戴蒙面罩袍；泛化"清真"概念，不仅在食品上，而且在药品、化妆品、服装等物品上都打上清真标签；无视新疆各民族共同创造的多姿多彩、辉煌灿烂的传统文化，企图割裂中华文化与新疆各民族文化的联系。这一切，都是对现代文明的否定，都是对人类进步的破坏，都是对公民人权的粗暴侵犯。

二、我国依法打击恐怖主义和极端主义的概况

针对严峻复杂的反恐形势和各族群众对打击暴力恐怖犯罪、保障生命财产安全的迫切要求，我国对一切侵犯公民人权、危害公共安全、破坏民族团结、分裂国家的暴力恐怖活动，依法进行严厉打击。《中华人民共和国宪法》《中华人民共和国刑法》《中华人民共和国刑事诉讼法》《中华人民共和国国家安全法》《中华人民共和国反恐怖主义法》《宗教事务条例》和最高人民法院、最高人民检察院、公安部、司法部联合发布的《关于办理恐怖活动和极端主义犯罪案件适用法律若干问题的意见》等相关法律法规，共同构成了国家反恐法律体系。新疆还结合本地区实际，依照《中华人民共和国立法法》《中华人民共和国民族区域自治法》等法律规定，加快地方性法规的立法进程，先后出台了《新疆维吾尔自治区宗教事务条例》《新疆维吾尔自治区实施〈中华人民共和国反恐怖主义法〉办法》《新疆维吾尔自治区去极端化条例》，为遏制、打击恐怖主义、极端主义提供了有力的法律武器。

依据上述法律法规，我国按照"保护合法、制止非法、遏制极端、抵御渗透、打击犯罪"原则，既充分尊重和保障公民宗教信仰自由等权利，保护合法宗教活动，满足信教群众正常宗教需求，维护公民和组织的合法权益，又严厉打击各种形式的恐怖主义，禁止利用宗教传播极端思想、煽动民族仇恨、分裂国家等违法犯罪行为。2014—2019年，仅新疆就打掉暴恐团伙1 588个，抓获暴恐人员12 995人，缴获爆炸装置2 052枚，查处非法宗教活动4 858起、涉及30 645人，收缴非法宗教宣传品345 229件。

我国司法机关始终坚持以事实为依据、以法律为准绳，全面贯彻执行宽严相济刑事政策，对组织、策划、实施暴力恐怖和宗教极端违法犯罪活动的首要分子、骨干成员、罪行重大者，以及曾因实施暴力恐怖、宗教极端违法犯罪活动受到行政、刑事处罚或者免予刑事处罚又实施暴力恐怖、宗教极端犯罪活动的人员，依法从重处罚；对罪行较轻，危害不大，能认罪悔罪者，以及未成年人和受蒙蔽、胁迫参加者，依法从轻处罚；对自首、立功者依法从轻或减轻处罚，充分发挥刑罚的教育改造和预防犯罪作用。在依法惩治犯罪的同时，司法机关通过依法保障被告人的辩护权、使用本民族语言文字诉讼等权利，体现程序公正和对公民基本权利的保护。

我国依法开展去极端化工作，治理非法宗教活动、非法宗教宣传品、非法宗教网络传播，有力遏制了宗教极端思想的滋生蔓延。宗教极端主义干预行政、司法、教育、婚姻、医疗等现象得到有效遏制，学生入学率、巩固率大幅上升，群众对宗教极端思想危害性的认识明显提高。在依法去极端化的同时，新疆也加大对合法宗教活动的保护力度，相继出

台或修订了《新疆维吾尔自治区宗教事务条例》等有关宗教事务管理的地方性法规。这些地方性法规明确了宗教团体、宗教活动场所、宗教教职人员的权利和义务,明确了合法宗教活动与非法宗教活动的界限,为各族群众进行合法宗教活动提供了法制保障。特别是近年来,扎实推进"七进两有"(水、电、路、气、通信网络、广播电视、文化书屋进清真寺,清真寺有净身设施、有水冲厕所)、"九配备"(配备医药服务、电子显示屏、电脑、电风扇或空调、消防设施、天然气、饮水设备、鞋套或鞋套机、储物柜),极大地改善了宗教活动场所和宗教活动条件,保障了信教群众的正常宗教需求。

实践证明,依法开展反恐怖主义、去极端化斗争,弘扬了打击恐怖主义的正义性,满足了各族人民对安全的殷切期待,维护了社会和谐稳定。

案例集锦 2-3

> **【例1】**
> 2014年3月1日晚上,一伙恐怖分子持械冲进昆明火车站广场、售票厅,见人就砍,造成31人死亡、141人受伤。经公安机关查明,该案是以阿不都热依木·库尔班为首的暴力恐怖团伙所为。该团伙共有8人(6男2女),现场被公安机关击毙4名、击伤抓获1名,其余3名先后落网。2014年3月29日,昆明市人民检察院分别以涉嫌组织、领导、参加恐怖组织罪和故意杀人罪,依法批准逮捕被抓获的犯罪嫌疑人。
>
> **【例2】**
> 2013年10月28日,三名新疆籍恐怖分子携带31桶汽油、20个打火机、5把长短刀及铁棍等作案物品,驾驶吉普车闯入北京天安门东侧人行便道,疯狂冲撞游客及执勤民警,撞上金水桥护栏受阻后,点燃车内汽油,致使车辆燃烧,造成包括1名外籍游客在内的2人死亡、40余人受伤。

点评

> 恐怖主义和极端主义是人类社会的公敌,是国际社会共同打击的对象。我国的恐怖势力和极端势力煽动民族隔阂和仇恨,鼓吹宗教极端,通过暴力、破坏、恐吓等手段,肆意践踏人权、戕害无辜生命、危害公共安全、制造社会恐慌,以实现分裂祖国的目的。

第四节　涉外及出国(境)安全防范和注意事项

一、什么是涉外活动

我国各类机构、人员与国(境)外的机构、人员进行的交往和联系,统称为涉外活动。其中，在我境内与国（境）外的机构人员进行的交往活动，称为境内涉外活动。

二、国务院规定的《涉外人员守则》内容

（1）忠于祖国，忠于人民。
（2）站稳立场，坚持原则。
（3）坚决执行党和国家的方针、政策，自觉遵守法律法规。
（4）保守国家秘密，严格执行保密法规。
（5）忠于职守，尽职尽责。提高警惕，防奸、反谍、反策反。
（6）加强组织观念，自觉遵守纪律。
（7）不同外国机构和外国人私自交往，不利用职权和工作关系营私牟利。
（8）勤俭节约，廉洁奉公，分清公私界限，严格遵守财务制度。
（9）谦虚谨慎，不卑不亢。
（10）顾全大局，发扬风格，协调配合，协同对外。

三、出国人员安全防范工作基本要求

（1）增强爱国主义观念。
（2）明确担负的任务和应遵守的方针政策，了解国内外形势，做到预先防范，遵守出国人员纪律规定及注意事项等。
（3）不携带内部秘密文件、资料图纸、内部报刊，有内部情况的笔记本及工作证、内部票据等不携带出国。
（4）在外国期间不得单独外出或擅自离开团队组织，要参加外国人组织的活动前先请示团队组织领导，重大问题应请示我驻外使馆。
（5）严守党和国家秘密。对外交谈和与家人、同学、朋友通信、通电话、交谈，不得涉及内部安全事项和国家秘密情况，也不要议论所在国和第三国的问题，商量对策和交换意见应在有保密条件的地方进行，严防窃密、窃听。
（6）提高警惕注意做好安全保卫工作，严防被绑架和策反，遇意外事件、可疑情况应及时向领事馆报告，出国人员一定要遵循所在国的法律法规、风俗和习惯，不准听、说、看或者购买黄色广播、电影、录像、书刊，不准出入不正当的娱乐场所，不准搞走私和外汇交易，不准到黑市购买物品。
（7）在外期间如遇到特务机关威胁敲诈时，不要惊慌失措，应机巧处置并及时设法通知我国驻外领事馆。

四、在国（境）外当有人问及我国内部秘密情况和敏感事项时怎么办

在国（境）外，常有一些外国人、外籍人有意或无意地问及我国某些内部秘密情况或

我国与所在国及他国的一些敏感事项，其中有的是有意了解我方情况、掌握我方动态，以研究相应对策。同学们应该做到以下几点：

1. 当有人问及我国宗教情况时如何回答

当问及我国宗教情况时，应按照我国宪法规定，介绍我国的宗教政策，即我国公民有信仰宗教的自由，也有不信仰宗教的自由。我国基督教实行"自治、自传和自养"的三自"政策"；天主教则实行"独立自主、自办教会"的政策。我国实行政教分离，不允许宗教信仰者利用宗教进行任何形式的危害国家安全的活动。我国的宗教事务不受外国宗教团体和宗教势力的影响和支配，政府保护宗教信仰自由，保证正常的宗教生活、宗教场所和宗教设施。

2. 当有人发表与我方不同的政治观点时怎么办

在涉外交往中，我方人员一般不主动谈及、有意宣传我方政治观点，或对所在国的政治性问题加以评论，以免对方产生猜疑或发生误解，以致影响正常的对外交往。遇对方主动发表不同的政治见解时，应视情况做出反应。当对方不代表官方，又非公开场合的恶意攻击、诽谤，纯属不了解我方情况而发表不同见解时，可适当做些解释工作，不必进行辩论和反驳，允许对方保留意见；如系公开场合有意攻击、污蔑或挑衅，则应针锋相对，据理力争，或当场退出，以示抗议。

3. 如有人赠送宗教书刊时怎么办

接受后的宗教书刊，可以交我国的宗教事务管理部门，也可自行保管，但不得在群众中扩散，更不准聚众传授。凡对方赠送反动的或黄色的宗教宣传品，无论是否信教都不得接受。

五、境内涉外活动注意事项

1. 学生发现反动报刊信函和宣传品如何处理

学生发现这些东西后，应立即交到学校保卫部门，不准传看、不准扩散、不准使用。

2. 单位或个人收到驻华外国使领馆举办某项活动的请柬，或收到外国友人寄送的各种调查提纲表格时应如何处理

接到外国使领馆未经我国外事部门同意而发来的邀请参加某项活动的请柬后，接到请柬的单位和个人，应请示上级领导和外事部门，未经批准，不得擅自出席或向他人转让请柬。单位或个人收到外国人送的各种调查提纲或表格时，不得随意填写，应报上级领导或主管部门研究，再酌情处理。

3. 怎样对待在华外国人的宗教活动

对在华外国人的宗教信仰，不予干涉。外国人要求去教堂参观、访问、做弥撒、做礼拜，可听其自便。如遇外国人在他们传统节日（圣诞节、感恩节、复活节等），可以为组织节日活动提供方便。如他们主动邀请我方人员参加，也可出席。但涉外人员要向外国人讲明我国的宗教政策，不准他们利用工作之便，散发《圣经》和系统宣讲《圣经》故事、发展教徒等。如其进行这类活动，应予劝止。高校校园内不准从事任何形式的宗教活动。

典型案例

某高校研究生X，从小被母亲带到宗教场所参加活动，在本科毕业时成为宗教信徒。2018年9月，X在长沙北正街某宗教场所参加活动后，与近期结识的社会人员H返回学校。他们敲门进入学生宿舍，询问学生对某宗教教主有何看法、是否信仰该宗教，被学生举报到学校保卫处。

公民享有宗教信仰自由，也有不信仰宗教的自由。国家保护依法开展的宗教活动，取缔非法宗教活动。《中华人民共和国教育法》明确了"国家实行教育与宗教相分离"原则，"任何组织和个人不得利用宗教进行妨碍国家教育制度的活动"。任何宗教组织不得进入校园传教、发展信徒。我国是中国共产党领导的社会主义国家，我们的教育必须坚持马克思主义指导，把培养社会主义建设者和接班人作为根本任务，培养一代又一代拥护中国共产党领导和我国社会主义制度、立志为中国特色社会主义奋斗终身的有用人才。

4. 在国外学习或工作期间，如何看待当地外国人的政治活动

案例集锦2-4

【例1】
某高校研究生周某，在赴日本学习时被境外敌特组织策反。周某归国后，经常利用节假日对军事禁区进行拍照，并将搜集到的军事信息以密件发送给境外敌特组织。周某被国家安全机关逮捕。

【例2】
某大学研究生郭某，在美国自费留学期间，被境外间谍策反。回国后，郭某以教师职业为掩护，利用各种机会搜集政治、经济、军事、科技情报密报给境外间谍机关。郭某被国家安全机关逮捕后交代了其堕落过程：境外间谍以交友为名，通过赠送物品、陪同游山玩水、观赏裸体歌舞表演、观看黄色电影、逛夜总会等手段将他腐蚀，使他完全听从摆布；间谍人员还将他秘密带到当地进行了三个月的训练。

【例3】
沃维汉从国内某大学毕业后赴德国留学，后被我国台湾地区"军情局"策反。20世纪90年代初至21世纪初，沃维汉多次进出中国内地进行情报搜集活动，并伺机发展成员。后来，沃维汉结识了我国参与某型号战略导弹设计的技术专家郭万钧，并以重金将其收买。郭万钧见钱眼开、利令智昏，先后向沃维汉提供了7项涉及战略导弹等军事机密的绝密情报，对国家安全与国防建设造成了特别巨大的危害。2005年年初，沃维汉和郭万钧先后被我国安全部门抓捕归案。2008年11月28日，沃维汉和郭万钧分别以间谍罪和叛国罪被执行死刑。

点评

　　大学生是我国社会主义事业的建设者和接班人,也是境外敌对势力策反的重要目标。随着我国改革开放的深入,大学生出境开展交流学习日益频繁,防范间谍渗透工作的重要性不断凸显。大学生在境外学习生活时要坚定政治立场、明辨大是大非、慎重交友结社,尊重当地习俗,不参与所在国的政治活动,刻苦努力学习,以优异成绩报效祖国。

第三章 人身安全

　　人身安全是指个人的生命、健康、行动等没有危险,不受到威胁,它是人们赖以生存、活动的重要条件,是安全之本。人身安全是大学生最重要、最基本的安全,在当今快速发展和开放的社会中,大学生的生活空间大大扩展,接触的领域越来越大,同时面临的危险也越来越多,因此掌握必要的人身安全知识是十分必要的。

　　人身伤害根据造成损害的原因可以分为自然灾害造成的人身伤害、意外事故造成的人身伤害、人为因素造成的人身伤害、不法侵害造成的人身伤害4个类型。本章主要阐述人为原因和不法侵害对大学生造成的身体和精神上的伤害,以及如何防范人身伤害,如何最大限度地避免人身伤害,确保大学生的人身安全。

第一节　防范日常纠纷

一、防止意外伤害

(一)大学生被伤害的原因

(1)社会上,特别是校园周边存在治安复杂的场所,如餐厅、歌舞厅、网吧、酒吧等,其中有的场所治安管理不善,不时有违法人员寻衅滋事。大学生进出这些场所,容易受到伤害。

案例集锦 3-1

【例1】
一天晚上,某院学生范某(男)与两位同学在白堤路"我的迪厅"消费时,因与人发生口角,两名歹徒用菜刀对范某砍了数刀,致使范某腿部、胸部多处重伤。

【例2】
在一所大学附近的舞厅里,一个社会青年脖子上盘了一条蛇邀请女大学生跳舞,把在场女大学生吓得尖叫起来。当有男生出面制止时，几名社会青年出手就打，打伤十几名大学生后逃跑。

点评

大学生尤其是女大学生尽量不要到社会上的公共场所去玩，尽量在校内活动。如果要出门活动，最好带有玩伴。进入公共场所后，要观察其中的人员成分，如感觉太复杂，最好及时返校。不管是在校内还是校外，如发生意外事件最好向公安机关或老师求助。

（2）在大学校园里，如操场、食堂等公共场所，大学生与教职工、家属子弟、外来人员等发生纠纷，不能妥善处理，以致发生斗殴，受到伤害；极个别外来人员，在校园内寻衅滋事，殴打大学生，使大学生受到伤害。

典型案例

2022年6月，3名社会青年闯入某大学学生活动中心舞场寻衅滋事，将维持秩序的该校男生万某用匕首刺伤，后万某经抢救无效死亡。

同学们遇到类似事情，最好在第一时间向公安机关和学校保卫部门报告。在力量不对等的情况下，应避免直接冲突，先确保自身安全。

（3）个别大学生由于不注意生活细节或者不注重礼仪，损害了他人的利益，导致双方发生口角之后不能冷静处理，进而发展为打架斗殴事件，造成人身伤害。个别大学生因一些矛盾处理不好，相互忌恨成仇，最终酿成悲剧。

案例集锦3-2

【例1】
2018年9月，某高校两个宿舍的学生因看电视声音过大引起纠纷，一方学生向对方宿舍掷啤酒瓶和砖头，引起双方十余名学生进行斗殴。在斗殴中，4名学生受轻伤。

【例2】
2019年3月，某大学学生陈某与叶某及叶某朋友在校内一家川菜馆发生争吵，陈某在争吵中手持空酒瓶重击叶某头部，双方遂发生斗殴。叶某受伤后，被同伴扶进出租车，欲赶往医院治疗，陈某又手持酒瓶从出租车边窗对叶某继续击打。叶某被送至医院后，虽经急救，但因头部遭受钝性暴力打击造成颅脑重度损伤，并形成脑水肿、脑疝，于第二日死亡。

【例3】
2021年9月，某高校大二学生龚某持尖刀将宿舍同学王某刺伤在床上。王某血流如注，被送往医院紧急抢救，幸运的是没有大碍。经查明，龚某内向老实，王某经常调侃他。案发当天，王某曾因琐事和龚某发生肢体冲突，被同学劝住。老实的龚某记在心中，晚上趁王某熟睡之际持尖刀在王某的肚子上连扎了几刀。

点评

大学生在学习之余，要注重个人情商的培养，在平常的学习生活中也要注意克服以自我为中心的思想，遇事能够掌控自己的情绪，尽量做出理性的分析和判断，积极将矛盾和误解通过得体、礼貌的语言进行消解，妥善处理生活中的矛盾。

（4）极个别大学生，不能理智地对待恋爱时出现的纠葛，恋爱不成便生恨，爱人不成变仇人。在遭遇到爱情挫折后，他们采用极端的方式报复对方，走上了违法犯罪的不归路。

案例集锦 3-3

【例1】
在一所高校里一对男女大学生谈朋友谈了两年多，该女生痴爱男生。该男生遇见某师范大学的一个女老乡后萌生爱意，提出和该女生分手，从此不理她了。该女生对该男软磨硬缠无果后，在日记里写下"爱和恨相生相随，不是爱就是恨。我得不到的，别人也别想……"该女生提出见最后一面，并提出以接吻来结束他们的爱情。结果把男生的舌头咬下了一大块。最终，该女生在2019年以故意伤害罪被公安机关刑事拘留。

【例2】
某大学女生蓝某和在外地某大学读书的张某是高中同学，相恋多年，感情甚笃。2021年，大学毕业在即，蓝某的同班同学高某是干部子弟，暗恋蓝某已久，趁机发动攻势。蓝某留在都市大机关的愿望实现了，于是她移情别恋，和高某谈起了恋爱。张某因此受到了沉重的打击，几次求死不成，就买了一瓶硫酸。在和蓝某谈了几次没有结果之后，张某决心报复，趁蓝某不防备时，将硫酸泼在了蓝某的脸上。

点评

当代大学生一定要有正确的爱情观。当缘分已尽时当断则断，切不可心胸狭隘，采取极端方式结束恋情，害人害己。

（二）预防伤害应注意的几点事项

预防大学生受伤害，是一项综合性工作，需要各级政府部门认真整顿校园周边秩序，也需要公安、保卫组织维护好校园内部的治安秩序。

（1）大学生应尽量少去或者不去治安复杂的场所，避免与社会闲散人员发生矛盾。

（2）大学生在处理同学关系时，应该互相关心，互相照顾，相互谅解，求同存异。大家来的地方不同、成长环境不同、家庭条件不同，各人有各人的性格，在处事方式上存在差异是正常的。大家在一起生活，要互相尊重，严于律己，宽以待人，营造一种和谐、和睦的氛围。

（3）认真学习并严格遵守学校的规章制度。学校为了有秩序地组织教学活动，为了师生有秩序地生活，制定了各种规章制度。这些规章制度中有相当一部分内容是调解学生相互关系的准则。例如几点起床、几点上课、几点午休、几点熄灯睡觉等。这些规章制度是大家都要遵守的准则，大家都自觉去遵守了，生活中便出现了许多共同点，少了许多发生纠纷的可能。

（4）避免社会不良风气的侵蚀，预防黄、赌、毒的侵害和烟酒造成的人身危害。要正确处理恋爱关系，恋爱有两种结果，一种是结合，另一种是分手，这是正常现象。恋爱不成，今后做朋友，绝不能当敌人、仇人。中国有一种不好的习气，哥们儿义气、老乡观念。似乎一有了这种关系，便没有是非原则了。只要是哥们儿、老乡的事，有求必应，为朋友两肋插刀，也在所不惜。殊不知，当哥们儿、老乡与人发生纠纷以致斗殴时，你如果从哥们儿义气出发，鲁莽介入，必然把事情办坏，越帮越乱。

（5）讲究社会主义精神文明，学会用文明幽默的语言化解纠纷。俗话说"祸从口出"，说话不当可能引来祸端。语言美是社会主义精神文明的重要内容，由于你的不小心，伤害了别人的利益，要真心实意地向别人说一声"对不起"。反过来，别人不小心伤害了你的利益时，要宽容大度、虚怀若谷，说一声"没关系"，这样纠纷就会自然化解。

典型案例

2021年5月，某大学几个同学一起，在一个餐馆里给其中一个同学庆贺生日，当喝到面红耳赤时，发现相隔不远的桌上有几个青年男女在玩猜拳、行令。一个同学说："社会变化快，女人也猜拳。"不料对方听到了这话，马上便骂骂咧咧地走过来，表示要"理论"一下。另一个同学见势不妙，马上站起来客气地说："请别介意，他喝得有点多了。"这一句文明礼貌的话，倒使对方不好意思起来，马上改口说："没事，祝你们玩得开心。"

常言说："良言一句三冬暖，恶语伤人六月寒。"大学生们要意识到语言的力量，用文明、得体的语言与人沟通交流，展现当代大学生健康阳光的精神风貌。

（6）及时化解矛盾，不要长久积怨，导致矛盾激化。一个班，特别是一个宿舍的同学，在一起生活几年，难免产生矛盾。平时要注意及时化解，因为有些伤人感情的语言和行为容易造成积怨。因此伤害过别人的人，事后要主动向对方道歉、赔礼，请对方原谅；被伤害过的人，也可找适当的机会提醒对方注意，表明自己对他有意见。如果不及时化解，就可能积怨成仇，一旦有"导火线"，就会火山爆发，矛盾激化，导致发生极端行为。

（三）大学生纠纷的主要原因及表现形式

高校中出现的打架斗殴，绝大部分是因为一些小的矛盾、纠纷没有得到及时化解。

1. 大学生中发生纠纷的原因

（1）有些人不拘小节，说话时大大咧咧、不顾及他人感受。

（2）有些人喜欢针对某些他不喜欢的人搞恶作剧、开过分的玩笑或刻意挖苦别人。

（3）有些人喜欢无端猜忌别人，疑神疑鬼的。

（4）有些人遇事不冷静、喜欢对人破口大骂，或说话时不尊重别人。

（5）有些人妒忌心强，见不得别人比自己好、比自己强，喜欢争强好胜，但又比不过别人。

（6）有些人不谦虚，狂妄自大，目中无人。

（7）有些人极端利己、自私，容不下他人，生怕自己多吃一丁点亏，时刻防备别人。

2. 大学生纠纷演化的两种形式

大学生纠纷演化的两种形式：一是争吵斗嘴，互相攻击、谩骂；二是争吵不断升级，发展为你推我搡，最后大打出手，形成恶性斗殴事件。两种形式联系紧密，以争吵开始，以打架，甚至造成人员伤亡告终。另外还有一些其他形式，如写恐吓信，背后造谣、污蔑等。

二、预防各类纠纷、斗殴

（一）大学生发生纠纷的危害

1. 损害大学生的美好形象

当代大学生应当是政治方向坚定、思想品德高尚、富有创造精神的一代新人。如果大学生在校期间总是争争吵吵，打打闹闹，纠纷四起，内战不休，不仅损害了自己的人格，而且玷污了"大学生"这一光荣称号。闹纠纷的是少数几个人，但受到损害的却是整个大学生的群体形象。

2. 破坏大学生的成才氛围

同学之间、师生之间、朋友之间真诚相处、和睦团结十分可贵，它不仅可以使大学生感受到集体的温暖，在良好的环境中培养良好的品德，而且可以从他人身上得到帮助，受到启发，以增长学识和为人处世能力。而"内战"四起，纷争不休，只会伤害感情，削弱友谊，破坏团结，瓦解集体。如果在这种环境中，养成了怀疑猜测、尔虞我诈、逞强好斗的不良习惯，将影响自己成才。

3. 酿成刑事、治安案件，葬送自己的前程

就纠纷发生的直接原因而言，多数是微不足道的小事，但是一旦成为纠纷，后果则难以收拾，恋爱纠纷可以使人丧生，同学纠纷可以使人镣铐加身，家庭纠纷也可以酿成血案。纠纷是刑事、治安案件的温床，纠纷是破坏安定团结的蛀虫。我们应当引以为戒，牢

牢记住他人留下的血的教训。

案例集锦 3-4

【例1】
　　湖南某高校女生白某家庭贫困，加上最近刚刚失恋，心情很不好。同舍女生王某家在城市，对农村出身的白某心有偏见，平时说话比较刻薄，见到白某这样痛苦，反而幸灾乐祸，故意问同舍同学："你们男朋友今天带你们逛了什么地方？"以此刺激白某。白某记恨王某，遂到街道上买了一把铁榔头，伺机加害王某。刚好第二天王某一个人在宿舍睡觉，没有去上课，白某趁王某熟睡之机，用铁榔头将其砸死，随后白某投案自首。

【例2】
　　2004年2月中旬，云南大学学生马加爵，因家境贫寒经常受到同学的鄙视、嘲讽，心理扭曲，于13—15日3天内，在学生宿舍内用事先购买的铁锤先后4次分别将其同班同学唐学李、邵瑞杰、杨开红、龚博杀害。有一名曾经对他有"一饭之恩"的同乡同学没有被杀。

点评

　　从以上两个案件中可以看出，良好的人际关系能够淡化矛盾、减少隐患、消解不稳定因素，是最好的自我保护工具。在现实生活中，大多数案件的起因是人与人之间关系处理不当。如果人与人之间在相互交往中都能够做到待人以礼、以诚、以信，往往能够化干戈为玉帛；相反，以邻为壑，就会纠纷不断，永无宁日。要摆脱这种境况，就必须发挥中华传统文化中"和"的功能，"和"意味着没有冲突和积怨，事物在秩序内运行。说话不要伤人、口无遮拦、图一时之快，谨记"祸从口出"的古训。

（二）大学生如何防止纠纷

　　纠纷是大学生活中的常见现象，往往会造成严重后果，所以大学生应尽力防止发生纠纷，避免一失足成千古恨。当预感到可能发生纠纷的时候，希望你能尽力做到以下三点：

1. 冷静克制，切莫莽撞

　　无论争执由哪一方引起，都要持冷静态度，不可情绪激动，这就要求我们包容大度、虚怀若谷。只有"大着肚皮容物"，才能"立定脚跟做人"。对于那些可能发生摩擦的小事，要宽容以待，一笑了之。

2. 诚实谦虚，不卑不亢

　　在与同学以及其他人相处中，诚实、谦虚是加强团结、增进友谊的基础，也是消除纠纷的灵丹妙药。有了诚实、谦虚的精神，在发生纠纷的时候，就能认真听取他人的意见，进行认真的自我批评，宽容他人的过失，处理好相互间的争执。要知道，在与他人的交往中，特别是在发生争执的时候，诚实、谦虚并不意味着懦弱、妥协，恰恰相反，它是你强大和品德高尚的表现，因为"人有毁我诮我者，改之固益其德，安之亦养其量"。培根说过："经得起各种诱惑和烦恼的考验，才算达到了最完美的心灵健康。"而"每一次的克制自己，就意味着比以前更加强大"。

3. 注意语言美，切忌爆粗口

实践证明，大学生中的纠纷多数由口角引起，而口角的发生都是恶语伤人的必然结果。俗话说"良言一句三冬暖""话不投机半句多"，深刻揭示了语言与纠纷的辩证关系。语言美是社会主义精神文明的重要内容，当你不小心触犯了别人时，你讲一句"对不起""很抱歉""请原谅"，或者别人触犯了你，向你道歉时，你回一句"别客气""没关系"，紧张气氛就会烟消云散，从此化干戈为玉帛。要做到语言美，须注意以下三点：一是说话要和气，心平气和地与人说话，以理服人，不强词夺理，不恶语伤人；二是说话要文雅，谈吐雅致，不说粗话、脏话；三是说话要谦虚，尊重对方，不说大话，不盛气凌人。

防止发生纠纷的总的原则是：恪守本分，相互尊敬；互谅互让，求同存异；谦逊有礼，理解万岁！

（三）防止斗殴

校园内同学之间交往频繁，由于性格不合、见解不一和利益冲突等原因，必然会产生各种各样的矛盾和纠纷，从而导致打架斗殴现象发生。打架斗殴是校园内的一大公害，成为在校大学生违法违纪行为的主要表现之一。

案例集锦 3 - 5

> **【例 1】**
> 某院学生张某与蒲某同是 2021 级同学，由于张某家住静海县（今为天津市静海区），蒲某经常对其讥讽，嘲笑他为"老逼儿"，张某于是怀恨在心，遂产生报复心理。2022 年 9 月 12 日早晨张某与蒲某因生活琐事再次产生矛盾。张某到蒲某宿舍，因言语不和，首先动手打蒲某，并用脸盆猛砸蒲某头部，致使其头部出现多处肿胀青紫，血流满面。蒲某在厮打过程中将张某鼻梁骨打折。因同室马某、周某当时在场偏袒一方，导致当事人双方均有伤害。事后学校给予张某留校察看处分，其他几位同学均受到校纪处分。
>
> **【例 2】**
> 某高校两个同学因买饭拥挤而动手，情急中一位同学将一碗热汤扣到另一位同学头上，烫瞎了那位同学的眼睛。当他锒铛入狱时，留给同学们的话是："全完啦！没想到几分钟就犯了大罪，早知道这样，我是绝不会还手的。"他这一出手不仅伤害了对方，也葬送了自己的美好前程。

点评

> 斗殴是人们在现实生活中超过理智约束的一种激烈对抗和互相侵害的行为,这种行为一般发生在青少年身上。目前,我国在校大学生的年龄大都为18~23岁,正值血气方刚的时候,生活中有时会不理智地处理同学之间的矛盾,遇突发性纠纷时容易超出道德"警觉点",无视危险的路标,步入歧途。

1. 演变性斗殴

演变性斗殴一般有较长周期的滋生过程。同学们长期生活在一起,不可避免地会发生一些摩擦和冲突。而有些伤人感情的话语容易形成积怨,引发斗殴,甚至导致毙命,届时则悔之晚矣。

典型案例

某学院学生马某,平时沉默寡言,而同宿舍的田某却性格外向,有时爱说挖苦人的话,两人早有不睦。一次,田某和马某又因关灯睡觉问题争执起来,险些动手。口角中,田某曾冒出这么一句:"你非得给我跪下求饶,否则,你在这儿一天,我就欺负你一天。"马某感到自己受到莫大的侮辱,有失男子汉的"尊严"。于是,在"教训他一下"的思想支配下,夜晚趁田某熟睡时,用手电筒照着,举起铁锤对准田某的头猛击数下,田某当即毙命。

"冰冻三尺,非一日之寒。"大学生一定要明白这一道理,及时化解生活中的矛盾,杜绝积累怨气和仇恨,为自己和身边的同学营造一个和谐的学习、生活氛围。

2. 群体性斗殴:哥们儿义气要不得

大学生完全能够从纷繁复杂的生活现象中分辨是非,判断正误,但是为帮同学、老乡或朋友而引发群体性斗殴的现象却时有发生。

案例集锦 3-6

【例1】

某高校浴室,洗浴的人很多。当A系的学生李某正在冲浴时,B系的学生张某走过去说:"这是我刚才占的喷头。"本来二人相互谦让一下就行了,不想二人却争吵起来,致使A、B两系37个学生参与了群体斗殴。结果李、张二人一个被拘留,一个被开除,其他人也受到处分。

【例2】

在某大学一饭馆内,几个学生庆贺生日时,张某因向王某脸上涂抹蛋糕而与其发生纠纷。之后,王某纠集了十几个老乡,带着棍棒冲到了张某的宿舍,见人就打,并把张某拉到宿舍空地暴打。事后，王某被依法拘留，后被学校勒令退学，其他打人同学都受到校纪处理。

点评

极少数学生在交友中重哥们儿义气，用"攀老乡"等方式拉帮结派，常常倚仗人多势众，横行霸道。一遇风吹草动，就聚众斗殴，极易造成严重后果。

3. 怎样防止斗殴

（1）防突发性斗殴的"偏方"——说服术。

突发性斗殴往往是由偶然起因不能冷静对待而引起的。制止这种斗殴首先应采取说服的方法，针对不同的对象，认真讲清道理，指出"行少顷之怒，丧终身之躯"的严重后果，使其冲动的头脑迅速冷静下来，不致自酿苦酒。

（2）防报复性斗殴的方法——攻心术和暗示效应。

报复性斗殴往往发端于某种奇特的变态心理。在生活中，人们的思想动机必然要从言语、行为等方面显露出来。所以，我们要关注同学的思想变化，发现问题及时而又有针对性地进行规劝。攻心术以关切为先导，不直接指出对方的错误，因为那样容易引起对方的反感，或置对方于十分难堪的境地。大学生一般来说自尊心很强，所以应委婉相劝，攻心为上，可用相似的人或事来暗示对方。"与人说理，须使人心中点头。"要让对方自己觉悟，从而领悟到同学之间的情谊。

4. 遇上别人打架怎么办

典型案例

2021年，某高校教学楼前，学生董某，骑自行车不慎撞了吴某，因董某拒绝向吴某赔礼道歉，二人发生激烈争吵，继而相互推推拉拉。就在这时，董某同班同学祁某路过，见董某被吴某辱骂，感到好友被人"欺侮"，怒气上升，抓住吴某就打，吴某受伤。事后，祁某不但赔偿经济损失，而且受到校纪严肃处分。

"冲动是魔鬼。"大学生遇事应该头脑冷静，理性解决，面对朋友的问题时，更应该"旁观者清"，帮助朋友合理解决。

如果遇上别人打架斗殴，别火上加油，应采取积极的防范措施，防止事态扩大。希望同学们做到以下几点：

（1）不围观，不起哄，不介入。

（2）如果你想劝解，应当先问明情况，站在公正的立场上做双方的工作。若劝解无效，应迅速向学校有关领导或保卫部门报告，以防事态扩大。

（3）打架的一方如果是你的同学或熟人，在劝解时要主持公道，切记不可偏袒。在采取隔离措施时，应当首先拉自己的同学或朋友，以免被对方误解为拉偏架，或者被当作对方的"同伙"而受到无辜伤害。

（4）当学校有关部门调查打架真相时，现场目击人要勇于站出来向有关部门提供线索和证据，以保护受害人的合法权益，使肇事者受到惩处。见义勇为是每一个公民应有的道德品质。

三、预防溺水

游泳是一项有益身心的体育运动，但存在一定危险，稍有不慎可能发生事故。特别是不要到未开放的水域去游泳，即使是到开放的游泳场所去游泳，最好也要结伴而行。近年来，接连发生大学生游泳溺水死亡事故，为了确保游泳安全，防止溺水事故的发生，必须做到以下几点：

（1）不要独自一人外出游泳，更不要到不摸底和不知水情或比较危险且易发生溺水伤亡事故的地方去游泳。

（2）要清楚自己的身体健康状况，平时四脚容易抽筋者不宜游泳或不要到深水区游泳。

（3）对自己的水性要有自知之明，下水后不要逞能，不要贸然跳水或潜泳，更不要互相打闹，以免喝水和溺水。

（4）在游泳中如果突然觉得身体不舒服，如眩晕、恶心、惊慌、气短等，要立即上岸休息或呼救。

（5）在游泳中若小腿或脚部抽筋，千万不要惊慌，可用力蹬腿或做跳跃动作，或用力按摩拉扯抽筋部位，同时呼叫同伴救助。

（6）在游泳中遇到溺水事故时，现场急救刻不容缓，心肺复苏最为重要。

案例集锦 3-7

【例1】
2013年5月5日中午，北京市某大学一名大二学生在十三陵水库游泳时不幸溺水，接到报警后，消防人员和红箭救援队立即组织搜救，经过搜救人员近7个小时的打捞，终于找到了溺水学生的遗体。

【例2】
2013年5月11日上午11时，广东惠州市某中学8名初二学生相约一起到东江边烧烤，其间一名男同学疑误踩江边砂石滑入江中，其4位同学发现后手牵着手去施救，结果不幸一齐落入江中失踪，其余3位同学见此情况立刻报警求助。公安、消防及民间搜救队立即组织搜救，当晚10时许，5名失踪学生的遗体被打捞上岸。

点评

"小心驶得万年船"，游泳技术固然再好，在陌生的水域，在没有正规的救人员、保护设备的情况下，千万不要冒险尝试，安全高于一切，不要让开心的娱乐演变为悲剧。

第二节 防止性骚扰和性侵害

一般认为，只要是一方通过言语的或形体的与性有关的侵犯或暗示，从而给另一方造成心理上的反感、压抑或恐慌的，都可构成性骚扰。性侵害，主要是指在性方面造成的对受害人的伤害。性骚扰和性侵害是危害大学生身心健康的主要问题之一。相对而言，性骚扰和性侵害的对象以女大学生为多。因此，女大学生了解一些性骚扰和性侵害的基本情况，掌握一些基本对付方法，是很有必要的。

一、性骚扰和性侵害的主要形式

（一）暴力型性侵害

暴力型性侵害是指犯罪人员使用暴力和野蛮的手段，如携带凶器威胁劫持女学生或以暴力威胁加之言语恐吓，从而对女学生进行强奸、轮奸或调戏的暴力型性侵害，其特点如下：

1. 手段残暴

当性犯罪者进行性侵害时，必然遭到被害者的本能反抗，所以很多性犯罪者往往要施行暴力，而且手段野蛮和凶残，致使受害者受伤或者不敢反抗，以此来达到自己的犯罪目的。

2. 行为无耻

为达到侵害女大学生的目的，犯罪者往往会不择手段，疯狂地摧残、凌辱受害者。

3. 群体性

犯罪人员常采用群体性纠缠方式对女学生进行性侵害。这是因为人多势众，容易制止被害者的反抗而达到目的，还会使原来单个人不敢作案的罪犯变得胆大妄为。这种团伙犯罪危害极大。

> **典型案例**
>
> 2021年，某高校内，一男生与其女友晚自习后在校园外池塘边僻静处约会，一群民工途经此处后心生歹意，这些民工将男生殴打至昏迷，女生被其中5名民工轮奸。

大学生平时应尽量选择安全的公共场所活动，远离人烟少、隐蔽的地方，时刻保持警惕。

4. 容易诱发其他犯罪

性犯罪的同时又常会诱发其他犯罪，如财色兼收、争风吃醋、聚众斗殴等恶性事件。

（二）胁迫型性侵害

胁迫型性侵害，是指利用自己的权势、地位、职务之便，对有求于自己的受害人加以利诱和威胁，从而强迫受害人与其发生非暴力型的性行为。其特点如下：

1. 利用职务之便或乘人之危而迫使受害人就范

案例集锦3-8

【例1】
某公司总经理，利用高校一些女生求职心切的心理，以招聘总经理秘书为诱饵，以见习试工为手段，先后对4名前来求职的女大学生进行性侵害。

【例2】
某大学电子系一女学生，因计算机专业课基础差，学习跟不上，晚上常到某男性任课教师家中补课。该任课教师心怀不轨，利用补课之机对该女生多次猥亵，之后发展到奸污，从而使该女生身心受到极大伤害。

点评

女大学生要对成熟男性多一些必要的提防，增强自我保护意识。

2. 设置圈套引诱受害人

典型案例

一农民修某来到沈阳某高校行骗。只有小学文化的他自称是外星人，有700多年的道行。他鼓吹："地球末日就要到了，只有跟我练功才是人间唯一正道。"他利用家教、练气功等手段，假借"与日月结缘，换'天缘血'"之说和"超度"之名，一年内连续骗奸了8名女大学生，并骗取人民币3万多元。修某的骗术粗鄙、荒诞无稽、幼稚可笑，但却能将女大学生欺骗，虽然令人难以置信，但却是事实。

女大学生涉世不深，一定不能盲目好奇，要相信科学和理性，对奇人奇事敬而远之。

3. 利用过错或隐私要挟受害人

典型案例

某高校一女生，由于交友心切，与毕业班的一名男生谈恋爱并发生性关系。后发现该男生性情暴躁、心胸狭窄，遂提出分手。男生死活也不愿意，并以曾发生性关系、拍下裸照相威胁，扬言"如果断绝关系便公开此事"。后来该女生一直在悔恨和担惊受怕中度过了她的大学生活。

女大学生在恋爱中一方面要与对方真诚交往、真心付出，另一方面也要提高自我保护意识，注意交往的分寸、尺度。

(三）社交型性侵害

社交型性侵害，是指在自己的生活圈子里发生的性侵害，与受害人约会的大多是熟人、同学、同乡，甚至是男朋友。社交型性侵害又被称作"熟人强奸""社交性强奸""沉默强奸"，等等。受害人身心受到伤害以后，往往出于各种考虑而不愿加以揭发。

> **典型案例**
>
> 某大学外语系二年级的一位女生，在某次联欢会上与本校中文系四年级一男生相识。经过交谈，双方感到情投意合，遂约好周六晚与其他同学一起到外面去跳舞。周六晚，他们如期赴约，一起跳舞、打牌、喝酒，一直闹到深夜，喝得酩酊大醉。男生主动提出送女生回校，女生则迷迷糊糊跟着他走，结果一直跟到一家酒店的客房。这时她才意识到不安全，要离开时才发现为时已晚……

女大学生在与异性交往时一定要保持适度理性，尽量避免与异性单独深夜游玩或夜不归宿，要善于保护自己。

（四）诱惑型性侵害

诱惑型性侵害，是指利用受害人追求享乐、贪图钱财的心理，诱惑受害人而使其受到的性侵害。

> **典型案例**
>
> 一位来自边远山区的女生，十分羡慕城市女生的时尚打扮。暑假在与同学结伴郊游时，偶遇一位派头十足的男人。两人各怀心事，各有所求，遂一拍即合。此后，两人频频约会，逛商店、上酒楼、进舞厅，男人不断买高档衣物和贵重首饰送给她。不久之后的一个晚上，男人将她灌醉后实施强暴。

贪慕虚荣的女大学生是危险的，会为此付出沉重代价。女大学生要脚踏实地生活，靠自己的知识和能力打拼出光明的未来。

（五）滋扰型性侵害

滋扰型性侵害的主要形式如下：一是利用靠近女性的机会，有意识地接触女性的胸部，摸捏其躯体和大腿处，在公共汽车、商店等公共场所有意识地挤碰女性等；二是暴露生殖器等变态性滋扰；三是向女性寻衅滋事，无理纠缠，用污言秽语进行挑逗，或者做出下流举动对女生进行调戏、侮辱甚至发展为强奸。

二、容易遭受性骚扰、性侵害的时间和场所

1. 夏天

夏天是女大学生最容易遭受性侵害的季节。由于天气炎热,夜生活时间延长,外出机会增多。夏季校园内绿树成荫,罪犯作案后容易藏身或逃脱。同时,由于夏季气温比较高,女生衣着单薄,裸露部分较多,因而对异性的刺激增多。

2. 夜晚

夜晚是女大学生最容易遭受性侵害的时间。因为夜间光线暗,犯罪人员作案时不容易被别人发现。所以,在夜间女大学生应尽量减少外出。

3. 公共场所和僻静处所

公共场所和僻静处所是女大学生容易遭受性侵害的地方,当在公共场所如教室、礼堂、舞池、溜冰场、游泳池、车站、码头、江边、影院等人多拥挤的地方时,不法人员常趁机袭击女性;在僻静之处如公园假山、树林深处、夹道小巷、楼顶晒台、没有路灯的街道楼边、尚未交付使用的新建筑物内、下班后的电梯内、无人居住的小屋和茅棚内等,如果女大学生单独逗留,很容易遭到性骚扰。所以女大学生最好不要单独行走或逗留在上述地方。

三、如何预防性骚扰和性侵害

1. 筑起思想防线,提高识别能力

女大学生应当消除贪图小便宜的心理,对一般异性的馈赠和邀请应婉言拒绝,以免因小失大。谨慎待人处事,对于不相识的异性,不要随便说出自己的真实情况,对于那些特别热情的异性,不管是否相识都要倍加注意,一旦发现某异性对自己不怀好意,甚至动手动脚或有越轨行为,一定要严厉拒绝、大胆反抗,必要时向学校有关领导和保卫部门报告,以便及时加以阻止,防止事态进一步发展。

2. 行为端正,态度明确

如果自己行为端正,坏人便无机可乘。如果自己态度坚决明确,对方就会打消念头,不再有任何企图;如果自己态度暧昧、模棱两可,对方就会怀有幻想,继续纠缠。在拒绝对方的要求时讲求策略,要讲明道理,耐心说服,一般不宜嘲笑挖苦。社交活动中与男性单独交往时,要理智地、有节制地把握好自己,尤其应注意不能过量饮酒。

3. 学会用法律保护自己

对那些失去理智、纠缠不清的无赖或不良青年,女大学生千万不要惧怕他们的要挟和讹诈,也不要怕他们打击、报复。要大胆揭发其阴谋或罪行,及时向领导和老师报告,学会依靠组织和运用法律武器保护自己。千万注意不能"私了","私了"会使他们得寸进尺,最终没完没了。

4. 学点防身术,提高自我防范的有效性

一般女性的体力弱于男性,防身时要把握时机,出奇制胜,狠、准、快地攻击其要害

部位，即使不能制服对方，也可制造逃离险境的机会。人的身体各部分都可用来进行自卫反击，头的前部和后部可用来顶撞，拳头和手指可进行攻击，肘部背后猛击是最强有力的反抗，用膝盖对脸和腹股沟猛击相当有效，用脚前掌飞快踢对方胫骨、膝盖和阴部非常有效……同时，要注意设法在案犯身上留下印记或痕迹，以便追查、辨认罪犯。

为了帮助女生在危急时刻能使用我国刑法界定的正当防卫手段，结合实践，介绍以下几种正当防卫方法。

（1）喊。有道是"做贼心虚"，色狼在实施犯罪行为时，心虚是肯定的。别小看喊声，它有可能阻止犯罪嫌疑人的主观恶性继续加深。假如色狼正处于犯罪初始（刚着手）阶段，女性应当大声呼救，一方面可警示色狼，另一方面以求得旁人救助。

> **典型案例**
>
> 一女性在夜晚活动时，被一名心生歹意者突然截住；她不顾一切大声呼喊，色狼受到惊吓，在逃跑中被闻声赶来的众人抓获。此刻若该女心有顾忌，不敢呼喊，则必将遭遇性侵。

（2）撒。若只身行路遭遇色狼，呼喊无人，跑躲不开，色狼仍然紧追不舍，女性可以抓一把泥沙撒向色狼面部（城市女性为防侵害，可以在衣袋、书包内常备食盐）。这样做可以争取时间，跑脱后再去报案。

（3）撕。如果撒的方法不起作用，仍被色狼死死缠住，打斗不过。女性可以在反抗中撕烂色狼的衣裤，而后将他的衣裤（碎片、衣扣、断带）作为证据带到公安机关报案。

（4）抓。使劲撕仍不能制止加害行为的，可以向犯罪嫌疑人的面部、要害处抓去。抓时只有抓得狠、抓得死，才能达到制服色狼、收集证据的目的。将留在指甲里的血肉送公安机关，即可作为遭到不法侵害的证据。

（5）踢。面对一时难以制服的色狼，可以拼命踢向他的要害部位，如阴部等，这样可以削弱他继续加害的能力。不少女性在自卫中使用过这一招，极见成效。还应大声正告色狼，再猖狂将受到法律制裁。

（6）变。若遇色狼跟踪，不要害怕，见机变换行走路线，一般可将其甩掉。

> **典型案例**
>
> 有一女工在夜间回家路上，发现被人盯梢。原路线前方不远即是偏僻路段。该女工当机立断，迅速改变了回家路线，并在不远处果断地敲响了路边一户人家的大门，色狼见此当即退却了。

（7）认。受到色狼不法侵害时，女性应瞪大眼睛，牢记色狼的面部和体态特征，多记线索，以便在报案（一定要争取在24小时之内）时提供给公安人员。

> **典型案例**
>
> 某地有一女中学生，遭到侵害时牢牢记住了犯罪嫌疑人的特征，右面部有一青色胎记，拇指指甲偏小。她在随公安民警侦破此案的路上遇到了这名色狼，当场指认出来。

(8) 咬。色狼施暴时常常先将女性的双臂缚住，此时可抓住时机咬住其肉体不松口。

> **典型案例**
>
> 有位女性在被害过程中，遭色狼强行接吻，情急中她"稳、准、狠"地咬住了色狼的舌头，致使其疼痛休克，被群众抓住送至公安机关。

(9) 刺。如果遇上色狼手中有凶器，女性要沉着，胆大心细，不要慌乱。色狼要行奸，必会自脱衣裤，此时可借机行事。

> **典型案例**
>
> 有一女性被持刀色狼相逼，她临危不慌，让色狼先行脱衣，当其动手脱衣时，该女性快速夺刀朝色狼身体要害处刺去。

强奸案件屡有发生，在此类犯罪现象中，犯罪嫌疑人的主观恶性深度不一样，女性被侵害时的情况也不尽相同，这需要女性在遭遇色狼时胆大不慌，依法自卫。如能灵活使用上述方法，既可制服色狼，保全自己，又可为民除害。

第三节　识别和防范传销

目前，中国很多地方都有传销或者是其他变相从事传销的集团、组织，体系蔓延，大有一发不可收拾之态。在金钱的利诱之下，在贪婪的欲望背后，不断有人走向这个深渊，给家人和朋友带来苦恼、悲痛和悔恨。在当前就业压力增大的情况下，传销组织变换手法，将黑手伸向初出校园、涉世未深的大学毕业生。因此，同学们应引起足够的重视，提高警惕，以防被骗。

一、传销概述

（一）传销的定义

第444号国务院令公布的《禁止传销条例》对传销的定义是：传销是指组织者或者经营者发展人员，通过以被发展人员直接或者间接发展的人员数量或销售业绩为依据计算和给付报酬，或者要求被发展人员以交纳一定费用为条件取得加入资格等方式牟取非法利益，扰乱经济秩序，影响社会稳定的行为。

下列行为，属于传销行为：

（1）组织者或者经营者通过发展人员，要求被发展人员发展其他人员加入，对发展的人员以其直接或者间接滚动发展的人员数量为依据计算和给付报酬（包括物质奖励和其他经济利益，下同），牟取非法利益的。

(2) 组织者或者经营者通过发展人员，要求被发展人员缴纳费用或者以认购商品等方式变相缴纳费用，取得加入或者发展其他人员加入的资格，牟取非法利益的。

(3) 组织者或者经营者通过发展人员，要求被发展人发展其他人员加入，形成上下线关系，并以下线的销售业绩为依据计算和给付上线报酬，牟取非法利益的。

（二）传销涉及的相关法律

1.《禁止传销条例》

《禁止传销条例》于 2005 年 8 月 10 日国务院第 101 次常务会议通过，自 2005 年 11 月 1 日起施行。

2. 刑法中的组织领导传销活动罪

为了更有效地打击传销违法犯罪活动，十一届全国人大常委会第七次会议于 2009 年 2 月 28 日表决通过的刑法修正案（七）增设了"组织、领导传销活动罪"。

近年来，以"拉人头"、收取"入门费"等方式组织传销的违法犯罪活动时有发生，严重扰乱社会秩序，影响社会稳定。在司法实践中，对这类案件主要是根据实施传销行为的不同情况，分别按照非法营销罪、诈骗罪、集资诈骗罪等罪行追究刑事责任，并没做出专门的规定。为此，刑法修正案（七）新增了相关条款："组织、领导以推销商品、提供服务等经营活动为名，要求参加者以缴纳费用或者购买商品、服务等方式获得加入资格，并按照一定顺序组成层级，直接或者间接以发展人员的数量作为计酬或者返利依据，引诱、胁迫参加者继续发展他人参加，骗取财物，扰乱经济社会秩序的传销活动的，处五年以下有期徒刑或者拘役，并处罚金；情节严重的，处五年以上有期徒刑，并处罚金。"

二、解开非法传销的诈骗面具

（一）非法传销的发展对象

自 20 世纪 90 年代传销传入我国后，一些不法分子顺风跟进。他们打着传销的招牌，招摇撞骗，怂恿被游说的对象缴纳高额入会费或认购价格高昂的假冒伪劣商品，加入传销队伍。而在整个传销网络中，真正受益的只是那些在传销"金字塔"网络顶端的极少数人，绝大部分传销人员到最后血本无归，有的还倾家荡产、妻离子散。

传销组织一般是由同学、同事、老乡、朋友、亲戚构成的。因为彼此之间比较了解，没有防范心理，最容易成为传销者欺骗的对象。传销主要靠不断地发展"下线"，来保持其正常的运作和养肥"金字塔"顶端的"网头"。

在传销组织中，发展"下线"被称作"邀约"。什么人最容易成为"邀约"对象呢？一般是农民、下岗者和失业人员、做生意赔钱的人、有就业和经济压力的大学生，因为这些人急需挣钱和改变现状，容易被传销人员极具诱惑的语言所吸引，把自己几年甚至几十年的积蓄投进去。在加入后每个人都要学习一整套的骗人技巧，在传销组织中，称其为"美丽的谎言"。

（二）传销分子的诱骗步骤

尽管国家三令五申严厉打击，可是以暴利为诱饵欺骗他人、非法推销劣质或走私商品、大肆偷税逃税的传销活动依然猖狂，发展到今天，其手段更加隐蔽，危害性也更大，而且还有融入黑社会乃至向经济邪教发展的趋势。那么，非法传销的魔力到底在哪里？中央电视台曾经曝光传销培训教材，这些教材不仅极富煽动性和欺骗性，而且具有很多心理学的要素，极易诱人上当。其诱惑的步骤大体为：列名单、电话或书信邀约、接站、集中洗脑、摊牌。

1. 揣摩心理列名单

传销组织通过长期的欺骗实践，总结出了列名单的技法，这些技法通常是传销教材第一部分的内容。

所谓列名单，也就是盘算哪些人是可以骗来的对象。传销人员的笔记中这样写道："在这里包括这样几类对象，亲戚类：兄弟姐妹；朋友类：'五同'——同学、同事、同乡、同宗、同好；邻居类：前后左右邻居；其他认识的人：如师徒、战友等。"总之，那些急于改变现状的人，是传销组织网罗的主要人选。

当然，传销组织对这些人的心理做了充分的分析。比如对退伍军人的分析：受部队生活的熏陶，观念有很大改变，回到家乡后，大多不安于现状，想干一番大事业或者急于找一份合适的工作；对农民的分析：焦点在于脱贫致富，指望种粮发家不现实，养殖渠道又不畅通，做生意缺乏本钱，他们渴望找到一条门路，能够发家致富，在左邻右舍中扬眉吐气，风风光光；对下岗干部的分析：昔日春风得意，众人瞩目，一旦下岗门庭冷落，有一种严重的失落感；对打工者的分析：打工不容易，他们会嫌赚钱太慢，同时又急于求成。这些对网罗对象心理的揣度，反映出传销组织者乘人之危、落井下石的阴暗心理和罪恶本质。

2. 巧言邀约设骗局

列好名单后就应该进行第二步——邀约了。通过写信或打电话等方式，邀请别人加入。他们深知传销的名声太坏，在教材中就规定了打电话时的"三不谈"，即不谈公司、不谈理念、不谈制度。总之，不谈传销的真相，只是根据对方的心态、特长、背景等，给出一个甜蜜的诱惑。为了提高骗人的成功率，传销教材上连打电话时的语气都规定好了：谈话的时候兴奋度要高，语调要比平常高八度；语速要快，但语言要清晰，语气决不能含糊，给对方以可信任的感觉；说出的话具有一种神秘感，让对方无据可查，不正面回答对方的提问，不具体解释自己的话题等。由于传销组织已成为过街老鼠，所以传销公司在骗人加入时，换了很多时髦的说法，比如加盟连锁、人际网络、网络销售、框架营销、连锁销售、电子商务等。

3. 接站

在上述种种游说和谎言的欺骗下，如果对方动了心，愿意加入，下一步就是接站。传销组织对接站的整个程序乃至神态和衣着也有明确的规定，有关人士揭露说：传销组织接站人与对方见面的时候，应该热情地跑上去，先握手；同时衣着一定要光鲜，比如打着领带,让人家就感觉到你有一定的社会地位;引导来者上车的时候,首先告诉他们说是先洗洗尘,然后到酒店吃便饭,初来乍到的人会觉得这个朋友真好,降低了防范意识。

4. 集中洗脑

洗脑主要有以下方式:

(1) 仿照"亲情"消除心理防线。当被邀约的人到来的时候,整个"家"里的人都必须行动起来,预先告诉家庭成员"新朋友"的基本情况,和家长、老朋友商量,做好周密安排,密切配合营造温馨的环境。一般由"家长"钦点一个和这个"新朋友"性格、兴趣比较接近的"老朋友"来"照顾"这位新朋友,走到哪里跟到哪里。一般是男女交叉的形式,传销人员的关心是无微不至的:从对你的嘘寒问暖,到陪你做游戏,给你洗衣服甚至给你洗脚、洗袜子,这叫"付出";大展其群体所谓的"人帮人",令你感觉久违的"亲情",给你一种"家"的温暖,使你放松警惕。

(2) 听课,专业洗脑。为了逃避公安和工商部门的打击和清剿,授课通常在城乡接合部相对偏僻和隐蔽的民宅中进行,一般在二三十人,采用集中授课的方式。讲授的课程是目前非法营销传销组织普遍采用的,极具诱惑力的"五级三阶制"。

(3) 课后"成功者"传授经验。主要是反复灌输致富观念,描绘"美好"的前景,说其从事的"事业"是一个投资小、回报大的"光辉事业",改变大家的心态。灌输的是要想致富必须抓住"传销"这个机遇,是给老百姓最后一次"暴富"和"翻身"的机会。

(4) 与外界隔绝,封闭消息。传销洗脑期间,一般没有电视、报纸、电话,不能与外界联系,将其成员完全淹没在怎样发展下线、怎样发展"业务"的毒液里。

(5) 淡化法制观念,麻痹神经。传销分子经常说国家要对直销立法,马上要合法化,没有学历的人就不让做了。要想成功,就必须马上行动加入进来。灌输"新朋友"少量的金钱投入和目前的吃苦受罪,是对美好未来的基础投资,激起"新朋友"对金钱和成功追求的强烈欲望,诱使其加入传销组织。

(6) 答疑,巩固洗脑。课后"成功者"来解答新朋友的疑惑,还要有一到两个"老朋友"带着"新朋友"到别的家庭串门。这主要是通过问答形式,消除"新朋友"对"事业"的疑惑,解决各种思想障碍。

为了鼓动别人加入,传销教材中往往充斥着逻辑怪异,但具有较强诱惑力和煽动性的言辞,从某种角度讲,无异于一本"魔鬼辞典"。比如,传销分子以暴利相诱惑时会说,传销可以缩短成功的历程,可以使你一两年内挣到几十年也挣不到的钱。如果你说你没钱,他会告诉你,因为你没钱,所以才会让你想办法赚钱。如果你说你没时间,他会告诉你,正是因为你没有时间,所以才让你在很短时间内赚到钱,浓缩你的生命,让你拥有更多的时间。

对于欺骗亲友的血汗钱这种罪恶行径,传销教材竟抛出这样的怪论来开脱:这些钱毕竟是自己的亲友掏出来的,那么这个钱该不该赚呢?我看是该赚,因为钱本来就是叫人赚的,具体谁赚本无区别。如果钱印出来都埋入地下,不让人赚,岂不都成了废纸?

传销教材甚至为谎言这样辩护:谎言并不一定就是坏的,有时候甚至可以说,这个世界因为谎言而美丽。

5. 摊牌翻脸相胁迫

不管前面说得如何天花乱坠，美丽的谎言总要被揭穿。传销组织把这叫"摊牌"。传销教材上把摊牌的时间规定为听课前的五分钟。这时候，对方已无法脱身。摊牌后，就有两种情况了，如果对方去听了课，迷迷糊糊、将信将疑，传销组织就进入第三个阶段——跟进。跟进的具体方式是把你关在屋子里，一大帮人围着你讲他们怎么发了财。

有关人士说："住在一起的时候，他不讲别的，没有电视没有报纸，而且跟外界基本是隔绝的，所以他们讲来讲去，就是说我们每个月要发展多少人，发展到下线后可以有多少奖金，时间长了，思想会像入了魔似的，无法自拔。"

如果听课后，对方仍没有接受传销组织的洗脑，头脑仍然清醒，能看穿是骗局，那么传销组织就会换一副面孔，对他进行威胁或跟踪。

对方如果不愿加入，传销组织就一直跟着，上厕所跟着，上街也跟着，而且威胁说，不交钱的话，那么可能出不了这个屋子。这种手段是很卑鄙的。在这种情况下，上当受骗的人走投无路，就只能加入传销组织，然后为了自保，再对他人进行欺骗，这样，下一个恶性循环就又开始了。

> **典型案例**
>
> 黎同学，2013级物流工程专业学生，来自广西贺州的一个农村家庭。大三寒假，听信朋友为其介绍工作的片面之词，只身来到河北廊坊，结果陷入传销组织。传销组织表面上不控制人身自由，仍可通过电话或者QQ与外界联系，但是通话时旁边有很多人监视，并不让其有言语自由。传销组织要黎同学交纳2 980元"原始资本金"入会成为会员，并要其发展下线，以下线缴纳入会基金返回作为收益，宣称通过这样利滚利，一年以后可以获利500多万。传销组织内部人员每天以各种方式对黎同学进行宣传洗脑，宣扬所谓的盈利模式和所谓的产品"灵白滋养套装"，黎同学逐渐对此深信不疑，开始发展下线。实际上所谓的产品只是个概念，并没有任何实体产品。
>
> 当黎同学家人得知情况后，赶往河北廊坊找她。可是因为被严重洗脑，黎同学不愿意接受家人劝告，并认为自己在做一件改变家人命运的大事。后来，在学院老师和当地热心人士的帮助下，警方费了很大周折终于将黎同学从传销组织中解救出来。事后，经过老师长期的教育与心理辅导，黎同学才终于意识到自己误入歧途，差点影响到学业和自己的美好前途。

大学生是传销组织重点关注的人群，同学们不要轻信他人"介绍工作""创业投资机会""新型商业模式"等诱惑。天上不会掉馅饼，世界上没有一夜暴富的可能，美好的生活需要自己一步步踏踏实实地去打拼。

（三）传销组织内部的分配制度

传销组织是靠新加入者缴纳的高额入会费来赚钱的。每个加入者在受骗后，又用花言巧语骗来他人加入，以回收投资，维持其发展。传销组织缴纳的入会费一般在2 800元到

3 800 元不等，近期有一些传销组织改成 2 340 元或 2 350 元不等，但是大同小异。

目前中国本土非法传销组织中最常用的奖金分配制度是"五级三阶制"（简称"五三制"）。所谓"五级"是奖金制度的五个级别，即 E 级会员、D 级推广员、C 级培训员、B 级代理员、A 级代理商。"三阶"即加入者晋升的阶段，从 E 级会员升为 C 级培训员为第一个阶段，从 C 级培训员升为 B 级代理员为第二个阶段，从当 B 级代理员升为 A 级代理商为第三个阶段。

每位加入者在缴纳会费后，即成为 E 级会员，当发展的下线人数达到相应的规定后就会晋升上一级别，层层递进。

"五级三阶制"里有四种奖金分配制度。

（1）直接销售奖。E 级会员：15%。D 级推广员：20%。C 级培训员：30%。B 级代理员：42%。A 级代理商：52%。

（2）级别差额奖。共有 10 个，是用上一级的直接销售奖减去下一级直接销售奖所得出的金额。

（3）辅导或育成奖。这是只有 C 级培训员和 B 级代理员能拿到的奖励，是当发展的下线与其同一级别的时候所拿的奖励。单纯为 C 级培训员的同时，发展的下线都晋升为 C 级培训员，就可以拿到 4% 的辅导奖和育成奖；当成为 B 级代理员的同时，发展的下线和下线的下线都晋升为 B 级代理员，就可以拿到 3% 和 2% 的辅导奖和育成奖。

（4）福利或分红奖。只有第一代 A 级代理商可以拿到。

三、大学生如何防范传销陷阱

（一）大学生容易涉足传销的原因分析

在当前就业压力增大的情况下，一些非法传销活动趁机抬头，变换手法将黑手伸向初出校园、涉世未深的大学毕业生。非法传销组织把大学生作为吸引加入的主要对象，是因为一些大学生有扭曲的成功观、一夜暴富的心理渴求，就业形势严峻，大学生的涉世不深以及对积累社会经验的渴望。

通过调查我们发现，促使大学生涉足传销的原因主要如下：

（1）填补空余时间心理。大学强调自学，如果只要求必修科目的及格水平，空余时间还是很多的。如果不修其他科目，又没有正当的兴趣爱好，一些人便会产生强烈的填补空余时间心理，经人诱惑，很容易参与非法传销。

（2）暴富心理。一些蛊惑者往往许诺高额回报，又有许多"过来人"的现身说法，再加上演讲者的"名牌"包装，结合目前的大学生就业问题，很容易激发大学生的暴富心理。

（3）竞争心理。一些蛊惑者往往会利用大学生的竞争心理，宣称即使赚不到钱，也得到了培训机会，接触了社会，提高了演讲能力，交到了朋友，等等，以满足大学生的竞争心理。

（4）从众心理。在非法传销者聚会时，在蛊惑者的鼓动下，往往群情激昂，个体由于群体的压力而产生从众心理，做出违反自己意愿的行为。

虽然国家三令五申打击非法传销活动，但传销依旧在全国范围内快速蔓延，令人惊愕的是：卷入传销组织内的大学生不在少数，且数目呈上升趋势，这不得不引起我们的警惕。

（二）大学生如何防范卷入非法传销

面对非法传销的陷阱，当代大学生应保持足够的清醒，懂得运用各种手段来维护自身的合法权益不受侵犯。

（1）大学生要立足于个人实际，诚信做人，诚实劳动，勤劳致富，戒除急功近利、投机暴富的心态，认清非法传销的欺诈本质，明白传销活动系非法活动，增强抵制各种诱惑的自觉性。特别是对那些随处可见的可提供无学历要求限制的高薪职业招聘信息，应保持高度警觉，以免上当受骗。

（2）增强保密意识，不要将个人信息轻易告诉他人，以防被人以招聘、社会实践等活动为名骗入传销活动。同时警惕身边的亲戚、朋友、同学等关系亲密的人，谨防他们给你灌输传销思想。

（3）加强同学间的交流与沟通，在择业、就业过程中相互提醒、相互关心，携手抵制传销。一旦发现周围同学误入歧途，应设法劝导，使其尽快脱困。一旦发现传销违法犯罪活动的迹象和嫌疑，应立即向学校或当地公安、工商部门举报，防止其继续危害社会。

（4）增强法律意识，运用法律保护自己。如果大学生不慎陷入传销陷阱，应学会在第一时间拿起法律武器保护自己，唯有如此才能保证自己不受伤害。

典型案例

小布同学，男，2021级某高校测绘工程专业学生，家境良好。一天，一名自称"学长"的陌生人来到宿舍，同来的还有一名穿着得体的社会人士（以下简称A）。据"学长"介绍，A为有着丰富创业经验的成功人士，专门为敢于尝试的大学生提供创业指导。在"学长"发放的宣传单上，A身着笔挺的西装，旁边赫然印着他的创业经历和创业项目。

刚刚进入大学的小布对一切都充满了好奇，本着丰富自身阅历、提高社交综合能力的目的，小布约好与A第二天见面详谈。见面后，A对其创业项目运作以及盈利模式进行了介绍，告知小布该项目依托于某大型公司，并邀请小布前往河西大学城参加创业讲座。本就对创业饶有兴趣的小布听完后热情澎湃，不日即单独前往河西大学城，经过一番周折方在岳麓山下的某个小区找到讲座地点，参加讲座的大多是各高校由"学长"介绍来的大一新生。讲座上，主讲人侃侃而谈，称该项目是为大学生打造的一个网上报考驾校的平台，而参与学生的任务是发动同学通过该公司网站网上报考驾校并获取提成（报考费用远高于市场费用），如果能发展更多的同学进入该公司将获取更多返利。

讲座结束后，主讲人要求参加讲座的同学交纳3 500元的"入会费"。经过长时间的高强度高频率的灌输以及主讲人的不停鼓吹，包括小布在内的不少学生当场缴纳了所谓的"入会费"。此后，连续几周周末该公司都组织学生们到河西大学城开会，讲述的内容也与第一次基本一致,即介绍项目以及教授他们如何让其他同学相信该项目并发展其加入。

　　一次偶然的机会,小布与同学谈起此事。同学告诉他,这极有可能是一个传销组织。起初,小布还不太相信,认为自己是进入了一个正规的创业公司。在同学们的反复劝说下,小布在网上对该公司信息和正规驾校报考情况进行查询,这才发现自己可能上当受骗了。他主动寻求辅导员老师的帮助,老师了解情况后,指出他陷入了一种新型传销组织的陷阱,并及时带其前往学校保卫处报案。此后,当初入寝宣传的"学长"仍在不断联系小布并试图从其身上获得更多的金钱。在老师的帮助下,他断绝了与该组织的联系,但是已经缴纳的3 500元入会费用未能成功追回。在老师和同学的帮助下,小布同学及时醒悟,避免了更大的损失。所谓的"学长"也被公安机关控制,将接受法律的严惩。

　　传销组织最显著的特点便是通过宣扬高额盈利模式发展成员,成员通过"发展下线"而获取返利,整个过程中没有实际产品或产品十分低劣。大学生社会阅历低,容易受到诱骗,特别是在大一期间,各种人员以学长、学姐的身份出没在寝室楼和晚自习教室,以"自主创业""资料售卖""外语培训""社团组织"等诸多方式进行诈骗,大学生要擦亮双眼,仔细甄别,遇事多向辅导员、班主任、下班党员(干部)请教,主动求证诸类事件的权威可靠性。

第四节　大学生防身自卫

　　什么是正当防卫呢?《中华人民共和国刑法》(简称《刑法》)第二十条规定:"为了使国家、公共利益,本人或者他人的人身、财产和其他权利免受正在进行的不法侵害,而采取的制止不法侵害的行为,对不法侵害人造成损害的,属于正当防卫,不负刑事责任。正当防卫明显超过必要限度造成重大损害的,应当负刑事责任,但是应当减轻或者免除处罚。"

一、大学生防身自卫必须是正当防卫

　　大学生在日常生活中,有时会遭受不法之徒的骚扰侵害,为了维护本人人身以及其他权益免受正在进行的不法侵害所采纳的行为是正当防卫,是法律所允许的。也就是说,作为一名大学生,应当懂得正当防卫是公民的权利。

1. 什么是正当防卫

　　根据《刑法》第二十条第一款的规定,正当防卫必须同时具备以下五个要件:

　　(1)必须是为了使国家、公共利益,本人或者其他的人身、财产权利和其他权利免受不法侵害而实施。这种不法侵害可能是针对国家、集体的,也可能是针对自然人的;可能

是针对本人的，也可能是针对其他人的；可能是侵害人身权利的，也可能是侵害财产和或其他权利的，只要是为了保护合法权益免受不法侵害而实施的行为，即符合本要件。

（2）必须有不法侵害行为发生。所谓"不法侵害"，指对某种权利或利益的侵害为法律所明文禁止的，既包括犯罪行为，也包括违法的侵害行为。

（3）必须是正在进行的不法侵害，正当防卫的目的是制止不法侵害，避免危害结果发生，因此，不法侵害必须是正在进行的，而不是尚未开始或者已实施完毕，或者实施者确已自动停止。否则，就是防卫不适时，应承担刑事责任。

（4）必须是针对不法侵害者本人实行，即正当防卫行为不能对没有实施不法侵害行为的第三者（包括不法侵害者的家属）造成损害。

（5）不能明显超过必要限度造成重大损害。一方面，正当防卫是有益于社会的合法行为，应受一定制度的制约，即正当防卫应以制止不法侵害为限；另一方面，不法侵害往往是突然袭击，防卫人没有防备，骤然临之，情况紧急，精神高度紧张。一般在实施防卫行为时很难迅速判明不法侵害的危害程度，也没有条件准确选择一种恰当的防卫方式、工具和强度来进行防卫。因此，只要不是明显超过必要限度造成重大损害的，都应当属于正当防卫。

2. 防卫过当及其刑事责任

防卫过当，是指实施防卫行为明显超过必要限度并且造成重大损害的行为。防卫过当的形式，只能是间接故意或过失。对于防卫过当的量刑，《刑法》第二十条第二款规定应当负刑事责任，但因为正当防卫形式是不法侵害引起的，是为了使被不法侵害者所侵害的客体免受正在进行的不法侵害，所以"应当减轻或免除处罚"。

3. 特殊防卫权

根据《刑法》第二十条第三款的规定，对正在进行行凶、杀人、抢劫、强奸、绑架以及其他严重危及人身安全的暴力犯罪，采取防卫行为，造成不法侵害人伤亡的，不属于防卫过当，不负刑事责任。本款是对第一款的重要补充，是刑法为充分保护正当防卫人的权利而增加的规定，学界一般将其称为特殊防卫权，或者无限度防卫权。所谓"其他严重危及人身安全的暴力犯罪"，是指与行凶、杀人、抢劫、强奸、绑架类似的暴力犯罪，如在人群中实施爆炸犯罪等。

正当防卫是法律赋予公民的神圣权利，大学生应牢记这个权利，善于运用这个权利，保卫国家、公共利益，保护本人和他人的合法权益。正当防卫是公民同违法犯罪做斗争的一个法律武器，大学生应当掌握。当遇到抢劫、盗窃、强奸、行凶、杀人、放火等违法犯罪行为时，要善于运用正当防卫来维护合法权利。

> **典型案例**
>
> 女同学A独自走夜路，突然被一歹徒B按倒在地，B卡住A的脖子，企图强奸，情急中A用发卡刺瞎了B的右眼（重伤），从而避免了被强奸。A的行为就属于正当防卫行为。尽管A使B受重伤，但A不负法律责任。

值得注意的是，正当防卫绝不是"你打我一下，我就还你两下"的行为，更不是伺机报复的行为。此外，打架斗殴的双方一般不存在正当防卫，因此要正确理解和实施正当防卫。

二、哪些是非正当防卫

既然有正当防卫，那么就有非正当防卫。如果非正当防卫造成了损害，则应负相应的法律责任。

非正当防卫主要有以下几种：

1. 防卫过当

防卫过当是指行为人在实施正当防卫时，超过了正当防卫所需的必要限度，并造成了不应有的危害行为。

2. 防卫挑拨

防卫挑拨是指行为人故意挑逗对方，使对方对自己进行不法侵害，继而加害于对方。

3. 防卫侵害了第三人

防卫侵害了第三人也叫局外防卫，是指防卫者对正在进行的不法侵害以外的人实施的侵害行为。

4. 假想防卫

假想防卫是指不法侵害行为根本不存在，由于行为人猜想、估计、推断不法侵害行为存在，实施防卫，结果造成损害的行为。

5. 事前防卫

事前防卫也叫提前防卫，是指行为人在不法侵害尚未发生或者还未到来的时候，而对准备进行不法侵害的人采取了所谓的防卫行为。

6. 事后防卫

事后防卫是指在不法侵害后，对不法侵害者进行的所谓防卫行为。

三、大学生应掌握一些必要的防卫术

防卫是人类社会维持生存和延续的必要条件之一。差不多所有的生物学家和人类学家公认，食欲、性欲和防卫，是一切生物都具有的三大本能。一个人在遭受突然袭击和侵害时，如果掌握了一定的防身自卫的技能技巧，就会临危不惧，胆大心细，敢于对袭击和侵害行为奋起反抗，达到维护安全的目的。所以，大学生掌握一些防卫术是很有益处的。

这里介绍一些简单的防卫实用招式，供大家参考。

（1）击腹法：遇到脖子被歹徒勒住，快速用拳头或肘猛击歹徒的腹部，致使其松手。

（2）蹬踩法：用鞋跟部猛蹬歹徒的胫骨前部或用力踩歹徒的足部。

（3）扭指法：遇到歹徒将自己勒住或抱住时，迅速将其小指捏住，用力向外侧扳，使之剧痛或折断其手指。

（4）戳喉法：五指合拢并伸直，以指尖或掌侧猛戳歹徒的喉头。

（5）击膝法：靠近歹徒时，提膝向其胯下或裆部、小腹部猛撞。

（6）戳眼法：用两指叉开成 V 形，使劲戳歹徒的眼睛。

（7）口咬法：尤其是女性被歹徒抓住后，在不得已时，可用口咬歹徒的舌头、鼻子、口唇、耳朵或手指等。

（8）头撞法：与歹徒靠近时，可用头部撞击歹徒的胸、腹和头等要害部位。

要注意：这些方法只能用来对付歹徒，用于正当防卫，千万不可在同学间滥用，以免造成令人痛心的后果。

第四章 财产安全

在当今的大学校园里，盗窃、诈骗、抢劫与抢夺已成为危害大学生财产安全的三大隐患。对于大学生来讲，一定的金钱和物质资料，是其进行正常学习和生活的物质保证。那么作为一名普通的大学生应当如何防范这些侵犯财产的违法犯罪行为，确保自己人身和财产安全呢？

本章总结了多年来发生在大学校园的盗窃、诈骗、抢劫案例，以实际的例子告诉大学生如何防范这些事件的发生，希望大家能从这些实际案例中受到启迪，确保自己的财产安全。同时要求同学们"关注自己、关注校园、关注社会"，生活才会变得更加和谐美好。

第一节　防范校园盗窃

盗窃案件在高校发生的各类案件中是最多的，占90%以上，是危害大学生财产安全的重大隐患。盗窃不仅会给当事人造成不必要的经济损失，还会在一定程度上给同学们留下严重的猜测、怀疑等心理阴影。大学生应当掌握一些防范盗窃的知识，避免自己、他人和学校财产的损失。同时，财物被盗以后应该怎样积极地应对，也是本节阐述的重点。

一、盗窃案件易发场所

1. 大学生宿舍

大学生以学习为主，一天的学习时间安排得很紧，学习、生活很有规律，这一点盗窃者很了解，所以大学生应当防范盗窃者利用大家上课的时间进行盗窃。据不完全统计，发生在校园的盗窃案件3成以上都是内盗，个别院校达到了5成。但是大多数案件是校外人员冒充学生，溜门入室盗窃学生财物。

（1）一楼的宿舍。特别是在夏天，因天气炎热，很多人喜欢打开窗户，当房间无人时，物品很容易被人从窗子里勾出来，给盗贼提供了盗窃的条件。

典型案例

2022年9月，长沙某高校新生刚开学不久，9月11日上午9点，学生宿舍楼104寝室被盗笔记本电脑6台；当天下午4点，又接到学生报告称该校另一宿舍区506寝室被盗现金1 000元、笔记本3台。两起案件涉案金额达3.8万元，经现场勘查，发现房门并未损坏，小偷撬断104寝室防护窗和用卡插开506房门进入寝室。经侦查，公安机关于当天晚上8点将犯罪嫌疑人李某、邓某在长沙另一所高校抓获，并在犯罪嫌疑人出租屋内查获笔记本电脑15台。

大学生要把自己的贵重物品、重要物件收放在安全的地方。另外，一定要加强防盗意识，晚上注意关好门窗，特别是一楼的同学，更要警惕。

（2）内部不团结、有矛盾的宿舍。这类宿舍很容易发生报复性的偷窃案件，女生宿舍表现得更加明显，这是内盗的典型案例之一。

典型案例

廖同学，某高校2013级交通运输专业学生，成长环境优越，自我感觉良好。大学期间，因嫉妒同宿舍室友在学校各项活动中表现抢眼、家境更为优越，趁宿舍没人的时候将室友的微单相机和Kindle电子阅览器盗出，并通过网络渠道出售。室友发现东西遗失后数次询问，该同学均不承认，无奈之下只能报警求助。公安机关查看现场后，很快锁定廖同学为嫌疑人，并以涉嫌盗窃为由将其带回派出所侦讯。当套上手铐坐上警车那一刻，廖同学才如梦初醒。在派出所里他痛哭流涕，追悔莫及，主动交代了自己的错误。他也解释自己法律意识淡薄，并没有意识到自己的行为是犯罪行为。但此时悔恨为时已晚，他必将为自己的错误行为付出相应的代价。

盗窃是犯罪行为，将受到法律的制裁。大学生应该培养良好的思想品德素质，端正心态，并且增强法律意识，知法懂法，远离盗窃等违法犯罪行为。学校对此也有明确规定，将视情节轻重给予警告甚至开除学籍处分。

（3）冒充学生溜进学生宿舍。大多数人溜门入室盗窃，有时也撬门扭锁入室盗窃，这类案件一般占到全年发案的5成以上。

典型案例

2018年9月1日21点左右，某高校保卫处接到一位姓金的学生报案：20点33分至20点40分，其在学生公寓洗完澡后到隔壁同学寝室串门，寝室门未关，当回寝室时发现有一人站在其电脑旁准备偷电脑，就上去质问，那人随即逃离。接到报案后，保卫处同志立刻到案发现场进行实地察看。经过察看，没有发现物品被偷。保卫处同志估计此人并未走远，很有可能在学生公寓内继续作案。因此，他们一边立即查看监控录像，一边派人守住主要通道。查看监控录像后,发现此人即是8月28日曾在学校偷手机的嫌疑人。保卫处同志立刻组织有关人员在附近开始搜捕,大约5分钟后,在楼外道路上发现了一名手提袋子的可疑人员。保卫处同志一眼就看出此人即是嫌疑人,将其抓获,带回保卫处询问调查。当时,嫌疑人身上还有偷来的笔记本电脑一台、手机两部,此人也承认作案事实,随后,保卫处同志将其交由当地派出所处置。

学生公寓楼栋看似安全,但常有校外人员混入,其中也不乏不法分子,一些无业人员年龄、长相、气质都和大学生很接近,趁人多溜进学生宿舍楼,在楼道里乱窜,随机寻找盗窃机会。如有人询问,他们就说找老乡某某蒙混过关。有时趁同学们上厕所或短时间离开宿舍的间隙,盗走宿舍内值钱的物品,然后很快离开。因此,大学生要确保自己在寝室内的财物安全,就要做到以下几点:

(1) 随时关门不偷懒。为了自身和室友的安全,做到随手关门,不能图方便而忘记安全。人离开或者晚上睡觉务必把防盗门窗锁上。

(2) 物品摆放不随意。无论外出就餐还是在室内,自己的物品一定要放好。在寝室里也不能随手把物品放在桌子、椅子上,而要放到自己的柜子、抽屉里锁好。

(3) 对于闲杂人员要留心。进出学生公寓楼栋的陌生人要多关注,发现可疑人员立即报警。

2. 学生食堂

学生食堂也是高校盗窃案件发案频率较高的场所之一。专家提醒同学们在食堂应该注意下几点:

(1) 买饭、饭卡充值排队时,应注意周边环境,提高警惕。特别是背着背包的同学尤其应注意身后的动静,以防有人盗窃。

> **典型案例**
>
> 一个同学背着书包排队给饭卡充值时,书包里有钱包等物,钱包里有200多元现金,还有证件、银行卡等,被人从身后悄悄地拉开书包,盗走了钱包。报案后在食堂外面垃圾桶里找到了钱包,证、卡还在,现金被盗走。

(2) 随身物品不能随意置于身旁、身后等远离自己视线的地方,离开时应把物品带走。

(3) 手机、饭卡等物品不能随便往桌上一放,饭卡要加密码,必要时设置最高消费额,发现丢失时应及时挂失。

(4) 不要用书包占位置,造成人包分离现象。这样做一是不文明,二是会给盗贼提供盗窃的机会。这类案件占到学生食堂失窃案的多数。

> **典型案例**
>
> 2017年5月3日18时左右,某高校学生谭某在食堂吃饭,放在其身边的电脑包上的一部白色iPhone 4S手机被人以顺手牵羊的方式盗走,损失价值3 000元。

大学食堂是公共场所，自己的物品要妥善保管，增强安全防范意识，重要的物品要放在自己身边，小物品最好贴身放置，书包不要脱离自己的视线范围，最好交给熟悉的同学代管，严禁物品和人分离，给盗窃者留下可乘之机。手机防盗重在平时养成良好习惯，只有在使用过程中时刻提高安全意识，不随手乱放，不疏忽大意，才能有效防止手机被盗，避免造成不必要的损失。民警提醒大家平时养成下述几个良好习惯，提高警惕，加强防范。

（1）乘坐公交车或在人流量大的地方时不要用耳机听音乐，因为耳机线会出卖你手机的位置。

（2）不要在手机上悬挂各种夸张挂件，有些挂件很有个性，但是在张扬个性的同时，也出卖了你的手机。

（3）在网吧、餐馆等公共场所用完手机后及时收好，千万不要随手把手机放在桌上。

（4）外出购物、游玩时要把手机放在贴身的衣服口袋里或将手机握在手上，这样才是最稳妥的。

（5）智能手机尽可能地设置密码、安装好的防盗软件，以便失窃后第一时间找回。

3. 图书馆

窗明几净的图书馆是同学们看书学习的好地方，但同时也是盗窃事件发生最多的地方之一。结合近些年的防范经验，建议同学们在图书馆要做好以下几点，防止自身财物被盗窃。

（1）严格遵循图书馆的规章制度。图书馆一般都设有专人保管物品的地方，可以把书包存放在规定的地方，不仅可以防盗，而且可以使图书馆整洁。

（2）贵重物品不能随便放在桌子上、椅子上，现金、贵重物品要做到不离身，以防盗贼顺手牵羊。如要短暂离开，应将现金、贵重物品带走或交给熟悉的同学代为保管。

在一些高校的图书馆，同学们进去后，将书包放在指定的地点。书包很多，大多数同学都将书包随意放置在一起，书包堆并没有人看管，同学们可以随意拿放。同学们借书后一般在阅览室阅读，注意力都集中在自己的学习上，并没有留心自己的物品。个别素质不高的同学假装在自己的书包里找东西，趁人不备就会摸走其他同学书包内的平板电脑、手机、钱包等物品。

> **典型案例**
>
> 某高校有一个本科学生带着自己的笔记本电脑进入学校图书馆，将笔记本电脑放在阅览室的桌子上，到书架挑选书，旁边的一个硕士研究生见财起意，将笔记本电脑裹在自己的大衣里带出，被巡查的保安发现后，人赃俱获。该硕士研究生被学校勒令退学，并移送司法机关处理。

图书馆是一个公共场所，进入图书馆要将物品放在有专人看管的地方或者图书馆指定的地方，自身携带的物品要妥善保管，贵重物品最好随身携带，不要人、物分离，最好在进图书馆之前就将贵重物品放在宿舍锁起来。

4. 运动场所

同学们在运动场所锻炼时不要携带贵重物品，既要注意人身安全，也要注意自己的财产安全。

（1）在运动场所尽量不要带过多的现金和贵重物品，避免物品丢失。

（2）要把物品放在可以看到的地方或几个同学轮流看管，对于那些行为不正常的人要留个心眼，必要时可上前询问对方，这样也可以起到一些震慑作用，让一些有盗窃企图的人放弃作案。

（3）如发现有物品丢失，要及时向学校保卫处或者当地公安机关报案，也要在案发的第一时间在被盗现场周边巡查，如发现可疑人员要迅速报告，以便及时抓获盗贼。

> **典型案例**
>
> 2019年6月12日，一名男子出现在长沙某高校内足球场旁，主动提出要和学生们一起踢球，大家同意了。踢了不到10分钟，该男子说："太累了，我要歇一会儿。"随后故意坐到大家放的衣物旁边，趁人不备，摸出了两台苹果手机和几百元现金，然后装作若无其事的样子起身离开了。

体育场也是一个公共场所，不要轻易相信不认识的人。活动时不要携带贵重物品，更不要随便乱放自己的衣服等。对个人物品要想方设法妥善管理，如将物品放在宿舍后再出来锻炼，或将贵重物品交由同学看管等。

二、盗窃的表现形式

专家们经过细致的案例分析后发现，在高校盗窃案件中，超过6成以上的案件系校外人员所为。进入宿舍、教室、体育场所、食堂等地实施违法犯罪的，均以校外人员为主。近4成的案件是学校和校内工作人员自己所为。其中，学生宿舍既是外盗的高发地点，也是内盗的高发地点。

1. 内盗

内盗也是通常所说的内贼，是指盗窃作案人员为学生内部人员或学校内部管理、服务人员。根据有关资料显示，盗窃嫌疑人往往利用自己熟悉盗窃目标作息规律的特点，寻找作案最佳时机进行盗窃，因而易于得手。专家提醒，这类案件具有隐蔽性和伪装性，要注意提高警惕。

> **案例集锦 4-1**
>
> 【例1】
> 某高校学生宿舍楼配有两名保安，负责学生上课期间楼宇内的治安巡逻。其中一名保安巡逻时发现有些宿舍房门忘锁，便进去盗走同学们桌子上的手机、笔记本电脑，

甚至盗拆电脑主机等。此人多次作案引起公安部门注意，后来，公安部门同志在该保安的老家将全部赃物缴获。

【例2】

某高校大学生宿舍，几个同学的银行卡不仅密码都是公开的，而且随意乱放。一次，有个同学拿卡取钱时，发现卡上1 400元被人盗走，他关系最好的同宿舍同学建议他到学校公安处报案，并陪他一起去报案，还给公安机关出谋策划——可以查看录像。公安人员和这名同学一起到银行看录像，一看录像，公安人员吃了一惊，陪同报案的同学自语道："怎么是我？……"

【例3】

某大学生宿舍，在半年间被盗20多次，小到一袋洗衣粉、文具，大到照相机、手机等，门锁完好，室内无翻动痕迹，侵财目标明确，且每次都是入睡前钱包里的钱还在，早晨起来发现现金被人抽走一部分，带有明显的内盗特征。该宿舍的同学L，故意把钱包里的钱让同宿舍同学看见，然后一夜都没有睡觉，凌晨3时许听到一个舍友走向自己的脚步声，然后拉自己放在被子旁边的裤子，紧跟着钱包扣发出清脆的响声及钱从钱包里掏出的"沙沙"声音。同学L猛地坐了起来，把盗窃的舍友吓得坐在地上，接着被宿舍同学扭送到学校公安处。

点评

从以上这3个内盗案例不难看出，内盗的显著特点是：一般没有撬门扭锁痕迹，室内翻动不大，盗窃目标明确，盗窃时间也很有规律性，有些物品被部分盗走，如将5张百元钞票抽走1～2张、银行卡的钱取走一部分等。建议同学们一方面时刻绷紧自己的警惕之弦，提高自己的安全意识，同时努力提高自身修养，"害人之心不可有，防人之心不可无"；另一方面，同学们一定要妥善保管好自己的物品，尽量将现金存放在卡里，严格将密码保密。一般情况下，不要将现金示人，应该尽量避免同学见财起意。如果宿舍连续被盗，应该及时和辅导员或者学校保卫部门联系。

2. 外盗

外盗，顾名思义，是相对内盗而言的，是指盗窃嫌疑人为校外社会人员在学校实施的盗窃行为。这些人往往见缝插针，利用学校管理上的漏洞、同学们生活中的疏忽，冒充学校人员或以找人为名进入校园内，盗取学校资产和师生财物。他们作案时往往携带作案工具，如螺丝刀、钳子、塑料插片等。

案例集锦4-2

【例1】

2018年，某高校内，学生在学校食堂用餐时间，有位同学像往常一样与几个同学打饭。突然，一个陌生的中年男子进入他的视线。此人举止根本不像师生，却装模作样地手拿饭卡，在学生中间挤来挤去，眼睛不时瞄着桌上的书包。该同学不动声色地盯着他，等此人拎包盗窃了其中的手机后，在食堂门口将其一把抓住，并通知校保卫处将其扭送至公安机关。

【例2】

2018年7月，某大学毕业季，学生宿舍屡屡发生盗窃案件，盗贼在夜间潜入学校，趁学生们熟睡之际，用竹竿"钓鱼"的方式，将学生放在桌上、床边的物品盗走，甚至一夜之间有六间宿舍被盗，失窃的物品有7部手机、两台手提电脑、4 000余元人民币以及其他学习和生活用品。失窃物品中的一张银行卡在一家银行取款机上出现，盗贼用该卡取了900元，密码是同时被盗窃的学生身份证上的出生日期，银行的摄像机中留下了此人的影像。经过公安干警一番按图索骥式的侦查，这名犯罪嫌疑人很快落网。

点评

校园内最常发生的案件是溜门盗窃案，占高校案件的一半以上。在寝室楼里，很多学生暂时离开宿舍时往往忘记关门，这样就给溜门入室盗窃留下可乘之机，钱包、笔记本电脑、手机等物品遭窃时有发生。报这类案件的同学往往强调："我不过离开寝室两三分钟而已……"但熟练的窃贼完全能够在这几分钟内从容作案，最快的甚至不需要一分钟时间。

3. 内外勾结盗窃

内外勾结盗窃，即学校内部人员与校外社会人员相互勾结，在学校内实施的盗窃行为。这类案件的内部人员社会交往关系比较复杂，与外部人员都有一定的利害关系，往往结成团伙，形成盗、运、销一条龙，盗窃的物品往往是单一的，手法上有很大程度的延续性。

案例集锦 4-3

【例1】

2017年，某高校学生聂某在学校附近网吧上网时结识了周边青年蔡某，并很快成为好朋友。一天，蔡某问聂某有没有什么搞钱的方法，聂某说自己学校的自行车好搞。蔡某一听非常高兴，于是很快达成一致。蔡某用同样的方法在不远的另一所学校找到了大学生郭某，三人臭味相投立刻行动。3天时间，聂某盗窃了8辆自行车、郭某盗窃了5辆自行车，都交给了蔡某，蔡某让两位大学生交换销售。

【例2】

2018年，某高校一名女大学生阎某结识一女窃贼后和女窃贼一起内外勾结，盗窃学生财物。由阎某做内应，利用学生宿舍楼管理松懈、出入宿舍无人查问的便利，加上阎某对地形和人员都熟悉，二人共同在学生宿舍进行盗窃。在半个月时间内，多次在学校盗窃衣服、手机和其他物品，一时闹得人心惶惶。

点评

这类案件在高校盗窃案中所占的比例较小，但是一旦形成团伙，由于和外界交往十分复杂，多数形成了盗、运、销一条龙，危害很大。专家提示大学生在大学读书期间交友一定要慎重，切记"不去不净之地，不取不义之财，不交不良之友"。

三、盗窃案件的主要特征

经过对大量案件的分析和总结，我们发现，一般盗窃案件都有以下共同点：实施盗窃前有预谋准备的窥测过程，俗称"踩点"；盗窃现场通常遗留有痕迹、指纹、脚印、物证等；盗窃手段和方法常带有习惯性；有盗窃的赃款、赃物可查等。由于客观场所和作案主体的特殊性，高校盗窃案件还有以下特点：

1. 时间上的选择性

作案人为了减少违法犯罪风险，在作案时间上往往进行了充分的考虑，其作案时间大多在作案地点无人的空隙。那么这些时间段有哪些呢？

（1）上课时间。学生以学习为主，每天都有紧凑的课程安排，没有上课的学生大部分去图书馆或进行课余活动。因此，在上课期间，特别是上午第一、第二节课时，学生宿舍里一般无人，是外盗作案的高峰期。

（2）课间时间。课间休息仅10分钟，学生在下课后一般都会走出教室放松，很少有同学回寝室，作案分子特别是内盗作案人员会利用此时间，在盗窃得手后迅速回教室上课，给人以其没有作案时间的假象。

（3）夜间熟睡后。忙碌了一天，同学们都很疲惫，而且学校一般都有规定的熄灯时间，所以上床后很快入睡。盗窃分子趁夜深人静、室内人员熟睡之际行窃，如果学生睡觉时不关寝室门窗，更是给小偷创造了有利条件。

典型案例

2017年夏天，某高校的一间宿舍，由于闷热，同学们将凉席铺在宿舍的地板上睡觉，并将门窗大开着。深夜，同学们熟睡之后，窃贼将该宿舍里面的一个计算机主机抱走，并从三个睡在地上的同学身上跨出去。第二天早晨报案时，赃物被校卫队员在该楼楼顶平台上发现。

（4）新生入校时。新生刚入校时，由于彼此之间还不太熟悉，加之防范意识较差，偶尔有陌生人到寝室来也会以为是其他同学的老乡或熟人，不加盘问，轻信他人，这就给作案人创造了可乘之机。

其他还有军训、学校举办大型活动期间等，学生在宿舍活动的人员少，易被盗；校园发生和处置突发事件时，人们注意力往往集中到某一点上而无暇顾及其他，作案人往往乘虚而入，浑水摸鱼。

2. 目标上的准确性

在高校盗窃案件，特别是内部盗窃案件中，作案人的盗窃目标比较准确。由于大家每天都生活、学习在同一个空间，加上同学之间互不存在戒备心理，东西随便放置，贵重物品放在柜子里也经常不上锁，使得内部盗窃者极易得手。

3. 技术上的智能性

在高校盗窃案中，作案主体具有特殊性，以高智商的人为多，有的盗贼本身就是大学生，或者是前些年沉淀下来的各类自考生、学历班或延长学制的学生。在实施盗窃过程中对现代科技运用的程度较高，自制作案工具效果独特有效，盗窃技能明显高于一般盗窃作案人员。

4. 作案上的连续性

"首战告捷"以后，作案人员往往会产生侥幸心理，加上体制的原因，高校报案的滞后和破案的延迟，作案人员极易屡屡作案而形成一定的连续性。

典型案例

2018年，一名社会青年跟着同乡大学生混进学生宿舍里长期居住，在其他同学上课的时候，用自制卡片捅门，在一个月的时间里偷盗作案19起。

5. 手段上的多样性

作案人员针对不同环境和地点，选择对自己较为有利的作案手段，以获得更大的利益。作案人员的手段到底都有哪些呢？让我们听听专家是怎么说的。

（1）顺手牵羊，是指作案人员趁人不备将放在桌椅、床铺等处的钱物据为己有。一般是内盗比例大，熟人作案的情况多。

（2）乘虚而入，是指作案人员趁主人不在、房门或抽屉未锁之际行窃。较之"顺手牵羊"，其手段更为毒辣，行窃胃口更大，造成的损失往往更惨重。

（3）窗外钓鱼，是指作案人员用竹竿、铁丝等工具，在窗外或阳台处将室内衣物、皮包钩出，有的甚至钩到钥匙，开门入室进行盗窃。

（4）翻窗入室，是指作案人员利用房屋水管等设施翻越窗户入室行窃。作案人窃得钱物后往往是堂而皇之地从大门离去。

（5）撬门扭锁，是指作案人员利用专用工具将门上的锁具撬开或强行扭开入室行窃，入室后又用同样的方法撬开抽屉、箱柜等。这是外盗人员惯用的伎俩。他们的手段毒辣，毫不留情，只要是值钱的东西都不放过。

（6）盗窃密码，是指窃贼有意获取他人存折与信用卡密码，并伺机到银行盗取现金。

这类手法常见于内盗案件，并且以关系较好的室友或朋友作案较多。

案例集锦4-4

【例1】

2017年，某高校学生李某报案称她在建设银行的存款3 800元被人分4次盗取了3 700元。经过调查，公安机关认定作案嫌疑人为桂某。桂某与李某同住一寝室，平时关系不错，在一次结伴到银行取钱的过程中，李某输入自己的密码时没有回避桂某，有心的桂某记住了李某的银行卡密码，于是伺机作案并频频得手。

【例2】

2012年，某高校女生宿舍，同学们讨论密码问题时，女生李某说自己的卡号是她爷爷加她爸爸加她的出生年份，言者无意，听者有心。几天后，同宿舍的郭某问李某："我爷爷78岁，你爷爷高寿呀？""我爷爷80岁了。"郭某一推算，是1936年出生的。一个月后，郭某用类似的手段得知李某的爸爸出生于1954年。同学们的生日几乎是公开的。这样，郭某就完成了盗窃密码的过程，紧接着在短短的一个星期的时间里用李某的卡在自动取款机提款5次，涉案金额达7 000多元。

点评

同学们在宿舍内几乎是不设防的，证、卡等贵重物品随手乱放，有些同学自认为有密码，并不妥善保管。更有甚者，告诉银行卡密码，让同学代取，密码在本宿舍里是公开的。专家提示大学生要提高保密意识，不要用自己的生日、手机或家庭电话号码、学号作为自己的密码，这是一个常识；绝对不要谈及自己的密码甚至设计思路，以免被别有用心的人利用。

四、窃贼脱身的伎俩

专家提示，别有用心的作案人员入室作案的首要目标是现金、首饰等，其次是手机、电脑（主机）、相机等价值高又方便携带的物品，再次是价值较高的衣物等。

作案人员进入室内后，往往是首先开抽屉，其次翻箱倒柜，再次翻褥子、枕头下面。老练的盗贼往往搜寻既快、又细、又准，放在枕芯里、褥子下、抽屉底部的现金，也难逃其"毒手"。

听了上面的分析，我们不禁要问："作案人员脱身的伎俩有哪些呢？"专家把它们概括为以下5招：

（1）骗。推说是找人，比如随便编个名字"李伟""王涛"等，如同学信以为真，不认真盘问，就容易被其蒙混过关。这类情况在同学越是密集的时候，发生的可能性往往越大。

（2）逃。作案人一旦败露，趁只有一两个人发现，还未曾对其形成合围之势，立即逃之夭夭。这类情况多发生在学校举办大型活动或者上课期间。

（3）混。有些作案人员因深入宿舍偷盗，一时逃不出来，往往是先逃出发现者的视线，躲藏在厕所、阳台、楼梯拐角等处，然后从容离去。这类情况多发生在学生下课或大量学生返回期间。

（4）求。作案人被抓住后，装出一副可怜模样，哀求私了放过他。

（5）凶。谨防作案人被合围后铤而走险，困兽犹斗，掏出凶器相威胁。这类情况虽不经常发生，但在围堵盗贼时，同学们对这一招应有必要的思想准备，防止发生意外，原则上是首先保护自己，"特别是不要与持有凶器的盗贼发生正面冲突"，然后想方设法通知保卫处与熟悉的老师、同学，运用自己的智慧与之周旋，巧妙而又坚决地打击犯罪。

五、防患于未然

1. 居安思危，提高自我防范意识

一般防盗的基本方法是人防、物防和技防。其中，人防是预防和制止盗窃犯罪最为有效的方法。对大学生而言，提高防范意识、做好防盗工作，不仅是个人的事，也是全校师生共同关心的大事。只有人人参与其中，群防群治，才能真正有效控制和防范盗窃的发生。事实上，发生在大学生周围的盗窃案件大部分是由于大学生没有注意对自身财物的保管，给了盗窃作案人员以可乘之机。在日常生活中，大学生应注意以下5个方面：

（1）大额现金不要随意放在身边，应就近存入银行，同时办理加密业务，将存折和印鉴、密码、身份证分开存放，最好不要将自己的生日、手机或者家庭电话号码、学号作为自己的存折或信用卡密码，防止卡因密码被他人破解后被盗刷。

（2）贵重物品，如笔记本电脑、手机、照相机等，不用时最好放入柜子锁起来，以防他人顺手牵羊。

（3）不要怕麻烦，随手关窗锁门，谨防溜门入室盗窃。

（4）互相关照，勤查勤问，对陌生人要多留一个心眼，必要时进行盘查。

（5）积极参与安全值班，共同维护集体利益。

2. 遵守纪律，落实学校安全规定

为营造一个安全的学习环境，学校有关部门都制定了相关的管理制度来规范大家的日常行为，但有些同学常常为了个人的一时之便，置学校的纪律于不顾，结果给自己和大家造成财产损失。

（1）不随意留宿他人。大学生因在宿舍留宿他人造成被盗的例子很多，应从中吸取教训。日常生活中，同学、老乡、朋友来访本是很正常的一种交流，但有些同学对来访的人并不十分了解，又碍于情面，宁可违反学校有关规定，也不做对不起朋友、老乡的事，江湖义气实不可取。来客一时无法离校，学校和周边都有招待所可以接待，万一客人要到宿舍留宿，也应向有关部门报告，并办理相关登记手续。

（2）要爱护公共财物，保护门窗和室内设施完好无损。有些同学在平时忘带寝室门钥匙后为图省事，毁锁开门，还有部分学生将衣柜、书桌损坏。这些公物损坏后又不报修，致使寝室的门、柜形同虚设，起不到任何保护财物的作用。

3. 提高修养，养成良好生活习惯

有关调查研究发现，盗窃作案人员盗窃欲望的产生有许多种情况，一般是受到盗窃目标的诱惑与刺激，加上我们日常生活中的不良习惯给窃贼作案人员提供了机会。如大额现金有意无意在人面前显摆，价格昂贵的单反相机、手机等任意摆放在室内等，这都是盗窃案件特别是内盗易于产生的诱因之一。所以，加强自身财物保管是减少被盗的有效途径之一。

（1）注意团结，与人友好相处，形成互相帮助的风气。

（2）谨慎交友，克服哥们儿义气，少交酒肉朋友，防止引狼入室，甚至同流合污，最后沦为盗贼的帮凶。

六、发生盗窃案件的应对方法

1. 保护现场，及时报案

一旦发生被盗案件以后，不要惊慌失措，应迅速组织在场人员保护好现场，并及时向学校保卫部门报告，不得先翻动、查看自己有什么东西被偷走了，否则将不同程度破坏现场有关的痕迹、物证，不利于调查取证。

2. 发现可疑人员及时控制

如果自己发现可疑人员，一定要沉着冷静，应主动上前询问，一旦发现其回答有疑问，要设法将其稳住，必要时组织学生围堵，及时向有关部门报告，防范盗贼狗急跳墙，伤及学生。在当场无法抓获盗贼的情况下，应记住盗贼的特征，包括年龄、性别、身高、胖瘦、相貌、衣着、口音、动作习惯、佩戴首饰等，以便向有关部门提供破案线索。

3. 及时报失，配合调查

如果发现存折被盗，应尽快到银行挂失。知情人员应当积极配合公安、保卫部门的调查取证工作。有的人对身边发生的案情采取事不关己、高高挂起、不愿多讲的态度；有的人在调查人员询问时不敢提供有关情况，怕别人打击报复，怕影响同学关系等。这些想法都是错误的，不但给侦查破案工作带来许多困难，而且往往也贻误了破案的最好时机，使犯罪人员逍遥法外，继续害人。

如是物品丢失，应立即到保卫部门报案，详尽地提供丢失物品的特征，以便及时、准确地破获案件。自己也可组织同学帮忙，在校内其他地方寻找，一旦发现是自己丢的物品，不要惊动盗贼，应立即向保卫部门报告，在原地等候，以便更稳妥地抓住盗贼。

第二节　防范校园诈骗

校园诈骗案件是指以在校大学生为作案目标，以非法占有为目的，用虚构事实或隐瞒

真相的方法骗取数额较大财物的案件。诈骗案件由于一般不使用暴力，是在一派平静甚至愉快的气氛下进行的，因此大学生往往容易上当。诈骗案件侵害了大学生的合法权益，使学生的身心受到沉重打击，轻者令学生烦恼或陷入经济困难影响其正常的学习和生活，使其无法顺利完成学业；重者则会使受害学生轻生或导致连环的治安及刑事案件发生。因此，诈骗事件的危害性极大。

一、校园诈骗案件的几种主要表现形式

1. 求助是诈骗的敲门砖

案例集锦 4-5

【例1】

2017年2月25日，女学生张某从饭堂出来时遇到一名外地学生模样的男子上前求助。他称自己是南京某大学学生，父母是酒楼老总，这次是为了会网友专门乘飞机来北京的。但上午一下飞机，信用卡就在取款时被首体附近的ATM机吞掉了，现在他身无分文，希望借用张某的手机打个电话。

女学生毫不犹豫地答应了。男子打通家里的电话后一番原委讲完，他请女学生接电话，说母亲有话要对她说。电话中一个中年妇女向女学生的援助表示了衷心感谢，并提出将钱汇至女学生的银行卡内，可立即提取。富有同情心的女学生，如实将自己的银行卡号说了出来，而后在农业银行等了近一个小时也未等到汇款。

天色已晚，女学生让男子到校内借住，但对方称住不惯，一定要住宾馆，并提出暂借些钱应急，次日汇款到后一定归还。虽心存疑虑，但女学生最终还是从卡内取出1 000元借给了他。过了一会儿，女大学生越想越觉得不对，感觉自己受骗了，才到派出所报案。

【例2】

2018年9月底到10月15日，某高校学生C被一中年妇女以"从石家庄来西安看病，急需用钱""家人和朋友在西安出车祸"等借口，连环诈骗，7次从C手里骗走现金3 290元和一台价值7 700元的笔记本电脑，合计诈骗价值10 990元。

【例3】

2019年10月的某个晚上，某高校一位大二女生正在校园里散步。突然，一位西装革履的男子凑了上来，伊里哇啦说了一通女生听不懂的话。随后，西装男子递上一张名片。女生接过一看，上面全是韩国文字，于是顺口用英语询问对方是否是韩国人。"你怎么知道？"西装男子眼睛一亮，也用英语回答道。正想做英语口语练习的女生毫不犹豫地与男子攀谈起来。聊了几句后，西装男子要求借用一下女生的手机。女生将手机借给了西装男子。此人先是说电话打不通，随后又借口人多太吵，转到了一个僻

静的地方继续拨打。结果还不到5分钟，西装革履的"韩国人"就在女生眼皮底下消失了。

此类案件在高校较为多见。诈骗人员选择的作案对象一般是单独行走的学生，往往冒充高级经理人、富家子弟或者名牌大学的学生，以及网友、旅游者等，谎称银行卡被吞或钱包被窃，身无分文，请求帮助。之后，诈骗人员又编造种种谎言，博取学生的同情，骗取学生的现金、手机等财物，少则几百元，多则上万元。

2. 谎称发生意外：诈骗总有个美丽的外衣

案例集锦 4-6

【例1】

2017年10月28日上午10时许，某高校学生汪某的母亲接到一电话，对方自称是汪某的老师，称汪某胃出血，人已昏迷，正在抢救，要求急速汇款8 000元到指定账户。汪某的母亲一阵慌张，立即打电话将情况告诉汪某的哥哥。汪某的哥哥即汇款16 000元到指定账户。过后不久，一男子来电称，汪某的手术已做完，但术后大出血，而医院血库没有汪某血型的血，要到外面高价购买，费用为28 000元。汪某的哥哥急忙给姨妈打电话，汪某的姨妈又转账28 000元到指定账户。过了约2个小时，该男子再次来电，称输血的钱不够，需再汇款20 000元。汪某的家人觉得此事甚为蹊跷，没有再汇款，打电话给汪某的同学。同学称：汪某今天一直和我们在一起，没出任何问题，很健康，他现在就在我身边。汪某的家人才发现这原来是一个天大的骗局。

【例2】

某高校连续发生了多起诈骗案件，诈骗的前提是既知道学生的电话号码，又知道家长的联系方式。诈骗的手法是以公安局或电信局的名义，让同学们配合公务关机数小时，或者不断地电话骚扰迫使学生关机。然后，骗子打电话通知家长，说是孩子在西安出了车祸，谎称自己是学生的老师或者是急救站的工作人员，并给家长汇款卡号，要求家长汇急救款数万元。

家长打孩子的手机又打不通，误以为真的出了事故，由于爱子心切，十分着急，一位家长汇出了10 000元，一位家长汇出了50 000元。一位家长往宿舍打了个电话，刚好孩子接到，父子俩说明情况后，没有上当受骗，避免了损失。

点评

　　此类向学生家长行骗的案件时有发生，且诈骗金额较大，少则几千元，多则数万元。诈骗人员惯用的作案手法是：冒充学生的老师，打电话给学生的家长，谎称其子女出车祸、患重病、受重伤等，现正在医院抢救，急需汇款到指定账户。鉴于此，广大学生应妥善保管通讯录，不在网上随意公布本人联系方式以及家庭住址、联系电话，并向家长通报案情，将辅导员、同学的联系方式和学校报警电话提供给家长，提醒家长加强防范，在无法与学生取得联系时，可拨打学校报警电话求助，或与辅导员、班主任、院系领导取得联系，搞清事情的来龙去脉，切勿盲目汇款。

3. 虚假短信：警惕另一种"好心"

　　据公安部新闻发言人介绍，全国4亿多的手机用户几乎都收到过违法短信。为此，一旦收到类似短信，在任何情形下都不要轻易向他人透露银行卡号、密码等账户信息，更不能通过ATM机向不明账户进行转账。如对自己的银行卡消费存有疑问，应到银行柜台咨询，或致电各发卡银行的客户服务热线，如中国银联服务热线95516等。

典型案例

　　2017年9月21日上午9：34，某学院学生李某收到一条短信，内容是：你的银行卡在厦门"好又多"消费1 000元。李某随即拨打了短信留下的联系电话，接电话的一女子自称是银行"工作人员"，告诉李某说，其银行卡"确实"发生了交易，可能是银行卡资料已泄露，银行卡已被他人伪造，并提供公安机关的所谓报案电话。接着，对方声称，可免费为其办理防止银行卡被盗刷的加密服务，申请存款保险单等业务，李某只需告诉银行卡卡号、密码及身份证号码，并将卡内余额转账到安全账户即可。当日上午11：34，李某在工商银行ATM机按对方提示进行操作，将卡内余额5 535元转到"安全账户"。其实，所谓的"安全账户"，是诈骗分子事先用虚假身份在银行开设的私人账户。

4. "中奖"也可能是糖衣炮弹

案例集锦4-7

【例1】

　　2007年2月24日，某高校大学生A收到一条短消息：台湾亨利集团上海公司，为庆祝2010年上海世博会申办成功，促销抽奖，恭喜你中了二等奖，兑换咨询电话：139××××××××。A即拨打咨询电话，对方告诉他中了一台笔记本电脑，价值22 000元，要A先给指定的账号上打660元，才能办理邮寄手续。A信以为真，按要求打了660元。当A再次询问时，对方又找了很多理由，提出中奖奖品要扣除个人所

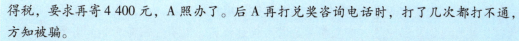

得税，要求再寄 4 400 元，A 照办了。后 A 再打兑奖咨询电话时，打了几次都打不通，方知被骗。

【例2】

2022 年 3 月，某高校男生接到一条短信，内容大致是你中了大奖，奖金为 20 万元现金。现在这事多了，都知道是骗局，他没有理会。过了一阵，他的手机响了，一个南方小姐问："先生，您收到中奖通知了吗？"该生说收到了。小姐又说："请把你的银行卡的账号告诉我们，我们把奖金汇进你的卡里。"该生想，给你个账号看你玩什么把戏，因为自己他在招商银行有个朋友，于是就给她一个招行一卡通的卡号。10 分钟后，他的手机又响了，南方小姐说："先生，你的奖金已经存进你的账户里了，请你查询一下。"他用电话查询，果然进了 20 万。他高兴极了，白捡 20 万。30 分钟后，南方小姐来电话，带着哭腔对他说："先生，对不起，由于我的疏忽，忘了抵扣奖金的个人所得税了，20 万的 20% 也就是 4 万元，现在公司让我个人赔偿，请您把 4 万所得税汇回来好吗？求求您了。"他一想也在理，也有可怜小姐之心，一想卡里还有钱，于是就到招行咨询他的朋友，朋友一查，是用其他行的支票汇过来的，虽然钱到账，但当天入不了账，也就是说 20 万今天取不出来，如果对方今天撤票，20 万就消失了。该生一听吓得直吐舌头，差一点 4 万就没了。

点评

当前，各种"中奖"的声音不绝于耳，天上难道真的会掉下"馅饼"吗？其实，诈骗分子的作案手段并不高明，有的甚至近乎荒唐，然而上当受骗者却不在少数。上当受骗者难道仅仅是因为单纯吗？常言道，"贪"与"贫"仅一步之遥，两个字就差那么一点，请同学们深思。

5. 网络交友：好人也可能是虚拟的

网络是虚拟的。网上聊天仅仅为网友搭建了一个互相沟通交流的平台，网络交友并不能改变网络固有的虚拟本质。因此，网络交友需要慎之又慎，不要沉溺于"网恋"，更不能轻易相约见面，尤其是女学生。而在现实生活中，被网友诈骗的案件时有发生，甚至发生强奸、杀人案件。

典型案例

2017 年 3 月，某高校女生江某在网上结识了一位自称是上海某大学校篮球队队长的网友刘某，晋江籍。江某一听对方是篮球健将，又曾参加过中国大学生男子篮球比赛，仰慕不已，心想：若能结交这样一位名牌高校的优秀篮球运动员该是件多么令人羡慕的美事！于是，江某邀请刘某有机会来学校见个面，并告诉刘某其联系方式及宿舍地址。2017 年 4 月，刘某来到江某学校，声称要到江西南昌参加选拔赛，特地来看望江某。离别时，刘某问江某能否借他800元，因参加比赛需补给营养，而且外出比赛开销也比较大。江某听罢，二话没说，慷慨解囊。刘某接过钱说，他要赶往南昌参加比赛，不久一定还钱。然而，刘某自离开后，再无音讯。

6. 另类中介

典型案例

2017年10月，某校一本科生B在校外的电线杆上看到一则"野"广告：某公司公关部招人，月薪20 000元，某时到某酒店面试，电话××××××××，等等。B联系后赴酒店面试，在大厅找了一遍，没有见一个面试的人，再打电话咨询，对方说："我已经看到你了，你被录用了，我们的工作性质想必你也知道，对相貌、气质特别是服装有特殊的要求。你必须先交服装费1 000元，公司根据你的气质设计服装，请你打到某某账号上，收到款后即可上班。"B想了一下，打了1 000元。B多次打电话要求上班，对方总是让他等待。过去了数日，没有任何消息，B才知受骗。

尽管诈骗人员的作案手段层出不穷，且花样翻新，但只要做到"四不一多"，即不存有侥幸占便宜的心理、不轻信陌生人的花言巧语、不理睬陌生人发送的短信、不以网络"感情"去代替理智、多自问几个为什么，就能有效地减少或杜绝此类案件的发生。

7. 培训诈骗

案例集锦4-8

【例1】
在"裸贷"风波尚未平息之际，又有媒体曝出大学校园内出现"培训贷"事件。一家名为"广州指路人教育科技有限公司"的机构以校内公益讲座的名义，吸引学生参加一对一免费职业测试。其间，"导师"不断游说学生加入所谓"蓝海计划"的职业培训，许以美好愿景，然后让学生通过第三方贷款公司无抵押贷款上交学费，致使上百名毫无经济能力的学生背上了万元债务。该机构甚至以"拉人头"的方式招收"校园大使"，利诱更多大学生，从而进一步向校园渗透。

【例2】
合肥市公安局民警在工作中发现，一些机构以开展教育培训为名，对学员分阶段收取"学费"，并对"发展学员"等行为进行奖励。警方认定，这种"教育培训"的经营模式实为传销行为。

警方调查表明，涉嫌传销的机构以企业管理咨询公司的身份，向外界宣传致力于提升企业管理技术和人力资源发展，向学员收取高额的"学费"，学员发展他人加入则给予高额返利。他们将学员"全封闭"，与外界完全隔绝，每天上午10点至晚上12点对学员进行"疲劳式""车轮式"培训，中间只有很短的就餐和休息时间。

【例3】

据报道，上海一家叫"转折号"的培训机构，以"求职能力提升"作为幌子，诱骗一些高校大学生花高额学费，参加所谓的"求职能力培训"。结果，很多大学生参加培训后发现上当受骗，而且维权成功者寥寥无几。

据了解，经过半天时间不停歇的"求职能力提升"头脑风暴，老师凭三寸不烂之舌让大学生掏出全部生活费作为学费，少则2 000多元，多则9 000多元，收钱之后便对学生不闻不问。更加让人感到吃惊的是，多所学校大一新生被骗，从2009年起每年均有发生。

【例4】

广州某高校大学生小叶，参加了自称是广州华科教育咨询服务公司总经理黄波举行的沙龙活动。黄波通过对学生进行宣传，推销自己的培训课程，课后邀请七八个人到其寝室聚餐。随后，黄波拿出啤酒跟大伙儿一起喝。在他的"关照"下，不胜酒力的小叶喝了整整两瓶。随后，黄波让大家都回去，留小叶帮忙打扫卫生。

结果，小叶把屋子收拾干净后，黄波还没有让她走，而是把门反锁了，通过对小叶进行心理催眠，使得小叶在并无防备的情况下接受黄波提出的要求，最终对其进行侵害。通过后来的采访得知，小叶并不是唯一受害人。而在广州众多高校进行宣传的黄波，号称"大学生的人生导师"，打着对大学生进行素质拓展、职场培训的幌子，通过讲述自己的"励志"经历，对大学生进行洗脑，让学生花钱参加他的培训，并通过各种催泪经历，让学生更加地信服他。同时，黄波通过心理暗示和催眠对多名女学员进行性侵。据悉，大多数受害女性为广州高校学生。

点评

从上述4个案例可以看出，不法分子利用求职者和在校学生提升自我、求职择业的需求，以精心设计的"培训机构""职业能力提升"等作为吸睛噱头，实际上是以各类培训、讲座作为不法活动的幌子，骗取钱财。求职者和在校学生应提高自身安全防范意识，不要轻信以各类形式提供的免费培训项目；在签订合同时要仔细阅读各项条款，切实保障好自身权益；注意保护个人信息安全，加强保密意识；对于应聘单位、培训机构以各种理由要求缴纳培训费、介绍费等费用的，要提高警惕，三思而后行。

8. 校园贷

 案例集锦4-9

【例1】

2016年12月30日，20岁的某高校大二学生小菲（化名）通过QQ群认识的网贷放款人在借款平台"51短借"通过补借条的方式借了2 000元。她向对方承诺一周内还清，周息达到30%。然而一周之后，她未能按时还款，这时借款者告诉她可以通过借款平台"今借到"用同样的方式继续借款还利息。就这样，在短短的3个月里，她连新年红包、学费都用来还款但都没能还上。为了还钱，她甚至还辍学打工。2017年2月底，她的欠款从2 000元变成了惊人的10万多元。

小菲按照指引开始疯狂拆借，到2月底，她已经向20多人借钱，借款总数达10万多元。

与第一次借钱不一样的是，后面的借钱都是在一个名为"今借到"的平台通过同样的方式借出，而借款的方式则仍是周息30%，但每次借款后需在该平台上"补借条"。

值得注意的是，这些"借条"并非借多少补多少，而是"借一押一"，甚至"借一押二"。如借款1 000元，则需在补一张1 000元的借条外，还需补一张1 000元或2 000元的借条。在还了上一笔借款的利息后，之前的借条将变成结清，借款人需另补一张新的借条。短短3个月时间里，小菲通过"今借到"打的借条总额达42万元之多。

【例2】

21岁的郑某从2015年1月开始买足球彩票，并下载了各种足彩App。从最初两元开始，慢慢加大投注，变成100元、200元……郑某不仅输光了生活费，还通过网络借贷平台买彩票，继而冒用同学名义或请求同学帮忙借贷。经学校统计，自2015年开始，郑某共借用、冒用28名同学的身份证、学生证、家庭住址等信息，分别在诺诺镑客、人人分期、趣分期、爱学贷、优分期、闪银等14家网络小额贷款平台共计贷款58.95万元。

2017年3月9日晚上，郑某从青岛市一宾馆8楼跳下死亡。此前，郑某因还贷压力，曾先后4次自杀，其中两次跳湖，一次撞车，一次吞食了200片安眠药。

在了解到郑某借款信息后，郑某远在邓州市农村的家人先后帮郑某还款10万元，后来再无能力还款。

【例3】

福建泉州某高校河南籍大二男生小明（化名）遭校园贷催债，躲在泉州市区田安大桥下4天4夜。

据悉，小明从校园小广告上看到"零利率""超低利率""分期付款""免担保"这些字眼，觉得很好奇，第一笔就借了1 000元。对方获得了他所有的个人信息，包括学校、专业、舍友电话、辅导员电话、家庭住址等，还告诉他，可以用这借的1 000元帮他投资，每天50元的收益，这让小明心动了，又把1 000元汇了回去。

可是借了钱，小明才知道有30%高额的利息要还，后悔已经来不及了。没钱的他，只能通过向同学借钱、向其他校园网贷平台借钱来还。钱越借越多，花销也越来越大。他已向20多个网络小额贷款平台借了2万多元，而高利率下，他实际要偿还的债务初步估算有近 6 万元。

在每天各种催债后，小明无计可施，只得选择失踪。学校在多天无法联系到小明的情况下，最终选择报警，派出所民警经过侦查，最终在他失踪 4 天后于田安大桥下找到他。

【案例 4】

2016 年 6 月 19 日凌晨 2 点半，泉州某高校 20 岁男生黄某报案称，其在丰泽区泉秀街一会所房间内被两名男子强迫写欠条。

警方调查发现，受害人黄某于 2016 年 4 月通过微信认识余某，向其借款 2 万元，并签订贷款合同，约定日息为本金的 3%，期限一个月。现场扣除利息 9 000 元和中介费 1 000 元后，黄某实际到手 1 万元。借款到期后，因黄某没能力偿还，他又分期借了 3 次。由于还不起钱，余某威胁"如果不还钱就到学校宣传"，黄某无奈上了余某事先准备好的小车，之后被带往会所逼写欠条，黄某借机报警。余某因涉嫌敲诈勒索罪被刑事拘留。

点评

校园贷，又称校园网贷，是一些网络贷款平台面向在校大学生开展的贷款业务，它们用"零首付""零利息""最快三分钟到账""利息低至1%"等极具吸引力的条件，吸引着那些没有独立经济来源，但有较高消费需求的大学生。多数情况下，大学生由于自控能力比较差，往往会透支生活费，又不肯主动告知父母，或者是碍于情面不愿意跟亲朋好友借钱，便选择了向"陌生人"借钱。校园贷正是抓住了学生这一种不成熟的心理，吃准了学生家长会不惜一切代价为孩子的贷款买单。校园贷款的"黑色产业链"是通过首单免息、各种取现免息来获取新用户的。同时，大部分新用户只需提供身份证、学生证、手机号、家庭住址等确切的身份信息就可以获取各种礼物。等服务提供一段时间后，新用户的福利会慢慢取消或者降低，这时就会收取服务费等各种附加费，变相增加利息，甚至用身份信息作为威胁，从而达到收取暴利的目的。提醒各位同学，谨慎使用个人信息，不能随意填写和泄露个人信息；对于推销的网贷产品，切勿盲目信任，尤其警惕熟人推销。同时，进行理性消费，在经济承受范围内做出合理的消费选择。

二、大学诈骗作案的主要特征

1. 手段上的智能性

诈骗人员在高校作案行骗时，一般都是利用丰富的知识、技能、经验，经过精心的策划，常常使用科技含量高、迷惑性强的手法提高诱骗效果。

（1）科技含量高。最具有代表性的是利用互联网进行诈骗，一些远程匿名公司及个人通过互联网购物交易渠道向学生提供计算机设备、信用卡账号等信息，让学生直接汇款或复制信用卡账号进行款项划拨，达到骗取钱财的目的。

（2）迷惑性强。诈骗人员在高校行骗，大都能摸准学生的个人心理，他们有着多次成功作案的经验，且能根据情况随机应变，达到以假乱真的效果。

2. 方式上的多样性

高校诈骗案件的方式是多种多样的。作案人会根据不同的情况，使用不同的方式进行诈骗。

（1）假冒身份，流窜作案。诈骗人员行骗时都会伪装自己的身份，常常冒充老乡、同学、亲戚等身份，或利用假身份证、假名片骗取学生信任而作案，得手后立即逃离。还有的以骗到的财物、名片、信誉等为资本，寻机作案，再去诈骗他人，重复作案。

（2）投其所好，引诱上钩。诈骗人员行骗时往往先是套话，利用学生急于就业和出国等心理，应其所急，施展诡计而骗取财物。

（3）真实身份，虚假合同。诈骗作案人员利用高校学生经验少、急于赚钱补贴生活的心理，常以公司、实体的身份让学生为其推销产品，事后却不兑现酬金而使学生上当受骗。这类案件在高校有所增加，由于没有完备的合同手续，处理起来比较困难，往往得不偿失。

（4）借贷为名，骗钱为实。诈骗人员利用人们贪图便宜的心理，以高利集资为诱饵，使部分教师和学生上当。有个别学生常以"急于用钱"为借口向其他同学借钱，然后挥霍一空，要债的追紧了就再向其他人借，拖到毕业一走了之。

（5）以次充好，连骗带盗。诈骗作案人员利用学生"识货"经验少又图便宜的特点，上门推销各种假冒伪劣产品行骗，一旦发现室内无人，就顺手牵羊，溜之大吉。

（6）招聘为名，设置骗局。诈骗作案人员利用学生勤工助学的需求设置骗局，骗取介绍费、押金、报名费等。或是利用大众传播工具等到处做虚假广告，骗取培训费、学杂费等，然后又以各种理由拒绝退款。

（7）骗取信任，寻机作案。诈骗人员利用一切机会与大学生拉关系、套近乎，或表现出相见恨晚之情，或表现出大方慷慨而以朋友相称，骗取信任，了解情况，寻机作案。

3. 目标上的选择性

诈骗人员在高校中行骗，一般与受骗人都有过较长时间的正面接触，既可能有面对面的交谈，也可能有信函交往，还有可能是通过网络来认识的。只有与作案人有过比较多的接触，作案人才会将其作为诈骗目标，伺机作案。作案人常选择的对象包括：求人帮忙，轻率行事的，疏于防范，感情用事的；贪图便宜，财迷心窍的；思想单纯，防范意识较差的；贪图虚荣，遇事不够理智的；贪小便宜，急功近利的。

三、发现诈骗疑点时怎样应对

诈骗人员总是心虚的，因此，大学生在交往过程中一旦发现对方有疑点，就应当果断采取应对的措施，切不可轻率从事，防止受骗。

1. 观察判断，有效识别

在发现对方疑点时，要保持清醒的头脑，认真仔细地观察对方的神态表情、举止动作的变化，看对方的言谈、所持的证件以及有关材料与身份是否吻合，以此识别真假。必要时可以找同学或相关人员商量，听取他人的意见和忠告，或者通过对方提供的电话、资料予以查证核实。

> **典型案例**
>
> 某高校新生报到时，一些小骗子利用新生不太熟悉宿舍各类人员的机会，自制一个"新生接待"胸牌，拿一些劣质随身听，自称是新生辅导员，上英语必须购买随身听，否则不让上课。一些同学不辨真假就购买了，但是另一些同学对此比较怀疑，就问骗子："老师，我们学院的院长姓啥？"骗子嘴里开始不清晰了。"他是我爸爸的老同学，院长一会儿就到宿舍来看望同学们。"同学又问其他问题，骗子慌了，借故脱身就离开了。

2. 巧妙周旋，有效制止

在发现疑点无法确定真假又不愿意轻易拒绝时，要有礼有节，采取一定的谈话、交往策略，注意在交锋中发现破绽，通过与其周旋印证自己的猜测。必要时，还可以采取一些吓唬的言辞，使对方心存顾忌，不敢贸然行事。

> **典型案例**
>
> 2018年，某高校发生这样一个案件：一个中年妇女来到一个学生宿舍，问有没有河北籍的老乡，自称从河北邯郸来西安给孩子看病，刚到西安，所有物品都被人盗走，急需同学帮助。同学们询问后，发现她的好多说法自相矛盾，又不便于拆穿，就告诉中年妇女："我们学校公安处就在我们楼下，你真的有困难，他们一定帮你解决。走，我们帮你找组织去。"该妇女赶忙说："你们学习任务重，我自己去吧。"说完就匆匆溜走了。

四、受骗后，大学生应当怎样做

1. 平静心态，及时报案

受害人无论是否是因为自己的过错（如贪财、无知、轻信、粗心大意）而受骗，都要保持积极的心态，从受骗的噩梦中回到现实，吸取教训，及时向有关部门报告，切勿"哑巴吃黄连，有苦肚里咽"，要敢于斗争，切莫纵容犯罪分子。

2. 提供线索，配合调查

已经被骗，并向有关部门报告的，要注意对作案人员遗留下来的文字资料、电话号码等证据予以保留，并积极向学校保卫处和公安机关提供诈骗嫌疑人的体貌特征、与其交往的经过等线索，配合调查，以便追缴被骗的财物。

五、防止诈骗：专家教你几招

1. 保持健康心态，树立防骗意识

大学生在日常生活中要多学习法律法规，掌握一些预防受骗的基本知识及技能，善于辨别真假，同时，对自己严格要求。

（1）不贪私利，不图虚荣。作为大学生，要树立正确的人生观、价值观，时刻加强自身道德修养，自觉抵制金钱、名利的诱惑，不贪私利，不图虚荣，增强抵御诱惑的能力。

（2）知己知彼，心明眼亮。大学生在与陌生人的交往中，要认真审查对方的来历，保持清醒的头脑，理智处事，听其言，观其行，辨真伪，三思而后行。比如，大学生在择业活动中，对意向性单位的基本状况、工作性质要多了解，不能因为工作难找就对一些所谓的工作岗位轻率相信，必要时可进行实地考察。

2. 克服主观感觉，避免以貌取人

作为大学生，在各种交往活动中必须牢牢把握交往的原则和尺度，克服一些主观上的心理感觉，避免以貌取人。具体地说，不能单凭对方的言行举止、仪表风度、衣着打扮等第一印象（即"首因效应"）便妄下判断，轻信他人；不能只认头衔，只认身份，只认名气，而不认品德，不认才学，不辨真伪；尤其是名片上的公司和头衔不能轻易相信，应更多地实际考察和分析，不被表面现象蒙蔽。

总之，同学们一定要擦亮自己的眼睛，不要被眼前的东西迷惑，切莫贪图眼前小利。这些东西都是虚幻的、不真实的，自己的命运和美好的未来要靠自己去创造、去努力、去拼搏。天上不会掉馅饼，更重要的是不要让骗子利用自己的同情心和美好的愿望去诈骗，以致影响同学们对社会的认知，造成人们相互之间缺少互信。我们的社会更需要关爱与和谐，更需要诚信，这是我们社会发展的主流。

第三节　防范校园抢劫和抢夺

校园抢劫是指以非法占有为目的，以大学师生为侵害目标，用暴力、胁迫或其他的方法强行劫取财物的行为。抢夺则是以非法占有为目的，乘人不备公然夺取财物的行为。尤其是大学生涉世不深，缺乏社会经验，并且遇险被抢劫后大多数人不敢反抗，往往成为作案人员首先选择的对象。这两类案件在一定情况下往往容易转化为伤害、强奸、凶杀等恶性案件，造成被伤害者人身、财产和精神伤害，严重影响大学生正常的学习和生活。广大同学只有充分认识其危险性，不断提高自我保护能力，才能有效地防止人身伤害和财产损失，才能在遇到危险时采取恰当的防范措施，以减少不必要的伤害。

一、校园抢劫案件的特点

1. 时间上的规律性

高校抢劫案一般发生在行人稀少的僻静地方，夜深人静的时候，学校开学特别是新生入学报到的时候，具有一定的规律性。因为在行人稀少的地方和夜深人静时，同学们往往孤立无援，而作案人员依仗人多势众，易于得手；学校开学时，同学们一般带有一定数量的现金，特别是新生入学时，有的新生及家长还带有数额较大的现金，往往成为犯罪分子作案的首选目标。

> **典型案例**
>
> 2016年9月份，某高校一名新生对学校和周围环境觉得很新鲜，还没有报到就在周边到处转。眼看天色已晚，该同学迷路了，便操外地口音向人询问学校的方向。被几名不良青年盯上，当该学生走到一个偏僻处时被人抢走身上的学费6 000余元。

这类抢劫一般发生在行人稀少或夜深人静时。在这种情况下，一般要结伴而行，尽量走灯光明亮的道路，尤其是女生，必要时可以向男同学和老师求助。新生对周边的情况不太熟悉时，不要夜晚出行，更不要随身携带大量的现金。

2. 地点上的隐蔽性

抢劫犯罪作案人员作案时，一般选择校园内较为偏僻，或校园周边地形复杂、人少及夜间无路灯的地段。因为在这些地方，作案人员比较容易隐蔽，不易被人发现，得手后也容易逃脱。

案例集锦 4 – 10

> **【例1】**
>
> 2017年4月11日晚9时许，学生江某与女友许某准备回校，途经校园周边一个村庄。当时，该村庄没有路灯，昏暗一片，突然不知从哪里冲出四五个手持马刀的男青年，其中一人将马刀架在江某的脖子上，警告江某不要叫喊，乖乖跟他们走，江某及其女友许某只好顺从。歹徒把他们挟持到村庄后面的山坡，用绳子将两人双手反绑，搜走他们身上的手机、钱包、银行卡等财物，并逼迫二人说出银行卡密码。之后，一歹徒到银行ATM自动取款机取款。得手后，歹徒才放江某及其女友许某一条生路，逃之夭夭。
>
> **【例2】**
>
> 2016年8月14日晚上11时许，天下大雨，女教师洪某在学校天桥匆匆行走时，突遭两名歹徒拦路抢劫，其中一名歹徒持一瓶催泪剂喷射洪某的眼睛，另一名歹徒趁洪某的眼睛睁不开的时候，强行抢走洪某的挎包。抢劫得手后，两名歹徒迅速下了天桥，往泉州方向仓皇逃窜。正在校门口执勤的校卫队员和学生联防队员听到女教师的大声呼救后，立即前往追赶已逃窜的歹徒。学生治安联防大队队员李某追上一歹徒，经过一番搏斗，将犯罪嫌疑人张某抓获并扭送到派出所。

> **点评**
>
> 同学们行走时应尽量避开昏暗地段,哪怕是绕道而行。在晚上,尤其是天气情况不好时,尽量不要单独外出,尤其是女性,外出时最好能结伴而行。

3. 目标上的选择性

犯罪人员抢劫、抢夺的主要目标是穿着时尚、携带贵重财物、单身行走及在无人地带谈恋爱的大学生情侣等。

青年学生爱美,这是人之常情,但是打扮不要过度,一定要符合学生的身份。穿戴方面不要过分追求名牌、档次,以免引来不必要的麻烦。在学生时期大家要记住:青春本身就是活力,就是健康,就是美丽。有理想的青春才更加美丽。若是怀疑被跟踪,可采用时走时停、在马路两边来回走、跑走交替等方法验证;若证实确实被跟踪,必须朝人多、有亮光的地方走,也可以假装对话、装腔作势,吓走跟踪人。

> **典型案例**
>
> 广州某高校的一名大二女学生陈某,家庭条件很不错,衣服也比较鲜亮,经常背着的都是名牌手提包。一天,她上完晚自习以后独自回宿舍,被两名持刀男子盯梢,当走到1号楼斜对面的大路上时,两名男青年突然从旁边的小树林里冲出,一个从背后捂住她的嘴,另一个则拿刀在她胸前比画。陈某吓坏了,不敢有任何反抗。两名劫匪迅速夺过她的手机和手提包,在骂骂咧咧中猖狂离去。

4. 人员上的团伙性

为了达到抢劫、抢夺财物这一目的,一些犯罪人员往往臭味相投,三五成群,结成团伙,共同实施抢劫或抢夺。他们有明确的分工,有的充当诱饵专门物色抢劫对象,有的专门充当打手,有的在抢劫前进行周密的预谋。

> **典型案例**
>
> 2017年9月6日凌晨3时50分,某高校学生彭某从长沙火车站下车后在候车室休息。这时,两个20多岁的青年男子问彭某到甘棠怎么走。彭某用手指一个方向,不久两人又返回来,对着彭某的脸上就两拳,并质问彭某:"为什么骗我们?害得我们走错了路。"接着又冲进来两个20岁左右的男青年,四人将彭某拖至站台,对彭某拳打脚踢,又将彭某带至车站对面约50米的一座桥上,并强迫其跪下,其中一人抽出随身携带的铁棍和砍刀,用铁棍和刀背殴打彭某的背部、手臂和头部,致彭某多处受伤,4人从彭某身上抢走了手机一部和人民币1 375元后逃跑。

大学生单独外出时一定要谨言慎行,尽量不要和陌生人说话,万一遇到危险,还是要以生命为重,必要时舍财保命。

5. 手段上的多样性

犯罪人员实施抢劫、抢夺的手段通常有：利用部分同学胆小怕事的心理，对被侵害对象进行暴力威胁或言语恐吓，实施胁迫型抢劫；利用部分同学的单纯幼稚，设计诱骗大学生上当，实施诱骗型抢劫；采用殴打、捆绑等行为实施暴力型抢劫；利用大学生热情好客等特点，冒充老乡或朋友，骗得其信任，继而寻找机会用药物将其麻醉，实施麻醉型抢劫等。

案例集锦 4—11

【例1】

2019年某高校女生张同学独自在学校周围散步，被几个社会闲散人员围住，拉到偏僻处以匕首相逼。张同学被迫交出身上的钱卡等物，并说出卡上密码，这几人留两人看管，其余人去 ATM 机取钱，卡上 5 000 元现金被取走后，张同学才得以脱身。

【例2】

某高校门口，一社会小青年向一个学生"求助"，想让该生帮他找个熟人，并把该学生拉到相对偏僻的地方。该学生听这人的口气，看这人的气质，表示并不太愿意。他立刻沉下脸把手放在裤兜里，自称里面有把砍刀，是附近黑社会的人，名气很大，已经认识了这位同学，以后在这儿上学后果会很严重。看到该生有些害怕，他们就强行"借"走该生身上的 300 多元钱。

【例3】

2015年，王某用带有"博士""教授"字样的网名在新浪网"紫禁城之巅"栏目进行网上聊天，与多名女网友相识，并于当年7月以约网友见面为名，将25岁的小王约至北京市某植物园，强行与之发生性关系。4天后，又以同样方式将19岁的大学生小查约至同一地点，强行与之发生性关系，并以言语相威胁，抢走手机一部。一个月后，王某再次以同样方式将20岁的崔某强奸并抢走一部手机。几天后，王某再次将一女大学生约出，在意图强奸该女生时被警方抓获。

【例4】

2014年9月2日零时20分左右，王某以网名"极乐"与新认识的女网友"红鞋"聊天。"红鞋"是名18岁的在校大学生。聊天中王某得知，"红鞋"的姐姐欲天亮后搬家，便假装热心去帮忙。当天清晨，他赶到"红鞋"姐姐家中，帮忙搬家，借机骗取了"红鞋"的信任。搬完家后，"极乐"便以去市郊取车为由，将"红鞋"骗到一个旅馆。上午9时，"极乐"便向"红鞋"借钱。遭到拒绝后，他凶相毕露，持菜刀威胁，抢走"红鞋"包内数百元现金之后，又逼迫对方说出银行存折密码，从银行取走"红鞋"用作学费的 5 000 元。

点评

同学们外出时身上不要带大量的现金,也不要随身携带有大量钱的银行卡,一般情况下把银行卡妥善保存在宿舍里。遇见威胁,心理上不要太害怕,要巧妙周旋。如第二个案例中,学生可以反威胁,告诉他自己的亲戚是这里的警察或者是这所学校的公安处处长,自己就是当地人,等等。相信犯罪嫌疑人都是色厉内荏的,他会有所收敛。尤其是女大学生,更应该提高自我保护意识。

另外,网络是一个虚拟世界,网络交友是一把双刃剑。同学们千万不能沉溺于网络,轻易相信网友。自己和家庭的信息对网友都要保密,更不能轻易约见网友。在这一点上,女大学生一定要更加慎重!

二、遭遇抢劫,理智更重要

1. 沉着冷静不恐慌

大学生无论何时遭抢劫,首先要保持镇定,克服恐慌的情绪;其次要有正义必然战胜邪恶的信念,只有这样,才能从精神和心理上压倒对方;然后以灵活的方式战胜对手。

2. 力量悬殊不蛮干

不法之徒实施抢劫作案,一般都做了相应准备,要么人多势众,要么以凶器相逼,在这个时候要"示弱",一定主动掏出身上的部分或全部财物,以保自身安全为原则,绝不能蛮干。有的同学由于性情刚烈,往往鲁莽行事,易被不法之徒伤害,最后人财两空。

典型案例

2017年冬季某晚11点多,西安某高校附近一片寂静,一大四学生从南郊回来,在校北门不远处下车,走在灯光较暗的人行道上,从包里拿出手机边走边给远在天津的女朋友打电话,没有注意到身后。这时,有两个小青年突然从身后窜出,一把抢走了他的手机。这个学生急忙大喊并追了上去抓住其中一人不放,另一个人突然从腰里拔出一把匕首对着这个学生就是几刀,大学生当即倒下了。天津那边女朋友从电话里听到了男朋友的叫喊声,就赶紧联系男朋友的同学,但是此时谁也不知道这位同学到底在哪出事了。半个多小时过去了,大家最后在学校北门才打听到该同学已经被好心的出租司机送到医院抢救去了。

以上案例中,这个同学至少犯了两方面的错误:第一,手机比较贵重,走在偏僻的路上边走路边打手机,让手机成了犯罪的诱饵;第二,当时力量悬殊,不能硬来,第一时间应该考虑的是自己的人身安全,然后想办法抓住犯罪嫌疑人。

3. 快速撤退不犹豫

俗话说"三十六计,走为上策"。如发现有人跟踪,就想方设法摆脱他们。同学们如遇到抢劫,对比双方力量感到无法抗衡时,可看准时机向有灯光或人员集中的地方快速奔跑,作案人员由于心虚,一般不会穷追不舍,从而有效地避免伤害的发生。

4. 巧妙周旋不畏缩

当同学们已处于作案人员的控制之下无法反抗时,可先交出部分财物缓和气氛,再理直气壮地向作案人员进行法制宣传教育或晓以利害。作案人员虽有其胆大妄为和凶悍的一面,也有其心虚的一面,只要同学们把握机会,找准时机大声喊叫,及时求救,就有可能造成作案人员心理上的恐慌而使其终止作案,或可以在作案人员心理开始动摇、放松警惕时,看准机会反抗或逃脱。

> **典型案例**
>
> 哈尔滨市一名女大学生王某,独自行走在校门口的偏僻路上。突然从后方窜出一名歹徒,用匕首相逼,王某被迫将手机交出。而后,该女生一直与歹徒保持密切联系,并通过电话聊天与歹徒处成了"朋友"。时机成熟后,她很快将这种情况向学校保卫部门报告,在双方约会见面后,对方终于掉入早已设好的法网。

5. 留下的印记不放过

同学们一旦遭遇抢劫、抢夺,要注意观察作案人,尽量准确地记下其特征,如身高、年龄、发型、体态、衣着、胡须、特殊伤疤、语言及行为等,还可趁其不注意在其身上留下暗记,如在衣服上涂墨水等,为公安机关侦破案件提供线索。

以上3节叙述了高校多发的盗窃、诈骗、抢劫和抢夺犯罪的特点和规律,总结了同学们预防甚至打击犯罪的方式和方法。大学生自身和学校应该积极采取以下几个方面的措施,以法制教育、安全教育的途径来预防犯罪:

(1) 强化对在校大学生的法制及人文教育。目前,我国针对在校大学生的法制宣传教育仍很薄弱。如何用人文精神指引大学生服务于社会,是大学教育的一个重要课题。有些人在实施盗窃行为时都不知道自己在犯罪。对此,各高校应增设法制宣传栏、宣传刊,采取多种方式有针对性地加强法律常识教育。另外,各高校应与司法机关加强联系,由司法机关工作人员结合所办案件,对学生进行现实的法制教育、安全教育,强化他们的法制观念和防范意识,将打击犯罪和预防犯罪结合起来,达到防患于未然的目的。

(2) 积极开展大学生心理问题研究。由于社会、家庭及自身性格因素的影响,有的大学生心理存在某些障碍,加之找不到正确的方式排解,容易导致反社会的行为。如果在学生产生这些行为之前,高校的心理咨询活动就积极介入,将其不正常的心理活动引向正轨,做到防微杜渐,大学生必然能沿着正确的道路健康成长。我们应当加强品德教育,引导在校大学生树立正确的人生观,条件具备的可以成立大学生犯罪预防中心。

(3) 要大力加强校园周围环境治理及学校内部管理。鉴于大学周边环境对校园犯罪的诱导，有关部门应结合发生在校园中的实际案例进行防范宣传，建立预防大学生犯罪的网络；加强力度综合整治校园周边环境，最大限度地消除一些诱导因素。同时，学校内部应当加强制度建设，规范自身的管理方法，以一种法治化的途径来预防犯罪的发生，使我们的大学生更有责任感、使命感，使我们的校园更加祥和、宁静，使我们的社会更加充满阳光、更加和谐。

第五章 学习安全

随着大学校园日趋社会化，越来越多的大学生积极参与到各种实践活动中，这对促进大学生素质拓展、培养和提高学生创新能力和实践能力具有非常重要的作用。但与此同时，威胁大学生安全的事件在校园内外也时有发生。因此，大学生不仅要在学习中充分发挥主动性和积极性，还要增强安全意识，提高自我保护能力。

第一节 实验安全

学习知识离不开实验。高校实验室使用频繁，人员集中且流动性大，加之种类繁多的化学药品、易燃易爆物品、有毒物品和仪器设备都存放在实验室，如果没有严格有效的安全管理，很容易成为危险之地。

典型案例

2011年10月10日，湖南××大学化工学院理学楼发生火灾，起火原因为存放在储柜内的化学药剂遇水自燃。此次事故导致过火面积近790平方米，造成直接经济损失42.97万元，未造成人员伤亡。经外围调查和现场勘验，消防部门认定，起火部位为××大学化工学院理学楼药物反应与分离制备室，起火点为该室里间西侧操作台下南端药剂储柜，柜内的化学药剂遇水自燃引起火灾。

经调查询问证实，火灾当日9时至11时30分，7名学生对该实验室进行了卫生打扫，用水和洗洁精清洗了玻璃器皿，并用湿抹布擦拭了实验操作台及试剂瓶，多名学生证实西侧操作台南侧存在漏水现象，而实验室内存放有三氯氧磷、氰乙酸乙酯、金属钠等遇水自燃物品。

此案例中，湖南××大学化工学院对实验用危险化学药剂管理不善，没有对未使用完的药剂进行严格管理，未将遇水自燃药剂放置在符合安全条件的储存场所，是导致火灾发生的直接原因。起火建筑物为砖木结构，屋顶为木质材料，建筑耐火等级低，是导致火灾迅速蔓延的主要原因，也暴露出当前高校师生消防安全意识淡薄、高校建筑消防安全隐患严重等问题。根据《中华人民共和国消防法》《湖南省实施〈中华人民共和国消防法〉办法》和《高等学校消防安全管理规定》，湖南省消防总队责成湖南××大学对火灾事故发生直接责任人及化工学院消防安全管理人、责任人给予行政处分。

实验室安全与防护工作既包括常见的防火、防毒和防爆，还包括防辐射、防传染、防噪声、防振动和防"三致物质"（致突变物质、致癌物质、致畸物质）。做好实验室的技术安全、环境保护和防火工作是关系到师生人身和财产安全的大事，是确保学校教学、科研工作正常开展的重要条件。实验室安全与防护工作要坚持安全第一、预防为主的原则，对进入实验室的师生都必须进行实验室安全、实验室突发事件处置等知识的教育，确保实验安全。

一、实验室安全事故分类

由于实验室的工作性质不同，其安全防范措施的重点也不一样。例如，化学实验室重点是防火、防爆；物理实验室重点是防触电、防火；生物、医学实验室应该把防传染作为重点；一些机械、铸造、锻造、焊接等实验室或工厂，要重点预防工伤事故的发生。

（一）火灾

（1）一般实验室用火、用电比较多，尤其是化学实验室，多是易燃、易爆物品，若管理不善，容易出现火灾，特别是学生做实验时，更易发生事故。

（2）燃油发动机实验过程中，如果出现汽缸破裂、火焰冲出、油路漏油等情况，或调整化油器时，容易发生火灾。

（3）半导体实验室中的洁净室是封闭式的，在操作中要使用丙酮等易挥发的易燃物质；有的实验容易形成爆炸性混合物，遇到明火就会燃烧或爆炸。

（二）电击

凡有电器设备的实验室，如果电器的线缆绝缘和接地出现问题、用电量超过安全载流量、使用设备时未严格遵守操作规程、人与带电体接近时未保持安全距离等，均易引发电击事故。

（三）化学品危害

化学、生物、医学等实验室中，强酸、强碱、强氧化剂等容易引起烧伤事故。氰化钾、甲苯、乙醚等化学物质，积累过多会破坏人体正常的生理功能，引起暂时或持久的病理状态，甚至危及生命。凡是有毒的粉尘、烟、雾、气体或蒸汽污染了实验室，均可使皮肤过敏，或引起全身中毒。

（四）传染

生物、生化、医学和农业实验室都要预防细菌、微生物传染问题。例如，在生物实验中，昆虫、动物的传染病通过媒介可能传染给实验工作人员。发生传染最常见的原因有：接种时出现差错，注入体内；被动物咬伤、抓伤，伤口受感染；注射器、离心机喷溅等。

典型案例

2010年12月，4只未经检疫的山羊进入了东北农大的实验室，导致28名师生患上了布鲁氏杆菌传染病。事故原因如下：购买实验山羊时，未要求出具检疫合格证明；实验前，教师未对山羊进行现场检疫；实验中，教师未严格要求学生遵守操作规程进行防护。

实验室频发的安全事故，提醒着我们在聚精会神地专注于实验操作时，危险已经悄然来到身边。提高安全意识、加强实验室规范管理已经刻不容缓。

（五）辐射

辐射源包括放射性物质，如铀、镭、钴等；高速电子，如激光。凡接触这些物质的实验，操作不当，都会直接损伤细胞结构或组织结构，出现放射病的病理现象。

（六）噪声病及振动病

在一些机械、铸造、焊接等实验室或工厂，机械设备产生高强度噪声和振动。在无防护的情况下，长期接触会引起听觉器官的损害，同时对中枢神经、心血管、内分泌和消化系统等有不良影响。长期接触强烈振动可引起肢端血管痉挛、上肢骨及关节骨质改变、周围神经末梢感觉障碍等。

二、实验室相关安全常识

学生实验前，应充分预习，了解实验内容及有关安全事项。实验开始前，先检查仪器是否完整、放妥。实验时不得随意离开，必须注意实验情况，检查是否有漏气或玻璃破损。实验完毕要关好水、电、煤气开关。操作中如有自燃、易燃物品，附近应设灭火用具和急救箱。

（一）使用设备溶剂安全常识

大学生在实验室开展实验要用到实验室的一些设备和溶剂，在使用这些设备与溶剂时应注意六点：一是使用煤气灯时，应先将火柴点燃，一手执火柴靠近灯口，一手慢开煤气门。不能先开煤气门，后点燃火柴。用火时，应做到火着人在，人走火灭。二是使用电器设备（如烘箱、离心机、电炉等）时，严防触电，绝不可用湿手或在眼睛旁视时开关电闸和电器开关。应该用试电笔检查电器设备是否漏电，凡是漏电的仪器，一律不能使用。三是使用浓酸、浓碱时，必须极为小心地操作，防止溅出。用移液管量取这些试剂时，必须戴乳胶手套，使用橡皮球吸取。若不慎溅在实验台上或地面，必须及时用湿抹布擦洗干净，如果触及皮肤应立即就医。四是使用可燃物，特别是易燃物（如乙醚、丙酮、乙醇、苯、金属钠等）时，应特别小心。不要大量放在桌上，更不要放在靠近火焰处。只有在远离火源时，或将火焰熄灭后，才可大量倾倒易燃液体。低沸点的有机溶剂不准在火上直接加热，只能在水浴上利用回流冷凝管加热或蒸馏。五是易燃和易爆炸物质的残渣（如金属钠、白磷、火柴头）不得倒入污物桶或水槽中，应收集在指定的容器内。六是废液，特别是强酸和强碱不能直接倒在水槽中，应先稀释，然后倒入水槽，再用大量自来水冲洗水槽及下水道。

（二）实验室安全常识

大学生开展实验除了需注意设备与溶剂安全外，还应注意实验过程中的安全，在挪动干净玻璃仪器时，勿使手指接触仪器内部；洗净的仪器要放在架上或干净纱布上晾干，不能用抹布擦拭，更不能用抹布擦拭仪器内壁；除微生物实验操作要求外，不要用棉花代替橡皮塞或木塞堵瓶口或试管口；不要用纸片覆盖烧杯和锥形瓶等；取用试剂和标准溶液后，需立即将瓶塞严，放回原处；取出的试剂和标准溶液，如未用尽，切勿倒回瓶内，以免带入杂质；凡是会发生烟雾、有毒气体和有臭味气体的实验，均应在通风橱内进行，橱门应紧闭，非必要时不能打开；用实验动物进行实验时，不许戏弄动物，进行杀死或解剖等操作，必须按照规定方法进行，绝对不能用动物、手术器械或药物开玩笑；使用贵重仪器如分析天平、比色计、分光光度计、酸度计、冰冻离心机、层析设备等时，应加倍爱护，使用前应熟知使用方法，若有问题，随时请指导实验的教师解答，使用时要严格遵守操作规程，发生故障时应立即关闭仪器，并告知管理人员，不得擅自拆修。

三、实验室安全事故的预防与处置

在化学实验室里，安全是非常重要的，它常常潜藏着诸如发生爆炸、着火、中毒、灼伤、割伤、触电等事故的危险。虽然知道许多化学药品易燃易爆，一些化学药品对身体有害，但是每天都要接触这些东西，安全意识也就逐渐淡了。有因操作人员操作不慎、使用不当和粗心大意酿成的人为责任事故；有因仪器设备或各种管线年久老化损坏酿成的设备设施安全事故；有因自然现象酿成的自然灾害事故。大学生在进行实验操作时，应对实验室安全事故的预防与处置方案进行学习，并在实验中保持高度警惕，预防和避免事故发生。

（一）实验室灭火法

实验中一旦发生火灾，切忌惊慌失措，应保持镇静。首先立即切断室内一切火源和电源。然后根据具体情况正确地进行抢救和灭火。常用的方法有：

①在可燃液体燃烧时，应立即拿开着火区域内的一切可燃物质，关闭通风器，防止扩大燃烧，若着火面积较小，可用抹布、湿布、铁片或沙土覆盖，隔绝空气，使之熄灭，但覆盖时要轻，避免碰坏或打翻盛有易燃溶剂的玻璃器皿，导致更多的溶剂流出而再着火。

②酒精及其他可溶于水的液体着火时，可用水灭火。

③汽油、乙醚、甲苯等有机溶剂着火时，应用石棉布或砂土扑灭，绝对不能用水，否

则会扩大燃烧面积。

④金属钠着火时，可把砂子倒在上面。

⑤导线着火时不能用水及二氧化碳灭火器，应切断电源或用四氯化碳灭火器。

⑥衣服烧着时切忌奔走，可用衣服、大衣等包裹身体或躺在地上滚动。

⑦发生较大的着火事故应立即报警。

（二）实验室急救

在实验过程中不慎受伤，应立即采取适当的急救措施。

（1）受到玻璃割伤及其他机械损伤。首先必须检查伤口内有无玻璃或金属等碎片，然后用硼酸水洗净，再擦碘酒或紫药水，必要时用纱布包扎。若伤口较大或过深而大量出血，应迅速在伤口上部和下部扎紧血管止血，立即到医院诊治。

（2）烫伤。一般用浓的（90%～95%）酒精消毒后，涂上苦味酸软膏。如果伤处红痛或红肿（一级灼伤），可用橄榄油或用医用棉花蘸酒精敷盖伤处；如果皮肤起泡（二级灼伤），不要弄破水泡，防止感染；如果伤处皮肤呈棕色或黑色（三级灼伤），应用干燥无菌的消毒纱布轻轻包扎好，急送医院治疗。

（3）强碱（如氢氧化钠、氢氧化钾）触及皮肤而引起灼伤时，要先用大量自来水冲洗，再用1%硼酸溶液或2%乙酸溶液涂洗。

（4）强酸、溴等触及皮肤而致灼伤时，应立即用大量自来水冲洗，再以5%碳酸氢钠溶液或5%氢氧化铵溶液洗涤。

（5）如酚触及皮肤引起灼伤，应该用大量的水清洗，并用肥皂和水洗涤，忌用乙醇。

（6）若煤气中毒，应到室外呼吸新鲜空气，严重时应立即到医院诊治。

（7）水银容易由呼吸道进入人体，也可以经皮肤直接吸收而引起积累性中毒。严重中毒的征象是口中有金属气味，呼出气体也有气味；流唾液，牙床及嘴唇上有硫化汞的黑色；淋巴结及唾液腺肿大。若不慎中毒，应送医院急救。急性中毒时，通常用碳粉或呕吐剂彻底洗胃，或者食用蛋白质（如1升牛奶加3个鸡蛋清）或蓖麻油解毒并使之呕吐。

（8）触电。触电时可按下述方法切断电路：第一，关闭电源；第二，用干木棍使导线与触电者分开；第三，使触电者和土地分离，进行急救时急救者必须做好防止触电的安全措施，手或脚必须绝缘。

四、实验室安全防护原则

在教学实验中，经常使用各种化学药品和仪器设备，以及水、电、煤气，还会经常遇到高温、低温、高压、真空、高电压、高频和带有辐射源的实验条件和仪器，若缺乏必要的安全防护知识，会造成生命和财产的巨大损失。因此，实验室必须按"四防"（防火、防盗、防破坏、防治安灾害事故）的要求，建立健全以实验室主要负责人为主的各级安全责任人的安全责任制和各种安全制度，加强安全管理。

1. 穿着规范

（1）进入实验室，必须按规定穿戴必要的工作服。

（2）进行危害物质、挥发性有机溶剂、特定化学物质或其他毒性化学物质的操作实验或研究，必须要穿戴防护用具（防护口罩、防护手套、防护眼镜）。

（3）实验过程中，严禁戴隐形眼镜（防止化学药剂溅入眼镜而腐蚀眼睛）。

（4）需将长发及松散衣服妥善固定且在处理药品所有过程中需穿拖鞋。

（5）操作高温实验，必须戴防高温手套。

2. 药品领用、存储及操作相关规定

（1）操作危险性化学药品请务必遵守操作守则或遵照老师操作流程进行实验，勿自行更改实验流程。

（2）领取药品时，请确认容器上标示的中文名称是否为需要的实验用药品。

（3）领取药品时，请看清楚药品危害标示和图样，是否有危害。

（4）使用挥发性有机溶剂、强酸强碱性、高腐蚀性、有毒性的药品，请务必要在特殊排烟柜及桌上型抽烟管下进行操作。

（5）有机溶剂、固体化学药品、酸碱化合物均需分开存放，挥发性的化学药品更必须放置于带抽气装置的药品柜内。

（6）高挥发性或易于氧化的化学药品必需存放于冰箱或冰柜之中。

（7）避免独自一人在实验室做危险实验。

（8）若须进行无人监督的实验，其实验装置对于防火、防爆、防水灾都须有相当的考虑，且让实验室灯开着，并在门上留下紧急处理时联络人电话及可能造成的灾害。

（9）做危险性实验时必须经实验室主任批准，有两人以上在场才可进行，节假日和夜间严禁做危险性实验。

（10）做有危害性气体的实验必须在通风橱里进行。

（11）做放射性、激光等对人体危害较重的实验，应制定严格安全措施，做好个人防护。

（12）废弃药液或过期药液或废弃物必须依照分类标示清楚，药品使用后的废（液）弃物严禁倒入水槽或水沟，应倒入专用收集容器中回收。

3. 用电安全相关规定

（1）实验室内的电气设备的安装和使用管理，必须符合安全用电管理规定，大功率实验设备用电必须使用专线，严禁与照明线共用，谨防因超负荷用电着火。

（2）实验室用电容量的确定要兼顾事业发展的增容需要，留有一定余量，但不准乱拉乱接电线。

（3）实验室内的用电线路和配电盘、板、箱、柜等装置及线路系统中的各种开关、插座、插头等均应经常保持完好可用状态，熔断装置所用的熔丝必须与线路允许的容量相匹配，严禁用其他导线替代。室内照明器具都要经常保持稳固可用状态。

（4）可能散布易燃、易爆气体或粉体的建筑内，所用电器线路和用电装置均应按相关规定使用防爆电气线路和装置。

（5）对实验室内可能产生静电的部位、装置要心中有数，要有明确标记和警示，对其可能造成的危害要有妥善的预防措施。

（6）实验室内所用的高压、高频设备要定期检修，要有可靠的防护措施。凡设备本身要求安全接地的，必须接地，定期检查线路，测量接地电阻。自行设计、制作对已有电气装置进行自动控制的设备，在使用前必须经实验室与设备处技术安全办公室组织验收，合格后方可使用。自行设计、制作的设备或装置，其中的电气线路部分也应请专业人员查验无误后再投入使用。

（7）实验室内不得使用明火取暖，严禁抽烟。必须使用明火实验的场所，须经批准后才能使用。

（8）手上有水或者潮湿请勿接触电器用品或电气设备；严禁使用水槽旁的电器插座（防止漏电或感电）。

（9）实验室内的专业人员必须掌握本实验室的仪器、设备的性能和操作方法，严格按操作规程操作。

（10）机械设备应装设防护设备或其他防护罩。

（11）电器插座请勿接太多插头，以免电荷负荷不了，引起电器火灾。

（12）如电气设备无接地设施，请勿使用，以免感电或触电。

第二节 实习安全

实习，即把学到的理论知识拿到实际工作中去应用和检验，以锻炼工作能力。随着竞争的加剧，实习经历越来越受到用人单位的重视。但与此同时，大学生实习事故频发，影响了学生的身心健康。

> **典型案例**
>
> 2004 年，某高校男生张某，进行金属焊接实习时，未按要求戴防护眼镜，在清理电焊渣时违反操作规程，使温度极高的焊渣崩入眼睛，幸运的是仅造成眼角化脓，未伤及眼膜。

大学生在实习过程中因为疏忽大意出现的安全问题越来越多，给大学生造成了无法挽回的损伤，给企业和高校也造成了不好的影响。因此，大学生应该加强实习安全方面的知识学习。

一、实习中的安全事故

实习是培养学生专业技能和职业素养的必要阶段，但是在实际工作环境中锻炼自己时，学生们容易因为没有实践经验和缺乏安全防范意识而出现安全问题。为了避免发生上述事故，一定要关注实习安全，做好安全防范，消除安全隐患。

（1）大学生在任何单位从事任何内容的实习，都要将安全放在第一位，时时提高警惕，培养安全意识和自我保护意识，一时疏忽可能影响一生。

（2）学校和实习单位要认真做好安全实习第一课，进行实习前的安全指导，提高学生保护自己的能力。要针对不同专业实习过程中容易发生的问题进行强调和强化训练，引起学生的注意和重视。

（3）实习前尽量了解可能发生的安全事故和存在的安全隐患，做到有备无患。

（4）无论是学校安排还是自己联系实习单位，在实习之前都要和实习单位达成相关协定，内容包括实习安全、实习报酬等方面。对实习的项目、内容、时间等都要有所规定，保证实习安全。涉及高危性的工作，实习生要学会拒绝，注意保护自己。遇到相关事故，要寻求法律的支持，将损失减少到最低。

典型案例

某高校女生刘某在某工厂实习，一次操作机床时，未按规定戴好安全帽，低头时长发被转入高速旋转的车床中，造成头皮撕裂，落下终身残疾。

二、大学生实习事故发生的原因

近年来，随着我国高校实践教学力度的逐步加大，学生实习伤害事故的发生率也呈逐年上升的态势。大学生实习事故原因主要有以下几种：

（1）对实习设备不熟悉而造成操作失误，从而引发伤亡事故。有的学生对设备的操作不熟悉，在好奇心驱使下容易造成操作失误。如北京某大学学生在一家工厂实习时，由于对冲床的错误操作，造成其右手中指被切断。

（2）安全意识差，违反安全操作规程，引发伤亡事故。有的学生安全意识淡薄，违规操作机械设备，致使发生伤亡事故。如某高校学生金工实习进行金属成型加工，随意用脚踩开关，造成左手小指被扳机剪断；某医学院学生在进行毕业实习时，严重违反操作规程为患者注射抗生素，险些造成患者死亡。

（3）安全知识匮乏导致伤亡事故。由于学生对安全知识知之甚少，从而造成事故隐患。如机械零件加工过程中对工件尺寸的测量要求必须在机床完全停止转动后才可进行；加工的铁屑只能够用铁钩清理，不允许用手直接清除。但这些基本知识却常常被学生忽略。

（4）未严格按要求穿戴工作服。工作服是实习学生进入实习场地必须穿戴的服装，不同实习场合的着装要求和着装的衣料区别也很大。但有的学生并没有按要求着工作服，而是随意着装，以致发生事故。

三、大学生实习安全注意事项

实习过程中的安全事故不仅给实习生造成很大的伤害，也影响到了校企合作的积极性。因此，实习生在学校期间，要熟悉操作规程与操作程序，做到心中有数；学校应主动与实习单位沟通，设计学生实习的方案，争取实习单位的支持；实习单位要加强安全管理，健全安全制度，为学生的安全实习提供保障。通过大家共同努力，确保实习安全。

（一）实习学生注意事项

大学生在实习期间为保证自身安全和实习的顺利开展，应加强对实习安全注意事项的学习。一是自觉接受岗位安全教育和安全技术培训，遵守安全实习上岗制度。二是听取指导老师的安全操作规程教育，了解有关注意事项。增强自我防护意识，车工、金工等操作实习前必须穿好工作服、扎好袖口，戴好防护帽、防护眼镜。女生不准穿高跟鞋、裙子，女生的长头发必须塞进工作帽里，不得以长发披肩或长辫子的方式进入实习车间；男生不准穿背心、短裤、拖鞋上岗。三是实习场地内严禁乱闯、喧哗、打闹，以免发生高空坠落、机械伤害等恶性事故，造成人员伤亡；不得动用他人的设备、器具。四是操作中发现不正常现象时，应及时向指导老师报告。准确了解实习单位内的特殊危险工区、地点及物品，避免发生意外事故。实习期间应服从实习指导老师、实习管理人员的管理和教育，未经同意，不得擅自启动实习设备。五是严格按操作规程使用实习工具，不得擅自触摸带电的危险设备、设施和电路板。

（二）学校及实习单位注意事项

任何劳动都伴随着劳动风险。大学生在用人单位实习，实际参与劳动和工作，难免会遇到权益受损的情况，这些情况中最常见的是实习生在实习中身体健康受损和实习单位没有按约定提供实习条件或待遇两种情况。在校生外出实习是学校教学活动的安排，学校在预防大学生实习安全事故方面应提前做好预防，加强对实习大学生的监管，防范事故发生。学校在防范大学生实习安全事故方面应注意以下事项：首先，学校应根据对实习单位综合情况的调查，提出各个实习点的重点管理目标对象、重点时段、重点场所及必要的措施。其次，学校要有针对性地开展实习安全教育，让学生认识到自我保护的重要性，提高自我保护的自觉性和遵纪守法的自觉意识。最后，学校应根据学生健康状况，提出不宜外出实习的学生名单。在给每个实习组进行编组时，要注意男、女生混合编组，尽量避免女老师、女学生单独编组，禁止一人单独进行野外实习。

实习单位在防范大学生实习安全事故方面应注意以下事项：第一，要加强学生实习期间的劳动保护，严格执行《中华人民共和国劳动法》和《未成年工特殊保护规定》，防止实习过程中发生意外事故。如果实习单位不具备有关法规所规定的条件，学生可以拒绝参加实习训练。第二，实习单位在实习学生上岗前，应对其进行有关的劳动纪律、职业道德、生产安全、劳动防护的教育、培训，落实学生实习的指导老师，确定实习内容。没有接受过安全培训或安全培训不合格者，不能上岗。让实习生准确了解企业内特殊危险工区、地点及物品，避免发生意外事故。禁止同学间在实习现场相互嬉戏，以防发生高空坠落、机械伤害等恶性事故，造成人员伤亡。要求实习学生正确穿戴和使用劳动防护用品，不准穿钉有铁掌或铁钉的鞋，以防走路时与地摩擦产生火花，引起火灾或爆炸。女同学的长发必须盘在头顶，且必须佩戴工作帽，以防头发被转动设备卷入，造成伤亡；不准穿裙子、高跟鞋、拖鞋，以防在攀梯等时造成扭伤或摔伤。在实习现场时，不要随便触摸裸露的管道与设备，以防烫伤；更不能随便按压现场的阀门与按钮，以防发生紧急停车、物料放空等生产事故，造成重大经济损失。

四、大学生实习安全事故的应急处置

如果发生实习事故，应按以下方法进行处理：

（1）在实习过程中发生事故一定要冷静，尽快通知老师，听从老师安排。

（2）在实习、劳动过程中被划伤时，应迅速用干净的纱布等包住伤口，止住血，并立即送往医院；如果被铁钉扎伤，还应到医院打破伤风针。

（3）在实习、劳动过程中，不慎从高处或从楼梯上滚落扭伤关节、碰伤骨头时，千万不要随意移动，应保持着地姿势，并拨打急救电话。

（4）在实习过程中，发现同学触电，要迅速切断电源，千万不要用手去拉触电者，应设法用绝缘体挑开电线。如果发现触电者昏迷，应及时做人工呼吸，并送往医院进行救治。

（5）在实习过程中，如果手指轧入车床，或头发、衣角卷入车床，应立即关闭车床；如果发生断指、断臂的情况，应紧急包扎受伤处上部肢体止血，并迅速捡拾断指、断臂清洗后浸入生理盐水（切记不可浸入酒精或消毒液中），并立即送到医院救治。

实习安全需要全体师生的共同努力，教师在教学及指导过程中应及时发现并处理安全隐患，且需要学生的积极配合。只有从思想上真正地认识到安全的重要性，才能保证实习的安全。让安全观念在学生的思想上深深扎根。这既是实习教学的首要前提，也是我们的根本目的。

第三节 创业与社会实践安全

2015年5月，国务院办公厅印发《关于深化高等学校创新创业教育改革的实施意见》，允许在校大学生保留学籍，休学创新创业，这无疑是给广大有创业梦想的在校大学生吹来了一阵春风。在"大众创业、万众创新"的时代，这对于进一步挖掘大学生潜力、推动大学生自身发展、扩大社会就业、增加民众收入具有重大意义。

在学校支持和学生自身的努力之下，大学生创业成功之花在各大高校竞相盛开。但是由于部分学生社会阅历较浅，自我保护意识相对薄弱，再加上社会经验不足、创业经验缺乏，也有不少大学生栽了跟头。因此，大学生不论是创业还是参与社会实践，都应该具备一定的安全知识。

一、大学生创业安全

近年来,在国家政策的大力扶持下,大学生创业风起云涌,正成为创新创业和经济发展的生力军。但是由于大学生缺乏社会经验,创业之路并不平坦,大学生在创业安全方面存在以下不足:

(一)大学生社会经验不足,容易被虚假信息蒙骗

一些不规范的中介机构利用学生想创业的心理,夸大事实,无中生有,以"低价加盟""低价转让""地区代理"等方式为诱饵,转让或转租给大学生,当大学生接手经营后,才意识到上当受骗。因此,大学生在寻找创业信息时,要自行甄别,要查看这些"机构"或"企业"的相关资质和证件,善于发现疑点。只有确保无误后,才能签订协议、交付费用、索要票据。

(二)大学生急于求成,容易陷入非法传销

很多大学生对创业的理解还停留在仅有一个美妙想法与概念上,许多人还憧憬着通过所谓的"销售"发家致富。由于人们对传销的认识不够深入,对直销和传销的区别知之甚少,尚缺乏全民抵制非法传销的社会氛围。再加上一部分大学生急功近利,对生活的期望值过高,很容易被那些宣称能暴富的传销组织"洗脑",上当受骗。同时,陷入传销组织的大学生被骗后无法索回交出的钱,但又想控制损失,于是越陷越深,不能自拔。

(三)大学生创业法律意识淡薄,维权意识差

当前,大学生创业的社会环境良好,发展趋势令人期待。但大学生更应注意到创业大潮中的创业风险问题,特别是法律问题和维权问题。在法治社会里,法律风险贯穿于大学生自主创业的始终。大学生由于自身经验和能力的局限,在创业过程中更容易受到法律风险的冲击。据调查,杭州高新区(滨江)的大学生创业企业中,有198家企业进行过法律培训或宣传教育,占企业总数的23.3%;只有18家企业有专职或兼职的法务人员或聘请过法律顾问,占企业总数的2.1%;不少大学生创业者甚至不知晓企业设立、经营过程中的基本法律法规。可见,法律意识淡薄是大学生创业的一个普遍现象。特别是大学生创业者不与合作公司、合作伙伴签订协议,从而导致维权时缺少证据。有些大学生碍于民事诉讼所需花费的时间和精力,如果不是严重的权益受损,一般怠于维权。

典型案例

大学生缺少法律意识背债百万元

2006年,秦亮(化名)经商失误,惹上了官司。纠缠了两年的案子终于二审判决,

秦亮背上了100多万元的债务。

一、大四学生大胆创业

2003年，在上海大学读大四的秦亮通过熟人与中国联通上海分公司一级代理商上海美天通信科工程设备有限公司取得联系，并得知美天正准备推广CDMA校园卡业务。秦亮认为可以发动老师同学购买，盈利几乎唾手可得。由于美天要求必须同公司签协议，秦亮和几个同学又发动父母成立公司。耐不住孩子的恳求，三个下岗母亲在经济开发区注册了上海想云科技咨询有限公司。2003年3月，想云公司与上海美天签署了《CDMA校园卡集团用户销售协议书》，约定想云公司在上大发展CDMA手机及UIM卡进行捆绑销售，并约定想云公司对校园卡用户资料真实性及履行协议承担保证责任，用户必须凭学生证和教师证购买，一人一台等。如想云公司发展用户不真实，美天有权停机，想云承担不合格用户的全部欠费。

二、火热销售后欠费

在同学、老师的帮助下，秦亮的"生意"一下子很红火。秦亮一共发展了4 196户，按照与美天的协议，秦亮和想云公司可拿到10余万元的回报。但是美天刚支付给秦亮2万元钱后，2003年12月，联通公司发现想云公司递交的几百名客户资料虚假，有一部分根本不是校园用户，还有冒用别人身份证的，最终形成了大量欠费。美天为此赔偿联通442户不良用户的欠费52万余元，联通还扣减美天406部虚假用户和不良用户的手机补贴款28万余元及8万余元。美天将想云公司及秦亮起诉到法院，要求承担上述赔偿款项，另赔偿美天406部虚假、不良用户手机的补贴差价6万余元及未归还的手机价款15万余元和卡款5 100元，总计100万元左右。

三、一人承担所有债务

一审法院认定秦亮借用想云公司名义与美天签订销售协议，并发动几十名学生、教师发展介绍用户，并无想云公司人员参与，故秦亮与想云公司共同承担100万元的赔偿责任。和秦亮一起操作该业务的虽然还有很多人，但由于与美天的协议书上是秦亮的签名和想云的公章，秦亮也不想再牵连其他人进来，而想云公司本来就是为创业成立的公司，加上经营亏损，已被吊销营业执照，秦亮成了债务承担人。毕业两年都未找到工作的秦亮因生活困难，向法院申请缓交上诉费，法院予以准许。

创业毕竟是项事业，有一定难度，有很大的风险，所以更需要有法律进行保障。但目前的情况是，大学生在创业前很少认真了解与创业相关的法律内容，或者虽有所了解，但在实践中的众多环节上却忽视法律，在风险和利益同时存在的情况下，以赌博意识、投机心理和冒险行为替代理性的法律思维，以致造成一些惨痛的教训。以上案例中的秦亮一心只想着赚钱，而忽视了协议要求事项，最后一分钱没挣的他反背上了100多万元的债务。

二、大学生社会实践安全

近年来，我国高校学生社会实践工作不断得到推进和发展，社会实践已经成为大学生业余生活的重要组成部分。大学生利用双休日或假期开展社会实践，人数日趋增多，特别是高职高专类学生，他们所学以技术型、应用型为主，强调实践能力，社会实践就成了他们很好的选择。这既有利于培养大学生的劳动观念、自立精神及实践动手能力，也有利于改善大学生的学习条件。在参加社会实践过程中，由于部分学生社会阅历较浅、自我保护意识相对薄弱，致使产生很多安全问题。

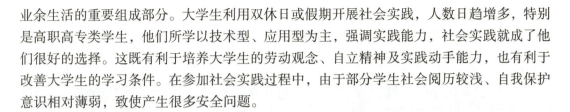

某高校新生小林入学不久就结识了一位老乡学长。老乡向小林推销了一款1 300余元的手机，并称买手机赠送300元话费。出于对老乡的信任，加之手机看上去物美价廉，小林便买了下来。一段时间后，小林发现手机充不了电，通话频频中断，拿去专卖店鉴定后发现，该手机是假货。

社会实践是指学生利用课余时间参加，以培养自立能力、获得报酬为主要目的一种服务和劳动。当前大学生社会实践涉及的领域比较广，概括起来主要有以下三种类型：

一是科技、智力服务，结合大学生具有一定专业知识技能的特点，利用自己所学的专业知识和掌握的技能为社会提供有偿服务。学校可以组织学生承担助教、助研、助管工作，也可以组织理工科学生参与工程项目的研究设计、新产品的研制和开发，如计算机系系学生可利用计算机应用方面的专业知识为企事业单位设计计算机应用软件；美术专业学生可利用美术专业知识为厂家设计、制作产品广告；还可组织文科学生广泛地开展社会调查，为地方的经济社会发展发挥积极作用。

二是家教等文化服务。这是师范院校学生开展社会实践最为主要的内容之一。改革开放以来，随着经济的发展、生活水平的提高，特别是家长对子女的期望值越来越高，人们越来越重视文化教育。于是，家庭教师应运而生。大学生，尤其是师范院校学生从事家教活动从某种意义上说也是一种实习，对巩固专业思想、提高学习自觉性都有积极的促进作用。

三是劳动服务。大学生不仅具有专业知识和技能，还有精力充沛的特点。应组织学生从事力所能及的体力劳动，如安排学生从事校园文明行为的执勤、治安巡逻、自行车棚的管理，以及帮助图书馆、资料室、实验室进行整理等辅助性的工作。

大学生社会阅历尚浅，有急于找到社会实践岗位的心态，部分学生还有就业和生活的压力，加之目前大学生缺乏实践安全方面的教育，社会上一些不法分子借此将他们作为侵害的主要对象。大学生社会实践存在的安全问题，主要体现在以下几个方面：

（一）上当受骗和被敲诈

个别大学生由于社会经验不足，缺乏应有的警惕意识，联系社会实践工作时，没有通过正规渠道，轻信人贩子的花言巧语，被拐卖到交通闭塞的山区，后来被解救。此事虽是个案，但教训是深刻的。非法传销组织者看好的"五同四友"（同学、同事、同乡、同宗、同好，室友、战友、朋友、酒友）和5类最佳发展对象，都将大学生作为发展下线的主要对象。他们以招聘为名，迎合一些大学生急功近利的心理，向他们灌输"今夜睡地板、明天当老板、成功在眼前""一夜就能暴富、人人能成功"等谬论。1998年4月国家明令禁止后，仍有不少大学生误入歧途。

> **典型案例**
>
> 湖南某大学学生吴某在赶集网上看到家教招聘信息，在与发布信息的家长取得联系后，对方称请吴某去一家高档饭店吃饭，边吃边聊家教问题。涉世未深的吴某没有多想，中午赴约。对方点了一桌酒菜之后，中途借口去卫生间不辞而别，临走还捎了几条名贵香烟，留下一直等待的吴某和未付的"天价"账单。

大学生在社会实践过程中被诈骗的案件屡见不鲜，不法分子以提供社会实践岗位为诱饵，以伪装的身份骗取大学生信任，最后对大学生实施诈骗。有些不法分子获取大学生在毫无戒备情况下提供的家庭和同学信息，并通过电话等向家长诈称其子女患急病、出车祸住院等行骗；有的则通过学校周边张贴的"提供丰厚待遇，但需交报名费和保证金"的广告进行行骗。

（二）遭到伤害

有的大学生在社会实践过程中因为对周围环境不熟悉等，容易发生交通事故以及被盗窃、被抢劫的情况，有的甚至可能会遭到性骚扰和性侵害。

（三）违纪和违法犯罪

有的大学生在社会实践过程中被骗后，为挽回损失也不择手段地欺骗其他人，有的甚至进行诈骗活动；有的大学生因社会实践的失败而自卑，怀疑自己能力而失去信心等，在困难和失利面前屈服而走向犯罪，甚至走向自残或自杀。

三、大学生创业与社会实践安全事故的预防与处置

大学生创业需要注意以下几个问题：一是要有成熟的心理准备，学会甄别社会上的一些虚假信息，寻找最适合自身的创业项目；二是不要急于求成，要保持平稳的创业心态，面对项目选择时要多加思考，不要误入无良传销组织；三是不要过于相信自有创意项目或者自有专利技术、成果一定能创业成功，而是要进行充分的市场研究；最好不要单打独斗，要有自己的创业团队，要学会用政策、法律保护自身的权益；四是大学生创业遇到自身权益受损或其他困难时，应拿起法律武器进行维权或与老师、家长进行沟通共同处理。

大学生社会实践项目很多，如家教、暑期三下乡、参加社会公益活动等。家教是比较普遍的社会实践项目，据某刊物抽样调查显示，大学生做家教的原因中，经济原因占46.9%，培养教学能力的占31.6%，增加社会阅历的占18.4%，打发空闲时间的占3.1%。大学生做家教不仅可以锻炼自己，提高能力，而且能减轻家庭经济负担。然而，

由于目前家教市场还存在许多不规范、不完善的地方，同时，大学生还没有真正地接触社会，思想比较单纯，一些不法分子利用大学生社会实践的急切心理，通过一些不正规途径向在校大学生发布虚假家教信息，以骗取钱财。学生做家教时要特别注意以下安全问题：

第一，应选择正规渠道。大学生找家教一定要通过正规的渠道，如学校的社会实践中心、正规的家教服务机构、大型的人才市场等，通过街头举牌、散发和张贴小广告等方式很容易被不法分子利用。

第二，面对社会上中介市场良莠不齐、鱼龙混杂的状况，大学生在交换意见、签订协议时，应仔细研究对方提出的要求和协议中的条款，不要匆忙允诺或签字，以防上当受骗。

第三，认清家教职责，不要轻易缴纳各种费用。

第四，由于大学生白天上课，不少人都是在晚上做家教工作，这就要求大学生在第一次正式工作之前先熟悉周围的环境，尽量利用双休日白天时间出去工作。

第五，由于家教工作大都在校外进行，所以要注意交通安全，最好乘坐公共交通。

第六，在做家教过程中，大学生要注意文明礼仪、自我保护，不得随便动用雇主家的物品，不要住在雇主家里，避免发生意外。

同时，大学生在做其他社会实践劳动服务时还应特别注意以下问题：

（1）遵纪守法，依照学校规定和工商行政管理法规，凭诚实劳动获得报酬。首先，要熟悉有关法律法规，遵纪守法。其次，依法保护自己。大学生社会实践以诚实劳动和服务获得的收入应当受到法律保护。在社会实践时最好先了解有关法规，熟悉校内有关规定，明确自身行为的依据，并以此维护自身的正当权益。

（2）有组织地开展社会实践活动。参加社会实践活动最好是有组织地进行，这样可以避免或减少失误、上当的可能。当然，统一组织并非限定为全校统一行动，而是指加强组织观念，根据组织的安排进行活动，以确保活动顺利、合法开展。

（3）社会实践要量力而行，避免风险。大学生进行社会实践时要找适合自己的内容，如做家教、参加学校内部的劳务、参加学校治安服务工作等，千万不要盲目找一些赚钱较多但风险较大的工作。

（4）少部分大学生会在假期从事以体力劳动为主的社会实践工作。参加这些劳动时，稍有不慎就可能发生意外的人身伤害。某高校一男大学生张某利用暑假时间在一私人建筑队打工，由于工地安全保护设施不完善，从未完工的建筑物掉下一块砖头将他当场砸昏，脱离生命危险之后留下了极为严重的脑震荡后遗症。所以，在进行此类有危险性的实践工作时，一定要注意人身安全或者最好不要参与。

第四节　运动安全

生命在于运动，体育运动安全直接关系到大学生的健康成长。除了体育课外，大学生也会进行个人锻炼或参加公共体育活动。掌握一些体育运动安全知识，不仅能够让大学生懂得科学、合理的健身运动，也能够在遇到运动损伤的时候及时处理。

案例集锦 5-1

【例1】

某高校运动会铅球赛场，小李的同学小肖观看他比赛，前一个运动员投掷完毕后，小肖跟随裁判老师观看测量结果，在他们还没有撤出落地区时，小李已经将铅球掷出，正好砸中小肖头部，造成急性重型颅脑损伤。

【例2】

在某高校运动会上，张某再次获得3 000米项目冠军。下场后，他瘫倒在跑道上，口吐白沫，送往医院后抢救无效死亡。尸检表明，张某患有感冒并发病毒性心肌炎，再加上比赛中的剧烈运动，最终导致心力衰竭而死亡。

点评

在各种运动中，意外伤害和运动损害时有发生，原因是多方面的，既与运动者的运动基础、体质水平以及自身是否患有疾病有关，也与运动项目的特点、技术难度以及运动环境等因素有关。因此，我们必须时刻提高警惕，加强安全防范。

一、运动伤害及发生的原因

运动伤害是指外力超过人体组织所能承受的机械强度，因而造成的肌肉、肌腱、韧带、关节囊或骨骼部位的伤害，以及过度运动造成的疲劳性伤害。任何部位因运动不当或运动过度而受伤时，组织都会短时间缺氧，同时分泌出一些酵素，使血管壁的渗透压增高，血清与血球便会由血管渗透至组织，造成组织肿胀，进而压迫末梢神经，引起疼痛。在所有的运动伤害中，以膝关节的伤害最为严重；以肌肉拉伤最为常见，其次是踝关节扭伤，其中又以内翻性扭伤最为常见。当肌肉受伤时，如施以不当的按摩，可能使肌肉组织纤维化甚至钙化，使肌肉失去弹性、关节僵硬。

造成运动损害和意外伤害的主要原因有以下几点：

（1）思想上麻痹大意，包括对运动伤害预防的重要性认识不足，未能积极有效地采取预防措施，或措施不当等。

（2）准备活动不足。例如，不做准备活动就进行激烈运动，准备活动敷衍了事，准备活动内容不得当或准备活动过量，致使准备活动无效或身体功能下降。在运动时很容易导致肌肉拉伤或其他伤害。

（3）心理状态不良。在体育运动中，急躁、恐惧、害羞、麻痹、缺乏经验或不自量力，容易导致伤害事故。

（4）气候不宜。过高的气温和潮湿的天气，会导致大量出汗失水；在冰雪寒冷的冬季易发生冻伤或其他伤害事故。

（5）体质和素质不佳。身体素质不好、体质弱、体育基础差，一时不能适应体育运动的需要，容易发生伤害事故。

（6）行为不规范。违反体育运动规律、纪律、规定和要求，也是造成身体伤害事故的原因。

（7）运动设施、场地问题导致的受伤事件。

二、体育运动应该注意的安全事项

（一）运动前注意事项

1. 检查自己的身体情况

大学生在运动前应该检查自己身体情况。存在以下身体问题的学生，禁止参加长跑等长时间剧烈运动：有体温增高的急性疾病；处于各种内脏疾病（心、肺、肝、肾和胃肠疾病）的急性阶段；有出血倾向的疾病，如肺及支气管咳血、鼻出血、伤后不久而有出血危险、消化道出血等；有恶性肿瘤；患有心脏病、高血压等疾病。

2. 检查场地和器材

要认真检查运动场地和运动器材，注意场地中的不安全因素，如场地是否平整；检查沙坑的松散度、是否有石子杂物等；检查体育设施是否牢固、安全、可靠，器材是否完好等。需要时佩戴好各种体育护具，如足关节的护踝、肘关节的护肘等。

3. 做好运动准备

要穿运动服装、运动鞋，不佩戴各种金属的或玻璃的装饰物，不携带尖利物品等。做好热身准备活动，克服内脏器官在生理上的惰性。如果突然进行剧烈运动，就会出现心慌、胸闷、肢体无力、呼吸困难、动作失调等现象。

（二）运动过程中要讲科学

1. 要掌握动作要领

掌握动作要领不仅能够在运动过程中发挥好技术动作，达到体育锻炼的目的，而且还能消除心理上的恐惧，增强自信心，避免不必要的伤害。

2. 要正确使用器材

要严格遵守相关操作规程，在一些体育器械（如铅球、实心球等）的使用中，要注意选择合适场地，确保自身安全，同时还要注意不要伤及他人。

3. 运动负荷要适当

要根据身体素质条件，选择最有利于增强体质的运动负荷。可循序渐进，由易到难，从小到大。只有适宜的运动负荷，才能有效地增强体质，提高健康水平。

（三）运动后要恢复

1. 认真做恢复活动

做恢复活动能使人体更好地从紧张运动状态过渡到安静状态，使心脏逐渐恢复平静，放松身心。如果突然停止运动，会造成暂时性的贫血，产生心慌、晕倒等一系列不良现象，对身心健康造成损害。

2. 自我检查运动反应

如果感到十分疲劳，四肢酸沉，出现心慌、头晕，说明运动负荷过大，需要好好调整与休息。运动后经过合理的休息感到全身舒服、精神愉快、体力充沛、食欲增加、睡眠良好，说明运动负荷安排比较合理。

3. 适当补充能量

参加体育运动要消耗大量的能量，所以在运动后（运动前也应适当补充能量）要科学饮食，保证身体的需要。要注意：运动后5~10分钟后饮水（含盐），避免喝含咖啡因的饮料，半小时后进餐；运动后不要马上洗澡，应在心率恢复稳定、出汗停止后洗澡。

（四）运动性创伤的急救

由于大学生的发育尚未健全，在参加体育运动时如果稍有不慎，不仅起不到健身作用，还会损伤身体，甚至造成残疾，或者危及生命而导致终身遗憾。

大学生参加体育活动，应当贯彻持之以恒、循序渐进、量力而行、合理安排、全面发展的原则。为了预防运动损伤，必须注意以下几个方面的问题：

（1）做好运动前的准备活动。

（2）做好运动后的整理活动。剧烈运动后做些深呼吸和慢跑活动是十分必要的。

（3）运动后不要大量喝白开水，更不应暴食冷饮，而需要多喝盐开水。

（4）在体育运动中，可能会发生关节扭伤。如果扭伤部位不青不肿，说明是轻伤，只需休息一会儿用手揉一揉即可；如果扭伤很重，肿胀很厉害，就应立即进行冷敷，用冷水毛巾包起来或用凉水浸泡伤处，使局部温度下降，受伤部位的血管收缩，以起到止血和减轻肿胀的作用。经过上述简单处理后，应当立即到学校医务室或医院进行诊治。如果发生骨裂、骨折或韧带撕裂等，应立即送医院诊治，切不可自行处理，以免造成严重后果。在不明伤情时，切忌毫无急救常识地实施拉、扯、复位等处置，以免加重伤情。

（5）患有疾病或身体不适的同学，千万不可参加紧张剧烈的体育活动，以免对身体造成伤害。

（6）上体育课时应注意：

①衣服上不要别胸针、校徽、证章等。

②上衣、裤子口袋里不要装钥匙、小刀等坚硬、尖锐锋利的物品。

③不要佩戴各种金属或玻璃的装饰物。

④头上不要戴各种发卡。

⑤患有近视的同学，尽量不要戴眼镜，如果必须戴眼镜做动作时一定要小心谨慎，做

垫上运动时必须摘下眼镜。

⑥不要穿塑料底的鞋或皮鞋，应当穿球鞋或一般胶底鞋。

⑦衣服要宽松合体，最好不穿纽扣多、拉锁多或者有金属饰物的服装，有条件的应该穿着运动服。

（7）参加运动会时应注意：运动会的竞赛项目多、持续时间长、运动强度大、参加人数多，安全问题十分重要。

①要遵守赛场纪律，服从高度指挥，这是确保安全的基本要求。

②没有比赛项目的同学不要在赛场中穿行、玩耍，要在指定的地点观看比赛，以免被投掷的铅球、标枪等击伤，也避免与参加比赛的同学相撞。

③参加比赛前做好准备活动，以使身体适应比赛。

④在临赛的等待时间内，要注意身体保暖，春秋季节应当在轻便的运动服外再穿上防寒外衣。

⑤临赛前不可吃得过饱或者饮水过多，临赛前半小时内可以吃些巧克力，以增加热量。

⑥比赛结束后不要立即停下来休息，要坚持做好放松活动，例如慢跑等，使心脏逐渐恢复平静。

⑦剧烈运动以后，不要马上大量饮水、吃冷饮，也不要立即洗冷水澡。

（五）运动中发生意外时的应急处理

1. 运动中发生损伤事故时的处理方法

对于急性运动损伤的处理有四大原则，即采用 RICE 自我疗法。"R"即 rest（休息），可以避免伤势的加重，减少由于继续运动所引起的疼痛、出血或肿胀。"I"即 ice（冰），把冰块裹在毛巾里或放入塑料袋，敷在受伤部位，以解除疼痛和肿胀。"C"即 compression（压迫），用冰袋压迫损伤部位，但不能过紧。"E"即 elevation（抬高），把受伤部位抬高，可减轻水肿。

2. 软组织损伤的处理方法

擦伤：小面积擦伤，用红药水抹伤口即可；大面积擦伤，先用生理盐水洗净后涂抹红药水，再用消毒纱布覆盖包扎。撕裂：轻度开放伤，用红药水涂抹即可；裂口大，则需止血和缝合，必要时，注射破伤风抗毒血清。肌肉拉伤：受伤后，轻者即刻冷敷、局部加压、包扎，并抬高患肢，24 小时后可施行按摩；严重者，肌肉完全撕裂，则经加压后立即送医院手术治疗。

3. 关节、韧带扭伤的处理

急性腰伤、轻度损伤，可轻轻揉按；重症者应立即让患者平卧，并用担架护送至医院治疗。处理后，应睡硬板床或腰后垫一个枕头，使肌肉、韧带处于放松状态，24 小时后可施行按摩。踝关节扭伤，一般采用 RICE 处置法。

4. 中暑的处置方法

首先，将中暑者移至通风阴凉处；其次，如果体温高，用凉水擦拭和冷敷，如果昏迷，要使其侧卧以保持呼吸道通畅；最后，给中暑者喝淡盐水。

第六章 消防安全

第一节 认识校园火灾

大学校园中，火灾一直是威胁师生生命财产安全的重要因素。近年来，大学宿舍频频发生火灾事故，严重影响了教学科研活动的正常进行，同时对师生的人身财产安全造成危害。预防校园火灾，大学生发挥着十分重要的作用，大学生应该掌握消防知识，提高防火技能，为校园的消防安全尽一份力。

一、校园火灾的特点

由于学校的特殊性，校园火灾具有下列显著特点：

（1）人员伤亡大。学校特别是高校是人群高度集中的地方，如教学楼、宿舍、图书馆、食堂等，一旦发生火灾，极易造成群死群伤的严重后果。如2008年11月14日，上海商学院学生宿舍发生火灾，一个宿舍4人死亡。

（2）损失大。学校教学、科研、实验仪器设备多，动植物标本、图书资料多，珍贵的标本、档案往往是经过几十年甚至上百年的积累和保存，因火灾造成的损失，特别是无形资产的损失将无法弥补。

（3）影响大。高校历来是国家、社会和家庭高度关注的地方，一旦发生重大火灾，其影响将无法估量。

二、火灾发生的常见原因

（一）用火不慎，引起火灾

安全无小事，同学们必须养成良好的安全习惯，离寝室就要记得关灯、断电、锁门，在寝室不私拉乱接电线，不使用明火，时刻保持警醒。要从思想上高度重视安全问题，自觉遵守校纪校规；要定期开展消防安全自查，及时消除隐患，对违章用电行为（违规使用大功率电器、明火，人走不关电、不拔掉插座、私拉乱接）进行整改。

（1）点蜡烛。个别学生在熄灯后或偶遇停电时，点蜡烛照明，极易发生火灾。

> **典型案例**
>
> 郭同学，道路与铁道工程专业2021届研三学生。一个周六的傍晚，他独自一人在寝室。突然寝室停电了，原来是电费用完了。因为此时已经不能交费，他便点燃蜡烛照明，并将其放在地面上。晚上8点左右，郭同学临时有事出门一趟，但是他忘了熄灭蜡烛。蜡烛燃烧过程中引燃了旁边的塑料收纳箱，引起了明火。晚10点宿管员巡楼时发现火情，立刻报警扑救。经消防部门及时扑救，火情迅速得到了控制，但此时寝室内已经一片狼藉，火灾烧毁了寝室同学的书籍、衣物、电脑，直接经济损失超过3 000元，所幸的是并未造成人身和重大财产损失。根据《长沙理工大学学生违纪处理条例》第十八条第十九款之规定，"凡因违章用电或违反消防管理规定引起火灾或其他事故，未酿成严重后果者，除赔偿损失外，给予记过以上处分"，郭同学被予以记过处分，并承担了全部的赔偿责任。

（2）点蚊香。点燃的蚊香有700℃左右，而布匹的燃点为200℃，纸张的燃点为130℃，若这类可燃物靠近蚊香，极易被引燃起火。

（3）吸烟。烟头的表面温度为200~300℃，中心温度为700~800℃，一般可燃物的燃点大多低于烟头表面温度，一旦烟头触及低于烟头温度的可燃物，就可能引起火灾。

（4）违规使用炉具。个别同学使用煤油炉、酒精炉，酒精（乙醇）是易燃液体，如果使用不当，极易引起火灾事故。

（5）焚烧私密物品、废物。有的大学生在宿舍内焚烧私密信件等物品，不慎使火星飞到蚊帐、衣物、被褥等可燃物上，极易引发火灾事故。

（6）树林草坪违规用火。如在树林里或草坪上吸烟、野炊、烧荒、玩火都会引发火灾。因树林地下有大量的落叶和枯草，特别是天气干燥时，这些落叶、枯草一遇火种，极易燃烧起来，进而引发火灾。

（二）电气火灾

电气火灾，除少数是设备上的原因，大多数是人为因素造成的。

（1）违规用电。学校建筑物供电线路、供电设备，都是按照实际使用情况设计的，有些同学在宿舍内使用大功率电器，如电炉、电饭煲、电水壶等，使供电线路超负荷运行，造成线路短路起火。

（2）使用电器不当。如用纸张充当灯罩，长时间烘烤；充电器长时间充电，或被衣服覆盖，积热不散；电风扇长期不关，造成转叶过热。诸如此类的情况都易引发火灾。

（3）不关开关或忘关开关。有的同学在使用电器时没有关闭电源就离开宿舍，或突然停电，放下手中的电器，没有拔下电源插头就离开，来电时宿舍又没有人，造成电器长时间工作，引发火灾。

> **典型案例**
>
> 2018年11月14日早晨6点10分，上海某大学商学院602宿舍女生在宿舍内违规使用"热得快"烧水时，正好是学校夜间拉闸时间，突然停电使得她们忘记关闭"热得快"，清晨6时许，学校恢复供电后，这个"热得快"将水烧干后，直接引燃了旁边的一个堆放杂物的下铺。当时因为火势不是很大，该宿舍女生以为用脸盆接水就可以迅速扑灭，于是，两名女生离开宿舍前往卫生间接水，当这两名女生接水返回时，宿舍门怎么也打不开了。6点15分左右，留在宿舍内没有逃出去的四个女生被大火逼到了阳台。随后，火势加剧，四名女生在万般无奈之下选择跳楼逃生，先后从6楼跳下，待120急救人员赶到后，发现4人均已当场死亡，只有其余两名出去接水的女生侥幸得救。

以上案例中的女大学生因消防安全意识淡薄，缺乏逃生意识和技能，在宿舍违章使用"热得快"烧水时，引发火灾，而且对火灾发展速度快、温度高、危害大，认识肤浅，缺乏及时逃生意识，盲目扑救并退守阳台，失去了最佳逃生时机，最后4名女孩失去了自己宝贵的生命。

（4）乱拉乱接电线。现在大学生的电子、电器产品越来越多，宿舍内的电源插座远远不够，私自拉线的情况相当普遍。

（三）违反操作规程

大学生在实验和实训中用火、用电以及取用危险物品时，若违反操作规程或安全管理制度，也会造成火灾的发生。

（四）人为纵火

以实施破坏为目的的放火行为，是一种严重的犯罪行为。

三、校园火灾预防

（一）学生宿舍的火灾预防

"预防为主、防消结合"是与火灾做斗争的两个基本手段。在学校管理工作中，要将火灾预防放在首位，积极贯彻落实各项防火措施，防止火灾发生。同时要加强火灾应急处理方法的宣传教育，使学生在面对火灾险情时能从容应对。根据以往的火灾事故教训，宿舍火灾预防主要应做好以下预防措施：

（1）严格用电管理，加装用电控制设备（电流过大时会自动切断），防止学生在宿舍中使用大功率电器。

（2）要经常检查学生宿舍，防止学生乱拉电线、违规使用电器设备等。

（3）严格危险品管理，特别是燃气设施、酒精、打火机、易燃化妆品等，这些物品储存或使用不当会引起火灾事故。

（4）加强对吸烟的管理。严禁学生在宿舍吸烟，防止因吸烟引起的火灾。

（5）加强对动用明火的管理，特别是节日期间，禁止在宿舍燃放烟花和鞭炮、点蜡烛、烧垃圾等。

（6）加强对学生的管理教育，不使用假冒伪劣及质量不合格电器，让学生学会基本的防火方法。

（7）开展消防培训，组织消防演习。

（二）校园公共场所火灾预防

大学生经常出入的场所，如教室、食堂、图书馆、体育馆、报告厅、俱乐部等，都是人员密度较大的公共场所。这些场所有的是装修可燃材料多，有的是易燃、易爆危险品多，有的是用电量大、高热量设备多，是校园的重点防火场所。一旦发生火灾极易造成人员伤亡，特别是群死、群伤的重大事故。因此，同学们在校园内公共场所的消防安全上应注意以下几个方面：

（1）严格遵守公共场所的消防管理规定，自觉维护公共场所的秩序。

（2）切勿携带易燃、易爆危险品进入公共场所和乘坐公共交通工具。

（3）在公共场所不吸烟，不随手丢弃烟头、火种，不使用明火照明。

（4）爱护消防设备和器材，不损坏、不挪用、不圈占和埋压。

（5）不随便触弄公共场所的各类开关和电气设备，更不能触摸电线，以免触电或引起线路短路，发生火灾。

（6）要保证安全通道、楼梯和出入口的畅通。

（三）实验室、实训室的火灾预防

实验室和实训室是学校各种精密仪器、设备和化学危险品集中的场所，数量多、价格高，一旦发生火灾，损失大、伤亡大，影响教学和科研的正常开展，其损失是无法用时间和金钱弥补的。因此，加强实验室、实训室的安全防火至关重要。

进入实验室必须做到以下几点：

（1）熟悉实验、实训内容，掌握实验、实训步骤，严格按规程操作，防止因不规范操作造成火灾事故。

（2）服从老师的指导，严守实验室、实训室纪律，禁止玩耍打闹，不做与实验、实训无关的事。

（3）严格遵守实验、实训室用电制度，特别注意电热器具的正确使用和保管，正在使用的电热器具不准接近可燃物，用后要及时断电。

（4）掌握实验、实训室内化学物品的特性，严禁将化学性质相抵触的物品混装，剩余药品必须按规定处理，严禁带走或倒入下水道。

（5）实验、实训前后，都要认真检查电源、管线、火源、辅助仪器设备等情况，完毕后要关闭电源、火源、气源和水源。

第二节 掌握消防常识

一、火灾的基本常识

火灾是指在时间或空间上失去控制的燃烧所造成的灾害。火给人类带来了文明进步、光明和温暖。但是，失去控制的火，会给人类造成灾难。人们在用火的同时，不断总结火灾发生的规律，尽可能地减少火灾对人类造成的危害。对于火灾，在我国古代，人们就总结出"防为上、救次之、戒为下"的经验。随着社会的不断发展，导致发生火灾的危险性也在增多，火灾的危害性也越来越大。据联合国世界火灾统计中心（WFSC）统计，近年来在全球范围内，每年发生的火灾有 600 万~700 万起，每年有 6.5 万~7.5 万人死于火灾，每年的火灾经济损失可达整个社会生产总值（GDP）的 0.2%。仅美国每年发生火灾就有 7 000 起，平均每天 20 起。据统计，我国 20 世纪 70 年代火灾年平均损失不到 2.5 亿元；20 世纪 80 年代火灾年平均损失不到 3.2 亿元；20 世纪 90 年代，特别是 1993 年以来，火灾造成的直接财产损失上升到年均十几亿元，年均死亡 2 000 人。实践证明，随着社会和经济的发展，消防工作的重要性越来越突出。"预防火灾和减少火灾的危害"是对消防立法意义的总体概括，它包括了两层含义：一是做好预防火灾的各项工作，防止发生火灾；二是火灾绝对不发生是不可能的，而一旦发生火灾，就应当及时、有效地进行扑救，减少火灾的危害。

（一）火灾的成因

在火灾的成因中，人是最主要的因素，火灾的发生与人的心理和行为有着密切的关系，有什么样的心理与行为就有什么样的防范火灾的态度。若思想上重视、行为上落实，就能控制火灾发生；反之，如果思想麻痹、疏忽管理就容易发生火灾。火灾事故发生的原因总的来讲有：人为纵火、电气设备老化、违章操作、玩火、用火不慎、吸烟不慎、自燃、雷击、静电以及其他因素如地震、风灾等。

（二）火灾的蔓延

1. 室内火灾的发展过程

火灾的发展，一般都要经过一个火势由小到大、由弱到强、逐步发展的过程。建筑火灾最初是发生在建筑物内的某个房间或局部区域，然后由此蔓延到相邻房间或区域，以至整个楼层，最后蔓延到整个建筑。房间内局部燃烧向全室性燃烧过渡的现象通常称为轰燃，是室内火灾最显著的特征之一，它标志着火灾全面发展阶段的开始。对于安全疏散而言，人若在轰燃之前还没从室内逃出，则很难幸存。

2. 建筑物内火灾蔓延的途径

火灾蔓延的途径有水平方向的蔓延和通过竖井蔓延两种。火灾蔓延的方式主要是通过内墙门、隔墙、楼板、外墙窗口洞孔进行火焰蔓延、热传导、热对流及热辐射。

（三）火灾发展阶段

火灾的发生形成有一个物理过程，一般分为以下几个阶段：

（1）初起阶段。可燃物起火后在短时间内，燃烧面积不大，烟气流动速度不快，火焰辐射能力不强，周围的物品和结构开始受热。此阶段用较少的人力和简单的灭火器就能将火势控制或扑灭。

（2）发展阶段。由于燃烧强度增大，温度进一步上升，周围可燃物和结构受热并开始分解，气体对流加强，燃烧速度加快，燃烧面积迅速扩大。在这个阶段需要投入较大的消防力量才能将火扑灭。

（3）猛烈阶段。由于燃烧面积的迅速扩大，大量的热被释放出来，温度急剧上升，使周围可燃物和结构几乎全部卷入燃烧，火势达到最猛烈程度。这时，燃烧强度最大，热辐射最强，温度和烟气对流达到最大限度，可燃物将被烧尽，不燃材料和结构的机械强度遭到破坏，建筑物变形或发生倒塌，大火突破建筑物外壳向周围蔓延。此阶段火灾最难扑救，不仅需要投入大量的消防力量和器材，还要有相当的力量来保护周围的建筑物。

（4）下降和熄灭阶段。火场的火势被控制以后可燃材料已大部分燃烧殆尽，加上灭火剂的作用，火势逐渐减弱直到熄灭。

由此可见，火灾的初起阶段易于控制和扑灭，所以要千方百计抓住这个有利时机，扑灭初起火灾。日常生活当中，凭我们个人或少数人的力量和简单的灭火工具，只能扑救初起火灾。

（四）火灾的分类

火灾根据可燃物的类型和燃烧的特性，分为A、B、C、D、E、F 6类。

A类火灾：指固体物质火灾。这种物质通常具有有机物质性质，一般在燃烧时能产生灼热的余烬，如木材、煤、棉、毛、麻、纸张等火灾。

B类火灾：指液体或可熔化的固体物质火灾，如汽油、煤油、柴油、甲醇、乙醇、沥青、石蜡等火灾。

C类火灾：指气体火灾，煤气、天然气、甲烷、乙烷、丙烷、氢气等火灾。

D类火灾：指金属火灾，如钾、钠、镁、铝镁合金等火灾。

E类火灾：带电火灾，物体带电燃烧的火灾。

F类火灾：烹饪器具内的烹饪物火灾。

二、常见灭火器的种类

灭火器是一种可以人为移动的轻便灭火器具，其种类繁多，适用范围也有所不同，只有正确选择灭火器的类型，才能有效地扑救不同类型的火灾，达到预期的效果。

（一）灭火器种类

（1）按其移动方式分为手提式和推车式。

（2）按驱动灭火剂的动力来源可分为：储气瓶式、储压式、化学反应式。

（3）按所充装灭火剂可分为：泡沫、干粉、卤代烷、二氧化碳、酸碱、清水等。

（二）常用灭火器

常见的手提式灭火器有干粉灭火器、二氧化碳灭火器、泡沫灭火器。

1. 干粉灭火器

常见的干粉灭火器有两种：一是 BC 干粉灭火器，二是 ABC 干粉灭火器。BC 干粉灭火器充装的灭火剂是碳酸氢钠干粉，ABC 干粉灭火器充装的灭火剂是磷酸铵盐干粉。

（1）灭火的原理：干粉灭火剂主要通过在加压气体作用下，喷出的粉雾与火焰接触、混合时发生的物理、化学作用灭火。一是产生化学抑制和副催化作用，使燃烧链反应中止而灭火；二是干粉的粉末落在可燃烧物表面，发生化学反应，形成覆盖层隔绝氧气达到窒息灭火。

（2）使用方法：干粉灭火器最常用的是压把式（俗称：鸭嘴式）。使用前上下晃动几下，使筒内的干粉松动，然后拔去保险销，将喷嘴对准火焰压下压把，灭火剂便会喷出灭火。

2. 二氧化碳灭火器

二氧化碳灭火器的灭火剂是液态的二氧化碳，主要依靠窒息和冷却作用灭火。

（1）灭火原理：二氧化碳具有较高的密度，约为空气的 1.5 倍。在常压下，液态二氧化碳喷出会立即汽化。一般 1 000 克的液态二氧化碳可产生 0.5 立方米的气体，灭火时二氧化碳气体可以包围在燃烧物表面或分布于较密闭的空间中，从而降低燃烧物周围或防护空间内的氧浓度，产生窒息作用而灭火。另外，二氧化碳由液体迅速汽化吸收周围热量，起到冷却的作用。

（2）使用方法：二氧化碳灭火器常用的有两种，分别是手轮式启闭阀和压把式启闭阀。手轮式使用时一手握住喷筒把手，另一只手撕掉铅封，将手轮逆时针方向旋转，打开开关，二氧化碳灭火剂即会喷出；压把式使用时，拔出保险销，一只手握住喷筒手柄，另一只手紧握启闭阀的压把，灭火剂即会喷出。

（3）二氧化碳灭火器使用时应注意：一是不能直接用手抓住喇叭筒外壁和金属连接管，防止手被冻伤；二是在室内窄小空间使用时，灭火后应迅速离开，以防窒息。

3. 泡沫灭火器

泡沫灭火器分为化学泡沫灭火器和空气泡沫灭火器两种，这里主要介绍化学泡沫灭火器。

（1）使用原理：泡沫灭火器内有两个容器，分别盛装硫酸铝和碳酸氢钠两种溶液，另外灭火器内还加入了一些发泡剂。此类灭火器主要是通过筒内酸性溶液与碱性溶液混合发生化学反应，将生成的泡沫压出喷嘴进行灭火。

（2）使用方法：当灭火器使用时，将灭火器倒立，泡沫即从灭火器中喷出，覆盖在燃烧物上，使燃烧物与空气隔离，并降低温度，达到灭火目的。

（三）针对不同类型的火灾，要选择不同种类的灭火器

（1）扑救 A 类火灾（固体物质火灾），应选用水型、泡沫、磷酸铵盐干粉等灭火器。

（2）扑救 B 类火灾（液体火灾和可熔化的固体火灾），应选择干粉、泡沫、二氧化碳灭火器。

（3）扑救 C 类火灾（气体火灾），应选用干粉、二氧化碳灭火器。

（4）扑救 D 类火灾（金属火灾），千万不能用水施救，否则将发生更大的爆炸性灾难。如果一旦发生此类火灾应采用专业的 D 类灭火剂、D 类灭火器进行有效扑灭，没有储备该类灭火器设备则可以采用沙土将其隔离，覆盖让其自行燃烧殆尽以防止灾害进一步扩大。

（5）扑救 E 类火灾（带电火灾），应选择二氧化碳、干粉灭火器。

（6）扑救 F 类火灾，应选择干粉、泡沫灭火器。

三、灭火的基本方法

燃烧必须同时具备 3 个条件，即可燃物、助燃物和着火源。只要能去掉一个条件或使其不发生相互作用，就不会产生燃烧。根据这个基本原理，人们在灭火器实践中总结出以下几种基本方法，我们只要掌握了这些基本方法，就可以按照客观实际情况，创造出多种多样具体、有效的灭火方法。

（1）冷却法。这是根据可燃物质发生燃烧时必须达到一定的温度这个条件，将灭火剂直接喷洒（撒）在燃烧的物体上，使可燃物的温度降低到燃点以下，从而使燃烧停止。冷却法是灭火的主要方法，常用的灭火剂是水和二氧化碳。

（2）隔离法。这是根据发生燃烧必须具备可燃物这个条件，将着火的地方或物体与其周围的可燃物隔离或移开，燃烧就会因为缺少可燃物而停止。如关闭电源开关，关闭易燃气体、液体阀门，拆除与着火物相毗邻的易燃建筑物等。

（3）窒息法。这是根据燃烧需要足够的空气（氧气）这个条件，阻止空气流入燃烧区域或用不燃烧的物质冲淡空气，使燃烧物得不到足够的氧气而熄灭。这种方法适用于扑灭较封闭的场所发生的火灾。

（4）抑制法。这种方法是使用化学灭火剂参与燃烧的连锁反应，使燃烧过程中产生的活性游离基消失，形成稳定分子，从而使燃烧反应停止。

以上方法在运用中，可根据实际情况，采用一种或各种方法并用，达到迅速灭火的目的。

第三节　自救与逃生

一场火灾降临，能否成为幸存者，固然与火势的大小、起火时间、楼层高度和建筑物

内有无报警、排烟、灭火设施等因素有关，然而主要还是与被困者的自救能力以及是否懂得逃生的步骤和方法等因素有着密切关系。在实施自救行动之前，一定要强制自己保持头脑冷静，根据周围和各种自然条件，选择自救方式。

> **典型案例**
>
> 　　2008年9月20日23时许，深圳市龙岗区龙岗街道龙东社区舞王俱乐部发生一起特大火灾，经龙岗区消防部门全力扑救，火灾很快被扑灭，事故共造成43人死亡，87人受伤，其中51人需住院治疗。当第一批消防队员赶到歌舞厅时，发现有的人坐在沙发上，有的趴在地上，毫发未损，以为他们没事，走近一看，却已经死亡。
>
> 　　据深圳市公安局龙岗分局消防大队的副大队长白兴荣分析，俱乐部屋顶的装修材料聚氨酯隔音棉燃烧产生毒气，死者因吸入过量有害毒烟气窒息而死。在这面积不大的地方，倒下40余人，还有的人在四处寻找出路时死在过道上，真是惨不忍睹。

事故发生后，消防专家分析，舞王俱乐部火灾之所以会在短时间内造成大量人员伤亡，主要有5个方面的原因：

一是场内人员高度聚集。700多平方米的大厅，设92个小方桌，14个卡座，大厅内聚集了近500人。

二是火势发展迅猛超出想象。演员使用道具枪15秒后发现起火，30秒后火势迅猛蔓延，浓烟迅速笼罩整个大厅，1分钟后全场断电。

三是烟雾浓、毒性大。该场所采用了大量吸音海绵装修，海绵属于聚氨酯合成材料，燃点低、发烟大、燃烧产物毒性强。海绵燃烧后生成大量的二氧化碳、一氧化碳、甲醛等烟雾，给火场被困人员造成了致命的灾难。消防专家称，当空气中的氰化氢浓度达到2.7‰时，足以让人立即死亡；当空气中的一氧化碳浓度达到1%时可以让人在一分钟内死亡。

四是组织疏散混乱。火灾发生后，在很短的时间内现场即陷入一片漆黑。人群极度恐慌，又缺乏有组织的人员疏散引导，加上吧台桌椅设置密集，几百名顾客同时涌向主出入口正门，造成了严重的拥挤和踩踏。

五是消费人员缺乏自救逃生知识。据了解，许多顾客发现冒烟之后，仍在观望，没有立即撤离场所。当场内浓烟弥漫后，也没有采取湿布捂住口鼻等自救措施。同时，由于不熟悉消防通道位置，许多顾客只知道走正门，仅有少数人从消防安全出口逃生。

在这次事故中，舞王俱乐部工作人员由于熟悉逃生通道位置，100多名员工无一死亡。有幸存者使用啤酒淋湿衣衫捂鼻最终获救；有幸存者跑进厕所，紧闭厕所门，堵住了浓烟侵入，最终获救；有幸存者迅速躲进一间包房，并拽掉墙上的空调管子，通过孔洞使室外新鲜空气进入得以幸存；另有几十个人打破窗户呼叫救援，最终通过消防云梯和救生绳获救，可见火场逃生技巧的重要性。

一、火灾报警

报告火警就是人们在发现起火时，向公安消防队或本单位领导、群众及附近的专职消防队、义务消防队发出火灾信息的一种行为。一般来说，发现火灾以后，首先应考虑到迅速准确地报警，"报警早、损失少"是人们长期同火灾做斗争中得出的一条宝贵经验。只有早报警，才能在较短的时间内调集较强的灭火力量到达火场，及时控制火势蔓延和扑灭火灾，并为遇难人员赢得安全疏散的时间，从而避免和减少重大火灾事故的发生。

（一）火灾报警的对象

发生火灾，同学们首先可能想到的是拨打119向消防队报警，这种做法是十分正确的，其实同学们报警的对象还有很多，例如：向周围人员报警，召集他们前来参加扑救；向本单位专职、义务消防队报警；向公安消防队报警；向本单位的人员发出警报，做好疏散准备等。

（二）火灾报警的方法及要求

（1）发现火警立即直接拨打119，通过总机的电话报警时，应先拨打外线号码再拨119或要求总机接线员迅速转接，并在接通后首先要询问是不是119报警中心，得到肯定回答后，立刻报警。

（2）为使消防队员迅速准确地到达火场扑救火灾，报警时一定要沉着冷静、耐心地回答119报警台的提问，并简练准确地讲清起火单位的全称、详细地址、燃烧物质的性质、有无受困人员、有无爆炸和毒气泄漏、火势情况、报警人的姓名及联系电话、火场周围的明显标志和主要参照物等。

（3）报警后，要派人员到主要路口迎候消防车到达火场，并主动向消防队介绍火场情况及水源位置。

（4）向火场及周围人群报警时，要选择好报警方式和范围，能让人们立即明白是发生了火灾，并尽量使其明白是什么地方和什么东西着火，是前来灭火还是紧急疏散，以及起火处和通道方向。尽可能地避免人们因不明情况而惊慌、争相逃生、堵塞通道，造成疏散和灭火受阻，甚至因拥挤导致人员伤亡。

二、组织扑救

（一）组织扑救的原则

一旦发生火灾，采取正确的、有效的灭火方法来控制和扑灭火灾是至关重要的。要注意掌握三个原则：救人第一原则；先控制、后消灭原则；先重点、后一般原则。

（1）就地取材。使用火场附近的灭火器进行灭火，利用初起火灾特点，争取最佳的灭火时间，将火灾消灭在初起阶段。

（2）若有多人参与扑救，应组织分工扑救，可成立灭火组、抢险组、疏散组、警戒组、通信组等分头抢险灭火。

（3）如有老弱病残人员和贵重物资，首先要疏散到安全地带。

（4）听从指挥，不莽撞行事，要特别注意自身的安全。

（二）几种常见火灾的扑救

（1）炒菜油锅着火。可直接盖上锅盖灭火，如没有锅盖，可将蔬菜倒入锅内降低温度灭火，切忌用水浇，以防燃油溅出，引燃其他可燃物，如火势较大，可用干粉灭火器灭火。

（2）家用电器着火。首先，要关闭电源开关，用干粉或二氧化碳灭火器、湿毛毯、湿衣服将火扑灭。电视机着火应从侧面扑救，以防显像管爆裂伤人。

（3）煤气、液化气灶着火。能关闭阀门的要先关闭阀门，然后用浸湿的毛毯、被褥等捂压，还可用干粉、苏打粉用力撒向火焰根部。有干粉灭火器最好。火焰扑灭后要迅速关闭阀门，要注意阀门烫手。

（4）汽油、煤油、酒精等易燃液体着火。切勿用水扑救，可用灭火器、细沙或湿毛毯、被褥等捂盖灭火。

（5）衣物、织物及小件物等着火。可迅速将起火物拿到室外或卫生间较为安全的地方，用水浇灭，不要在家里乱扑乱打，以免火星飞溅引燃其他可燃物。

（6）身上衣物着火。可就地打滚压灭身上的火苗，千万不要胡乱奔跑，可让他人帮助用毛毯、被子或灭火器灭火，但不要用二氧化碳灭火器，防止冻伤。

（7）扑救房间内火灾时，不要急于开启门窗，以防空气对流加大火势。

三、组织疏散

火灾初起时，要马上采取措施疏散在场群众，坚持救人第一原则，如楼宇一侧还没有起火时，要组织在场人员快速有序地撤离火场，起火一侧则注意是否有呼救声音、窗户、阳台、天台等是否有求救信号和求救人员。一旦发现要及时通知消防人员进行抢救，不要乘坐电梯疏散。

有关专家研究曾得出这样的结论：历次火灾中的死亡者，如果掌握了正确的逃生自救方法，至少有一半以上的遇难人员是可以化险为夷的。因此，学习和掌握逃生自救的常识意义重大。

（一）火灾逃生中的几种典型错误行为

1. 原路脱险

大多数人总是习惯沿着进来的出入口和楼道进行逃生，当发现此路被火封死时，才被迫去寻找其他出入口，所以可能已失去最佳逃生时间。

2. 向光朝亮

由于本能、生理、心理的原因，人们总是向着有光、明亮的方向逃生。而在火场中，电源可能被切断或已造成短路、跳闸的情况下，光亮之地正是火魔肆虐之处。

3. 直身乱跑，大声呼喊

当发生大火时，燃烧会产生大量的有毒有害气体和烟雾，直立狂跑或一路大声呼喊，容易造成中毒窒息死亡。

4. 盲目追随

当人们在火场遇到危险时，不能冷静判断，惊慌失措，听到或看到有人跑动时，第一反应就盲目地紧随其后，以致误入险地。

5. 贪恋财物

有人在火场中担心财物被毁，而忙于抢运财物，甚至一次、两次冲入火场，没有掌握好逃生时机而葬身火海。记住：人的生命是最宝贵的。

6. 方向错误

在火场中，很多人是向上逃生的，认为跑到天台容易被救，其实不然。由于烟囱效应，火是向上燃烧的，火在猛烈阶段，其向上燃烧的速度比人向上逃生的速度还快，在你还没有到达屋顶就已超越你或追上你。除非向下的通道已被堵塞，万不得已时，方可就近逃到天台等待救援。

7. 误乘电梯

在高层建筑发生火灾时，由于习惯心理，多数会往电梯里跑，想从电梯逃离火场。由于火场的电气线路随时会被切断，造成电梯停在楼层中间，不易营救。另外，电梯井的"烟囱效应"使烟气大量涌入，易造成中毒窒息等伤亡事故。

8. 冒险跳楼

由于人们缺乏逃生自救常识，一旦被火困住，很容易失去理智，盲目采取跳楼等冒险行为。

（二）正确的逃生理念

1. 熟悉环境，牢记出口

当你入住酒店，进商场购物，进入娱乐场所时，务必留心和记住疏散通道、楼梯位置和安全出口，特别明辨自己所处方位，则不会迷失方向，关键时刻就能快速逃离现场。

2. 通道出口，保持畅通

通道、楼梯、安全出口是火灾发生时最重要的逃生之路，任何时候都应保持畅通无阻，切不可堆放杂物或将安全门上锁而自断后路。

3. 保持冷静，迅速撤离

身处火灾现场，要保持冷静的头脑，迅速判断出安全地点和危险地点，并确定逃生方法和路线，尽快撤离险地。

4. 低姿匍匐，掩住口鼻

火灾事故中真正被烧死的人并不多，80%是吸入有毒气体中毒而死。在烟雾弥漫的情况下，采取低姿或者匍匐行进较为科学，并用淋湿的毛巾、衣服等掩住口鼻。如在逃生中大喊大叫，乱跑乱窜会增大烟气和有毒气体的吸入量，对生命安全造成威胁。

5. 不贪财物，不入险地

身处险境，应争分夺秒用最短的时间尽快撤离，不要把宝贵的逃生时间浪费在寻找财物和贵重物品上。已逃离险境的人员，切莫重返危险之地。

6. 利用通道，善用设施

现代建筑都是按规范设计建造的（部分自建房除外），都会有充足的疏散楼梯、通道和安全出口，要根据现场的实际情况选择进入相对安全的楼梯通道，也可利用阳台、窗台、天台屋顶等攀爬到周围的安全地点，也可沿着水管、避雷线等建筑结构中的凸出物滑下脱险（这样的逃生需要有较好的身体素质或经过演练、训练）。

7. 火场被围，借助器材

一般高层、多层公共建筑内部设有高空缓降器或安全绳、软梯、救生梯等，被困人员可以通过这些设施安全逃生。如无器材，可利用周围物品自制绳索逃离火场。

8. 暂时避难，等待救援

在被火围困，无路可逃的情况下，要积极寻找避难场所。公共建筑一般都设有避难室或利用冲凉房、卫生间等暂时避难，并主动与外界联系，以便尽早获救。

9. 信号显著，寻求救助

被困人员应尽量躲避在阳台、窗口等易被发现和求助并能避免烟火威胁的地方。可用电话报警求助，如无电话，白天可向窗外晃动色彩明显的衣物或投掷软质物品，晚上可用手电筒或有光亮的物品在窗口闪动，也可敲击金属物品，引起救援者的注意。

10. 万不得已，跳楼求生

跳楼是被困人员在万不得已的情况下，也就是不跳必死才采取的逃生方法。用此方法要尽可能采取一些救护措施，如有消防人员准备好的救生气垫，或将床垫沙发垫抛在选择好的着地点做缓冲物，并使身体尽量降低与地面的垂直距离，做好准备以后再跳。

11. 逃生预演，临危不乱

对自己工作、学习或居住所在的建筑物结构及疏散通道、出口要做到了如指掌。可集中组织应急逃生预演，一旦发生火灾则能遇惊不险，顺利逃生。

（三）火场逃生的注意事项

（1）不能因为惊慌失措而忘记报警，大家都知道"早报警、损失少"的道理，报警晚，后果不堪设想。

（2）争分夺秒扑灭初起火灾。可利用周围的灭火设备，抓紧有利时机，趁火灾还没有发展起来，及时控制和扑灭，把损失降至最低。

（3）建筑物起火后，切莫进入电梯逃生，火场电梯的供电系统随时会断电使乘梯人员困在其中，由于电梯井的烟囱效应，有毒烟气和高温直接威胁被困人员的生命。

（4）逃生时，每过一道门窗，要随手关闭，防止产生空气对流，使烟火沿行走路线蔓延。

（5）逃生时为防止吸入烟气中毒，穿过烟火区域时，应佩戴防毒面具，用淋湿的被褥、毯子裹身，如无防毒面具，可用毛巾捂鼻，降低身姿，快速冲出险区。

（6）逆风撤离。应根据火灾发生时的风向来确定逃生方向，迅速逃到火场的上风处躲避火焰和烟气，同时也能获得更多的逃生时间。

（7）如果是宾馆、饭店发生火灾，应注意听广播通知，广播会报告着火的楼层、部位，以及安全疏散的路线、方法等。

（8）疏散要有序。遇到不顾他人死活的行为和无序拥挤现象，要坚决制止，只有有序地快速疏散，才能最大限度地减少伤亡。

第七章 心理安全

大学生群体处在身心发展关键期,在认识自我、学业发展、职业规划、情感生活等方面有着很强的发展需求,面对复杂环境变化、社会竞争加剧、快速生活节奏、文化多元冲突等,往往容易承受较大压力,常常感到孤独、迷茫、焦虑或者抑郁等,出现心理失调的情况,甚至患上心理疾病。关注大学生心理安全,积极开展心理安全教育,形成和建立心理危机预防体系和干预机制,能有效弥补当前高校心理安全教育的不足,帮助大学生提升心理安全意识、提高心理健康水平,促进学业、能力、个性品质等全方位健康发展,增强大学生活的幸福感。

第一节 大学生心理健康

一、正确认识心理健康

心理健康是一个人能够正常生活、实现自我发展的重要基础。世界卫生组织在定义"健康"这个概念时明确指出,健康乃是一种在生理上、心理上和社会适应上的完满状态。心理健康是相对于生理健康而言的,它是个体保持的一种良好的心理效能状态,在与不断变化的外界环境相互作用中,个体能正确认识自我,正确应对环境,不断调整自己的心理结构,从而达到与环境的平衡和协调。在这种状态下,个体能充分发挥其身心潜能。

正确认识心理健康,应注意以下几个方面的问题:

1. 相对性

个体心理状态健康与否不是一成不变的,健康与不健康之间也无明显界限,而是一个连续变化的过程。如果将心理正常比作白色,将心理异常比作黑色,那么在白色与黑色之间存在着一个巨大的缓冲区域——灰色区,大多数人都散落在这一区域内。个体在一生发展过程中,会面临许多问题的考验,也会经历许多失败和挫折,因此,心理状态也会随之变化。我们需要记住的一点是,心理不健康并不等于心理异常,对于大多数人来说,经过自己的积极调整,可以达到新的心理健康和平衡状态。人的心理状态分类见表7-1。

表 7-1　人的心理状态分类

心理正常		心理异常
心理健康	心理不健康	变态人格、确诊神经症、各类精神障碍等
	一般心理问题、严重心理问题、神经症性心理问题	

2. 整体协调性

把握心理健康的标准，应以心理活动为本考察其内外关系的整体协调性。从心理过程来看，人的心理过程包括认知、情感和意志这3个方面，健康人的心理活动是一个完整统一的协调体，这种整体协调保证了个体在反映客观世界过程中的高度准确性和有效性。当它们不能符合规律地进行协调运作时，就可能产生一系列的心理困扰或问题。从个性角度看，每个人都有自己长期形成的较为稳定的个性心理，在没有明显的、剧烈的外部因素影响的情况下，个性是不会轻易发生重大改变的，如果一个人在无明显原因的情况下性格大变，则说明其心理健康状况可能出现了问题。从个体与群体的关系看，每个人在其现实性上属于不同的群体，不同群体间的心理健康标准是有差异的。

3. 发展性

个体心理健康状态是一个动态平衡的过程，在某一成长阶段因各种各样因素导致的心理不健康可能会随着发展而重新达到健康状态，同时，我们也可在现有的心理状态基础上，通过不断自我完善，达到更高水平的心理健康。因此，我们只有学会用发展的眼光来看待心理健康，才能更充分地激发自身潜能，实现更高层次的自我发展。

二、大学生心理健康的标准

心理健康并没有一个绝对的标准，在不同时代、个体不同发展阶段、不同社会文化背景下存在一定程度的差异。就大学生群体而言，我们可以从认知水平、情绪情感、意志品质、个性心理、行为恰当等几个方面来理解和认识心理健康。

1. 智力正常

智力，是人的观察力、注意力、记忆力、想象力、思维力、创造力及实践活动能力等的综合，包括在经验中学习、理解的能力，获得和储存知识的能力，迅速而成功地对新环境做出反应的能力，运用推理有效解决问题的能力等。智力正常是个体正常生活最基本的心理条件，也是大学生适应环境变化、胜任学习任务的重要心理基础。目前国内外常用的智力测验有斯坦福-比奈智力量表、韦克斯勒智力量表等。一般来说，大学生群体的智力水平是正常的，我们更关注的是大学生是否充分地发挥了自我效能，即大学生是否有强烈的求知欲，是否乐于学习，智力结构中的各要素是否积极协调地发挥作用。

2. 情绪稳定、合理表达

心理健康的大学生总体心境是积极愉快的，乐观、开朗、热情、自信、充满希望等积极情绪一般多于忧愁、愤怒、悲伤、愤怒等消极情绪。情绪反应的出现是由适当的原因引起的，比如开心大笑、悲伤哭泣等，情绪反应的强度也与引起情绪的原因相符合。一个心理健康的人情绪状态比较稳定，具备较好的情绪控制和调节能力，可以做到合理表达、适度宣泄，与周围环境保持动态平衡。

3. 意志健全

意志指人在完成一种有目的的活动时进行选择、决定与执行的心理过程。意志健全者在行动的自觉性、果断性、顽强性和自制力等方面都表现出较高的水平。意志健全的大学生在各种活动中都有自觉的目的性，能适时做出决定并运用切实有效的方法解决所遇到的问题；在困难和挫折面前，不会出现行动盲目、畏惧困难、顽固执拗，或者意志薄弱、优柔寡断等反应，而是能控制好自己的情绪和言行，合理地进行处理。

4. 人格完善、和谐统一

心理健康的大学生，其人格结构（包括气质、能力、性格和思想、信念、动机、兴趣、人生观等各方面）是协调统一的，能够实现平衡发展。人格作为其整体的精神面貌能够完整、协调、和谐地表现出来。思考问题的方式适当、合理，待人接物能采取恰当灵活的态度，对外界刺激不会有偏颇的情绪和行为反应，能够与社会的步调合拍，也能和集体融为一体。

5. 了解自我，悦纳自我

心理健康的大学生既能了解自己，又能接受自己，有自知之明，即对自己的能力、性格、优点、缺点都能做出比较恰当的、客观的评价，既不盲目自大，也不妄自菲薄，对自己总体而言是比较满意的。自己的生活目标和理想能够切合实际，不会对自己提出苛刻、非分的期望与要求，同时更能坦然地接受自己的不足，并在此基础上努力发展自己的潜能，不断完善。即使对自己无法补救的缺陷，也能安然处之。

6. 人际关系和谐

人际关系是人们通过交往而建立起来的人与人之间心理上的关系，即人与人之间的心理适应。良好而深厚的人际关系，是事业成功、生活幸福的前提。心理健康的大学生，有正确的人际交往态度和有效的人际沟通技能，人际关系协调和谐。具体表现为：乐于与人交往，既有广泛的人际关系圈，又有知心朋友；在交往中能够保持独立而完整的人格，有自知之明，不卑不亢；能客观评价别人和自己，善取人之长补己之短；待人宽厚，乐于助人；交往的积极态度多于消极态度；交往动机端正。

7. 良好适应能力

良好的适应能力是心理健康的重要标志，不能有效处理与周围环境的关系往往是导致心理疾病的原因之一。心理健康的大学生应与现实社会环境保持接触，对社会现实有正确认识，能有效应对环境中的各种困难，能根据环境的特点和自我意识情况努力进行协调，使自己的思想、言行符合社会要求。同时还能积极改造环境，使之适应个体需要。

8. 心理行为符合大学生年龄特征

不同年龄阶段有不同的心理行为表现，当个体处在某个年龄阶段时，应具有与该阶段的年龄、角色相适应的心理行为特征。一般来说，心理健康的大学生具有如下心理行为特征：朝气蓬勃、精力充沛、勤学好问、反应敏捷、乐于探索等。那些过于幼稚、过于老成或者萎靡不振、喜怒无常等都是心理不健康的表现。

据联合国儿童基金会和世界卫生组织2019年11月5日联合发布的数据显示，目前全球12亿10~19岁青少年群体中，约20%存在心理健康问题；10~19岁青少年群体遭受的疾病和伤害中，约16%由心理健康问题引发；在中低收入国家，10~19岁青少年中约15%曾有过自杀念头；在15~19岁的青少年群体中，自杀已经成为第二大死亡原因。当前在我国大学生群体中，出现心理问题的学生比例也呈上升趋势。因心理疾病影响学业、生活，甚至导致休学、退学、自杀的学生数量也在增加。

大学生心理问题综合起来大体可以分成两大类：一类是发展性心理问题，通常因环境适应困难、学业发展受阻、人际交往不顺、恋爱情感受挫、亲子关系不和等问题引起，经过及时、适当的心理调适可以解决，这也是大学生中主要存在的一类心理问题。另一类则是当一般的发展性心理问题没有得到及时解决时，就有可能发展成不同程度的心理障碍，如抑郁症、双相情感障碍、精神分裂症等。如出现此类情况，一定要及时寻求专业帮助和治疗，避免情况进一步恶化。

第二节　常见的大学生不良心理表现

当代大学生自我意识发展尚未完全成熟，常常会因为一些客观因素或者主观认知、情绪、人格等心理因素的偏差而走入心理误区，以致出现各种不良心理，并导致行为失常。下面详细介绍一些大学生不良心理的表现和常用调适方法。

一、大学生不良心理的表现

1. 完美主义

完美主义与一般的严格要求不同，它是指不计后果地追求强加给自己的高标准，并且仅凭目标的完成情况来评价自身价值。完美主义的大学生往往不顾自身实际情况，对自己要求过高，希望自己完美无缺，总是苛求自己，又对自己的行为不满。同时，由于设定的目标过高，又经常会担心自己达不到既定目标，产生害怕、拖延、逃避学习和工作的行为，容易陷入焦虑、不安的情绪当中，甚至导致抑郁症等心理疾病的出现。

2. 盲从心理

有些大学生辨别是非能力不强，不能独立做出正确判断，容易受周围环境的影响，产生盲目从众心理，如果周围存在不良影响时，一些大学生就容易在盲目的情况下，陷入犯罪泥潭。

典型案例

上海某大学工业与民用建筑系学生单某、吴某、白某、赵某,到学校附近一家拉面馆就餐。因服务员倒水慢,4人与服务员发生争吵,又与店内服务员发生推搡及轻微殴打。随后4人纠集该校学生彭某等多人回到拉面馆,随意打砸店内门窗、桌椅等物品。当问彭某为什么砸店时,他的回答是:"我也不知道。别人开始砸,我也就跟着砸了。"

以上案例中,彭某的行为是典型的盲从行为。俗话说:"当局者迷,旁观者清。"面对同学的不冷静,彭某非但没有表现出应有的清醒,反而盲目追随,是心智不成熟的表现。

3. 自卑心理

自卑是指由于某些生理、心理或社会诱因引起的一种不良自我意识,表现为对自己能力和品质偏低的评价。自卑心理是部分大学生中存在的一种常见的不良心理,在现实生活中有以下几方面的表现:

(1) 自我评价过低。自我评价是指一个人对自己生活和心理特征的判断。部分大学生不能正确分析自己的能力,产生一种强烈的与丧失信心相关联的沉重的情绪体验,自己轻视自己,不敢参与任何竞争,不肯冒半点风险,即使遇到侵害也逆来顺受,采取逃避行为,过于敏感,处处退缩,自尊心容易受伤害,常把别人无意的言行视为对自己的轻视。

(2) 行为回避。行为回避是指由于自卑而采取回避的方式与别人交往,避免别人看出自己的缺陷和不足。在学习和生活中说话犹豫,瞻前顾后,缩手缩脚,缺乏应有的胆量和气魄。在公共场合拘谨,不善于自我表现,形成了孤独自卑的闭锁性性格,有的人在学习上不积极进取,才华得不到充分的发挥,不参加集体活动,以逃避别人的评价与批评,游离于班级、集体之外,独来独往。

(3) 过度矫饰。有些大学生为了掩饰自己的自卑心理,故意吹嘘和炫耀自己的优点和长处,轻视和贬低其他人,通过贬低他人来抬高自己,显得非常的自大和傲慢,这是属于自卑的特殊表现。

4. 过度自我接受

自我接受是指自己认可、肯定自我的价值,对自己的才能和局限、长处和短处都能客观评价、坦然接受,不会过多地抱怨和谴责自己。一个人对自我的接受是其心理健康的表现。过度自我接受就相当于自我扩张,这样的人经常高估自我,对自己的肯定评价往往过高。一些大学生存在过度自我接受的情况,他们拿放大镜看自己的长处,甚至把自己的缺点也视为长处,拿显微镜看他人的短处,再细微的短处也能找出来。过度自我接受的人容易产生盲目乐观的情绪,自以为是,自我膨胀。另外,过高的自我评价容易滋生骄傲,往往不切实际地对自己提出过高的要求,却因为承担无法完成的任务而导致失败。

5. 自我中心

处于大学阶段的青年大学生强烈关注自我,往往从自我的角度、标准去认知、评价和行动,容易出现自我中心倾向。当这种倾向与个人主义、自私自利等不健康的思想意识和心理特征相结合时,就会表现出过分的、扭曲的自我中心。自我中心的人往往颐指气使、盛气凌人，凡事总认为自己对、别人错，总想把自己的意识强加于人，因而他们不易赢得他人的好感和信任，人际关系大多不和谐，同时也很难与他人进行合作，易遭挫折。

二、大学生不良心理的调适

1. 完美主义的调适

（1）树立正确的认知观念。人不可能十全十美，每个人都有自身的优缺点。人既不会事事行，也不会事事不行；优点和缺点不能随意增加或丢掉，成功和失败也不是自说自定，一个人应该接纳自己并肯定自身价值，既不自以为是，也不妄自菲薄。

（2）树立合理的评价体系。不断地与他人进行比较往往会让自己陷入焦虑和痛苦当中，因此，我们要设定符合自己实际情况的评价标准，以自身为参照，评定自我价值；应该立足自己的长处，接受并尽力改进自己的短处；成功时多反省缺点以再接再厉，失败时多看到优点和成绩，以提高自信和勇气。此外，我们还要看到，所有事情的发展并不是"非黑即白"，自己不是最好的并不代表就是一无是处，黑白之间的灰色地带才是生活的常态，我们要学会接受"不够好"。

（3）制定合理恰当的目标。提出要求、制定目标一定要在充分了解自己的基础上进行，目标要符合自己的实际能力，不苛求自己且不被他人的要求左右。大学生必须明确自己的期望是什么，明确这种期望是出自本身能力和需要，还是为满足他人的期望。只有明确这些，才可能真正认清自己，规划好自己的发展方向，最终实现自我完善。

（4）接纳自己的不完美。人各有所长、所短，每个人都是与众不同的。只有懂得欣赏自己的独特性，才能不断进行自我激励。

2. 盲从心理的调适

盲从心理具有一定的危害性，具有盲从心理的人容易混淆是非，破坏个人判断力，泯灭个体的创造力，甚至极易助长歪风邪气以及诱发集体犯罪等。对于盲从心理，可以采取以下几种方法进行自我调适。

（1）提高认识水平。认识水平的提高取决于学习。大学生要通过学习，树立科学的世界观，掌握正确的方法论，提高明辨是非的能力，使自己能在外界错误的干扰下，始终保持清醒的头脑。

（2）学会独立思考。大学生碰到事情时多想几个为什么、对不对，对经过自己独立思考、比较成熟的见解要敢于坚持，自觉抵制错误思想和言行的诱惑及压力，相信自己能够处理所遇到的各种事情。

3. 自卑心理的调适

自卑心理不仅会使人丧失信心，严重的还可能由自我否定发展为自我厌恶，甚至会走向自我毁灭。要改变这种不良心理，我们可以从以下几方面进行调适：

（1）加深理性认识，正确对待自卑。在对自卑的认识上，有很多的大学生往往过于关注自己，认为只有自己是自卑的，别人都不是自卑的。其实，在大学生身上出现自卑心理是比较普遍的，我们首先需要接受它，并以正确的态度来对待它，不要片面地认为自卑都是可怕的、消极的。

(2) 准确认识自身，客观评价自我。自卑感产生的一个重要认知原因就是对自我认识存在偏差。因此大学生应该增进自我了解，全面地认识自我，并在此基础上正确地、辩证地看待自己，评价自己。大学生不要总是盯着自己的缺点、不足或不如人之处，要寻找自己的优点，肯定自己的成绩，积极地看待自我。要降低自我期望的水平，避免理想自我与现实自我差距过大。

(3) 采取有效方式，建立和谐关系。自卑心理具有敏感性、闭锁性、虚荣性、掩饰性等特点，保持心态平和，建立良好的人际关系，是减轻自卑心理的重要手段。因此，有自卑感的大学生要积极主动地与他人交往，在与人交往过程中，使自己的注意力被别人吸引，心理活动从局限于个人的小圈子里跳出来，正确认识他人的优缺点，并合理看待自己，调整自我评价，学习他人的长处，减少自卑感。

(4) 运用科学方法，利用补偿心理。补偿心理是一种心理适应机制，大学生可以利用这个机制来超越自卑，克服自己生理上的缺陷或者心理上的自卑，而发展自己其他方面的长处、优势超过他人。在补偿心理的作用下，自卑具有使人前进的反弹力。只有积极的心理补偿，才能激励自己达到更高的人生目标。

4. 过度自我接受的调适

要克服过度自我接受，首先，要看到自己的不足，承认自己也需要不断完善；其次，要看到他人的长处，欣赏他人的独特性；最后，多与他人交往，以开放的心态尊重并认真对待来自他人的反馈意见。

5. 自我中心的调适

有自我中心不良心理的大学生，首先要摆正自己的位置，既重视自己也不贬抑他人，自觉地把自己和他人、集体结合起来，走出自我的小天地；其次，要实事求是，恰如其分地评估自己，既不自高自大，也不妄自菲薄；最后，要学会共情，多设身处地地从他人的角度思考问题，尊重他人、关心他人、理解他人感受。

第三节　大学生常见的情绪障碍

情绪障碍是长期内在情绪或外在行为反应显著异常，严重影响生活适应的状况，这种障碍并非因智能、感官或健康等因素直接造成的结果。大学生情绪障碍主要包括以下几种：

1. 焦虑

焦虑是一种由紧张、害怕、担忧、焦急等多种情绪混合交织形成的情绪体验，人们在面临威胁或预料到某种不良后果时，便会产生这种体验。焦虑是人处于应激状态时的正常反应，适当的焦虑可以唤起人的警觉，使之集中注意力并激发斗志，是有利的。但如果焦虑程度过高或无焦虑则是不利的。大学生焦虑主要有自我焦虑和考试焦虑。自我焦虑主要是指大学生对自身发展问题产生的紧张、担心情绪。考试焦虑是指大学生产生的担心考试失败、厌倦考试的心理状态，考试前睡不好觉，一想到考试心里就非常紧张。

想要减少或避免焦虑情绪的困扰，大学生可以从以下两个方面进行自我调节：

（1）调整不合理信念。易产生高焦虑情绪的大学生，常常固守许多不恰当的观念，而且对其深信不疑，结果使自己似负重行路一般疲惫不堪，如认为自己绝不能失败或认为一旦发生了某件事（退学、失恋）生活就全完了等，因此，避免焦虑情绪就要调整绝对化、灾难化等不合理信念。

（2）放松身心。放松身心使人产生安宁、平静的心境，减轻和消除焦虑感。身心放松有多种方式，大学生可以采用动静结合、一张一弛的办法，即把进行适量的体育锻炼和想象法、音乐法等静态调解方式结合起来，既能在运动中释放出紧张的情绪使自己身心舒畅、精神焕发，又能通过想象放松、音乐调节来平静心情、排除杂念，从而达到解除焦虑的目的。

2. 愤怒

愤怒是当客观事物与主观愿望相违背，或愿望一再受阻、无法实现时，产生的激烈情绪反应，其程度可以从不满、生气、愠怒、激愤到暴怒。特别是当人们认为自己所遭受的挫折不公正、不合理，或是他人恶意为之时，最易产生愤怒情绪。

人在愤怒时，意识范围变小，考虑问题偏激，主观化严重，自控能力也随之下降。结果平时许多不起眼的小事都被无限夸大，成为爆发冲突的导火索。有人比喻这种发泄愤怒的方式好像是仙人掌碰人，在刺伤别人的同时，也伤及自己。

常见的一种处理愤怒的方式是抑制，把怒气压在心底，甚至不承认其存在。压抑愤怒的做法虽可避免直接的冲突，但却损害了个人的心理健康，同时也给人际关系带来隐患。习惯性压抑会使人形成冷漠、残酷或退缩的人格特征。压抑也会使人以间接方式发泄不满，如吹毛求疵、找替罪羊（把无关的人作为发泄对象）等。另外，隐藏自己的愤怒也容易使别人产生误解，对你的状态做出不正确的反应。例如，对方以为你并不在乎，于是还可能对你有同样的言行。由此可见，压制愤怒并不是一种合理的调节方法，不利于建立良好稳定的人际关系。

想要应对激动易怒的不良情绪，大学生们可以从以下几方面着手：

（1）缓解怒气，冷静克制。在与人发生矛盾冲突，即将动怒时，要用理智和意志控制冲动的情绪，尽量缓解或避免怒气发作。这时，可以暂时离开使自己动怒的环境，再回来后往往已时过境迁，风平浪静了。对问题可以冷静地商量解决，还可以进行自我暗示。如在情绪激动时心中默念，"要冷静，别发火"，或在桌上贴上"制怒""三思而后行"等字条，以时刻提醒自己。

（2）化解。化解是通过自我反思，减少对一些人或事的愤怒反应。愤怒的发生，常常因为我们认为某些事应该如此，而结果却与自己的想法背道而驰。在人际交往中，人们习惯于事先设定好一个框架，如果对方恰巧符合这个框架，便一切都好，如果对方不符合这个框架，心里便不舒服了。例如，一个男生爱上一位女同学，花了大量时间、精力以及钱物与之交往，经过一段时间女孩突然提出终止关系，于是这位男生就觉得受骗了，认为这女孩无情。如果能够认识到，一段关系的发展不是仅凭自己的意志决定的，那么就能平静地接纳这一事实，将其看成一种人生体验，对这样的事就不会那么容易愤怒了。

（3）合理疏泄。心理卫生学有这样的观点，如果对愤怒等不良情绪一味克制、压抑，不加以疏泄，同样会不利于身心健康。因此大学生要学会通过正确的途径，合理疏导不良情绪。可以采用与人交谈、写信、记日记等方法缓解愤怒情绪，还可以在情绪激动时通过进行激烈的体育活动或者喊叫以宣泄愤怒。但是，无论采取何种形式，都要适度，既不能影响他人，也不能损害自身，更不能危害社会。

（4）有分寸地表达。有分寸地表达愤怒是一种在理智的控制下能取得有益效果的表达方式。有分寸地表达愤怒能使别人了解自己的感受，从而引导别人改变其不恰当的言行，从长远看，这种方式比压抑愤怒更有助于人际关系的正常发展。

3. 压抑

压抑是指情绪和情感被过分克制约束，不能适度表达和宣泄时所产生的内心体验，它混合着不满、苦闷、烦恼、空虚、困惑、寂寞等情绪。长期严重的压抑会诱发疾病。有时，人们知道自己感到压抑的原因，但有时会莫名感到压抑，不知道原因，更不知该如何消除。

大学生有着广泛的兴趣和充沛的精力，他们渴望体验丰富多彩的大学生活，然而现实中的生活却是繁重的课程、激烈的竞争、沉重的考试压力和单调枯燥的业余生活，大学生丰富的文化生活需要得不到满足，会感到压抑。大学生在自身心理、生理和社会发展中的矛盾性特点，是他们产生压抑情绪的重要原因。一方面他们强烈地希望与人交往，得到理解和友谊，体验爱情的甜蜜；另一方面由于自我评价不当、认知错误、缺乏交往能力等原因，使得他们在交往中畏缩不前甚至自闭自锁，感情无处寄托，体验到痛苦、压抑，或者因性欲望、性冲动被社会规范约束而产生压抑感。此外大学生因受不良社会风气和现象影响而产生的困惑、迷惘，以及个性的缺陷，如固执、刻板、退缩、过分敏感等，都易使其产生情绪困扰，若不及时调节、宣泄，长期累积便会形成压抑。

面对压抑的情绪障碍，大学生可以通过以下方法进行调适：

（1）客观分析。如果因为生活单调乏味、缺少变化而感到无聊压抑，那么应该注意培养广泛的兴趣和爱好，积极参加各种活动，如文学艺术活动、体育活动、志愿服务活动等，这样可以充实生活、陶冶情操从而减少压抑感。

（2）适当宣泄。培根说过，如果你把快乐告诉一个朋友，你将得到两份快乐，而如果你把忧愁向一个朋友倾诉，你将被分担一半忧愁。所以当你感到压抑苦闷时，也可以向朋友倾诉，或者通过写日记、书信及体育锻炼等方式来宣泄。

4. 抑郁

抑郁是一种持续时间较长的消极情绪体验。大学生的心理及其社会性的发展还远远不够成熟，在对社会、他人和自我进行评价时，容易片面化、极端化。例如，把生活看成非黑即白、非好即坏，且多看其消极、黑暗面，极易陷入悲观沮丧的抑郁状态中。或者当遭受突发灾害打击后，容易导致抑郁情绪。此外，家庭经济状况差、家庭不和睦、考试的连续失败、失去亲人、失恋、同学感情失和等都是抑郁的诱因。

大学生一旦长期处于抑郁状态，学习工作和生活就会受到极大影响。他们往往会对学习交往和活动失去热情和动力，体验不到生活的热情，学习效率极大减低。由于自我评价偏低，有的大学生常常自怨、自责，认为自己无能无用，愧对父母亲友，对生活失去信心，甚至产生自杀的念头。持久的严重抑郁情绪会导致抑郁性精神病、肿瘤、胃溃疡等多种身心疾病。被抑郁情绪困扰的大学生可从以下三个方面来进行调适：

（1）调整认知。大学生要理性看待生活中的挫折和困难，把它们视为自我磨砺、成长的契机，相信自己会走出困境，到达成功的彼岸。

（2）悦纳自我。有抑郁情绪的大学生，要善于发掘自己的优点，增强自信心和自觉性。对不可改变的事实，如家庭、相貌等应坦然接受，可在其他方面加以补偿。

（3）积极交往。增强交往的主动性，改变孤僻退缩的行为方式。譬如，主动对同学微笑致意，主动找同学交谈，关心与帮助他人，参加多种文体活动，广交朋友，感受友谊的珍贵和生活的美好。

5. 冷漠

冷漠是指人们对外界的刺激漠不关心、冷淡退让的消极情绪体验。大学生正处于感情丰富，兴趣广泛，情感体验深刻、强烈的时期，本该对学习、生活表现出极大的热情，但有些大学生的表现却并非如此。他们对学习应付了事，缺乏兴趣，对成绩高低也不甚在意，对集体和同学态度冷淡，经常独来独往，表现得极为孤僻。冷漠通常在个体不堪承受挫折压力，攻击行为无效或无法实施，又看不到改变境遇的可能时产生，长期反复遭受同一挫折却又无力改变，即长期的努力得不到回报时，个体也会用退让、逃避、冷淡的方式进行自我保护，产生冷漠反应。性格过于内向、固执、心胸狭隘、思维方式片面的大学生更易在挫折打击下产生冷漠反应；另外，家庭环境也是影响大学生情绪与情感发展的主要因素，如从小缺乏父母的关心爱护，与家人关系冷淡疏远，家庭矛盾尖锐、气氛紧张等因素，也易阻碍大学生情绪与情感的正常发展，使之产生冷漠情绪。

大学生一旦长久陷入冷漠状态，其身心将受到极大危害，他们表面冷漠，内心却倍受痛苦、孤独、寂寞和不满、愤怒的煎熬，有强烈的压抑感，由于没有宣泄途径，巨大的心理能量无法释放，心理平衡被破坏，最终导致各种疾病。

大学生要克服冷漠情绪。首先要充分认识到冷漠情绪对身心健康和个人发展的危害，不能听之任之，还要积极分析自己产生冷漠情绪的原因，找出症结所在，并勇敢地面对它，要认识到生活中总会有挫折和不幸，但不能就此失去热情和希望，现在的生活和将来的生活都是属于自己的，要认真负责地对待现在正在做的每一件事，去体验，去感受，克服被动、逃避的不良习惯，积极地投身于各种活动之中，敞开心扉，让积极的情感联结来消解冷漠情绪，发展广泛的兴趣，从中体验到生活的丰富多彩。只要有改变现状的愿望并尽力将之付诸行动，就一定能摆脱冷漠情绪的困扰，重拾热情和爱心。

6. 嫉妒

嫉妒是因为自己的社会尊重需要未得到满足而产生的不良情绪，嫉妒包括焦虑、忧惧、悲哀、失望、愤怒、敌意、憎恨、羡慕、羞耻等不愉快情绪，是一种错综复杂的情绪体验。究其原因，主要由于虚荣心强、自私狭隘、认知偏差等因素所致。嫉妒这一不良情绪在大学生中普遍存在，表现为看到他人的才华、能力、品行、荣誉甚至相貌、衣着等超过自己时，感到愤怒、痛苦、愤愤不平，当别人遭到不幸和灾难时则幸灾乐祸，言语上讥讽嘲笑，行动上冷淡疏远，甚至在背后对他人诋毁中伤、蓄意打击报复。

严重的嫉妒是一种极不健康的心态，能使人的心理扭曲变形，使美好的情感被抹杀。嫉妒还会影响大学生的人际交往，嫉妒心重的大学生将别人的失败作为自己心灵的安慰，唯恐别人在学习和其他方面超过自己，不会也不愿意真正关心他人，真诚地与人交往，由于嫉妒情绪有明显的指向性和发泄性，嫉妒者往往会在背后打击嫉妒对象，从而形成隔阂和敌对，严重危害人际交往。想要减少嫉妒情绪，可以从以下几方面着手调适：

（1）正确认识。嫉妒往往是由于虚荣心过强和自我认知偏差造成的，所以大学生对自己应有一个正确的评价。要明白"尺有所短，寸有所长"的道理，想事事不落人后、样样不逊于人是不可能的。

（2）合理转化。嫉妒别人是一种不服输、不甘落后的好胜心的体现，但如果一味羡慕、嫉妒他人的成就，甚至对他人打击报复，只会害人害己。因此，有嫉妒心理的大学生应该对自己说"他行我也行"，然后努力缩小差距，快速赶上。

（3）充实生活。一般来说，一个生活充实的人是没有工夫去嫉妒别人的，所以大学生应当参加各种有益身心的活动，如体育比赛、文艺演出、集邮、摄影、绘画、旅游、社会实践，要培养广泛的兴趣使生活充满欢乐，在学习和生活中不断丰富知识，发展能力，完善个人，陶冶情操。

典型案例

新生入校之后，被安排在同一间宿舍的小孟和小星，因为兴趣相投很快成为好友。她们平时一起上课、一起吃饭、一起参加各种活动和干部竞选，小星综合素质比较高，在各种活动和竞选中都能脱颖而出，也顺利进入了学生会，而小孟却频频落选。此后，小孟和小星的关系开始发生微妙的变化，小孟说："不知为何，我觉得她和以前不一样了，仗着自己表现优秀，说话做事样样带刺，让我感觉难以接受。"后来终于有一次，两个人因为生活上的小事情，大吵了一架，小孟承认当时自己是借题发挥，趁机释放心中对小星的"羡慕嫉妒恨"，两人争吵得不可开交，甚至还当着班上同学的面，把对方生活中的"小秘密"都抖了出来。结果可想而知，曾经惺惺相惜的两个好友从此交恶。

纵观此案例全过程，友情的破裂源于心理落差引发的嫉妒，当现实与理想存在较大差距时，必然造成攀比，内心会产生严重的不平衡体验以及对他人的反感，造成人际关系紧张，同时由于情绪的自我调节能力弱以及求助意识弱，使得这类不良的嫉妒情绪影响到了正常的学习生活以及人际关系处理。类似情况在当今大学生中并不少见。此外，嫉妒心理产生的根本原因还与个人性格有密切关系。一般来说，低自尊者的嫉妒心往往会更强，高自尊者的嫉妒心一般较弱。

第四节 大学生常见的心理疾病

据有关媒体报道，目前到大医院求治心理疾病的患者中以青少年居多，而且多为高智商人群，其中也不乏名牌高校的大学毕业生，一项对全国12.6万大学生的调查也指出，受访大学生中20.3%有心理问题，有关单位对南京1万多名大学生精神状况进行过调查，结果显示约有25%的人心理有问题，有11.7%的学生患有不同程度的心理问题、障碍或疾病。

一、大学生出现心理问题的原因

心理障碍，是指对自己的心理状态没有良好的自控能力，不能有效地把握自己，从而使自己的心理状态指标超过一定限度，不能较好地适应环境而出现的心理不正常。轻度的心理障碍，我们通常称为心理异常，严重的心理障碍，我们称之为心理疾病。大学生出现心理问题，主要原因有以下几个方面：

1. 人际交往压力

进入大学后，同学们的交际需求有了很大的提升，从内心渴望与他人建立良好的人际关系，但现在的学生都有很强的个性，一些大学生，由于性格上的不合群，而被同学不理解、排斥，久而久之就会产生心理精神压力。而且激烈竞争环境中培养起来的大学生，擅长单打独斗，易于自我封闭，在恐惧失败的心理下，不敢与人交流合作，于是就产生了心理障碍。一些大学生对人际关系过于敏感，有的不知道如何与人沟通，不懂交往的技巧与原则，有的同学有自闭倾向，不愿与人交往，有的同学为交际而交际，不惜牺牲原则，随波逐流。

一项全国性的调查显示，当代大学生呈现出的心理问题增多，而且在重要性次序上发生了变化，人际交往上升到第一位，学习问题排第二，情感在第三位。调查表明，由于学习、就业等各方面的竞争，4成以上的同学感受到了大学生之间实际存在的互为对手、平等竞争的关系，而且相当一部分同学认为，同学之间是互不相干的，甚至是相互提防、暗中拆台的关系。这种在大学生当中普遍存在的人际关系紧张的现状，直接导致了一些大学生出现不同程度的心理问题。

2. 学业压力

大学学习方法的改变、知识结构的改变、管理模式的改变、生活方式的改变等让一些大学生感到压力增大，无所适从。很多学生在高中阶段有明显的学习目标，学习刻苦，但进入大学后，出现了学习目标不明确，学习松懈，变得懒散，甚至不思进取，缺少专业兴趣，学习方法不恰当，学习效率不高等情况。加之课程多，英语、计算机过级，各种证书考试等，因而带来厌学、自卑、自信心下降等心理问题，甚至患上考试焦虑症，引发一系列心理、生理上的问题。

> **典型案例**
>
> 某年盛夏，一个身影突然从北京某大学医学部高楼跳下，结束了自己年轻的生命。悲剧的原因是，这名学生进入大学后，学习压力剧增，让她无法在学业上始终保持像初高中一样的拔尖水平，导致产生了退学的想法，可是诸多原因没能退学成功，之后又受到其他打击，这一系列挫折使她失去了生活的信心，最终导致了这场悲剧的发生。

上大学后，很多同学发现自己在新环境中丢失了原来遥遥领先的优势，从而在心理上产生失落情绪。此时的大学生应正确调整自己的心态，认识到"山外有山，人外有人"本是正常现象，及时进行正确的自我定位，在平时的学习中积极调整好自己的学习心态，相信勤能补拙，久而久之，也就可以使自己慢慢向目标靠近了。

3. 情感压力

如今的大学校园恋爱已成为一道靓丽的风景线，然而在这浪漫爱情的背后却隐藏着分手、失恋、性的困惑等问题，其中失恋问题尤为尖锐。对正处于心理情感发展阶段的大学生来说，失恋是生活给他们的一道非常棘手的难题，面对失恋的考验，往往会引发这样那样的心理问题。

4. 网络依赖

不少大学生，一方面因交际困难，无所事事，而在网络的虚拟世界里，寻找心理满足；另一方面也被网络本身的精彩深深吸引，所以有些大学生对网络的依赖性越来越强，有的甚至恋上网络，每天花大量时间泡在网吧，沉溺于虚拟世界，自我封闭，与现实生活产生隔阂，不愿与人面对面交往。这样时间长了，不仅会影响大学生正常的认知、情感和心理定位，还会使人产生精神依赖性，在日常生活和学习中，举止失常，神情恍惚，胡言乱语，行为怪异。

5. 就业压力

近年来，国内众多大学纷纷扩招，每年的大学新生和毕业生的数量都快速攀升，社会的竞争更是日趋加剧，就业市场不景气，这对大学里众多高年级学生造成很大的精神压力，使他们因焦虑、自卑而失去安全感，许多心理问题也随之产生。

二、大学生常见的心理疾病和调适

大学生的心理疾病主要有焦虑症、抑郁症、强迫症、双相情感障碍、精神分裂症、社交恐惧症等，下面我们分别进行介绍。

1. 焦虑症

> **典型案例**
>
> 19岁的李某自幼学习上进，记忆力较强，深受老师的喜爱，她本人对数学兴趣不浓，但是数学教师很看重她，一次市里举行数学竞赛，数学老师便推荐了她去参加。她

> 认为是一种荣誉不好推辞,压力因之变得很大。考前她一夜没睡,在考场上脑子很乱,原来复习过的内容也想不起来了,急得浑身出汗,最后考试成绩一塌糊涂。从此她就出现了睡眠障碍,因为数学成绩并不很好,因而她在高考填志愿时报了社会科学专业,没想到这个专业也要学习数理统计,她第一学期期末考试数学就不及格,而数学和统计在大一、大二两个学年都要学,这就给她带来了沉重的心理负担,每到期末考试就紧张焦虑,还伴有严重的睡眠障碍。

以上例子中的李某实际是患了焦虑症,焦虑症是以广泛和持续性焦虑或反复发作的惊恐不安为主要特征的神经症性障碍,患病者的焦虑与惊恐情绪表现,并非由实际威胁或危险所引起,或其紧张不安及惊恐程度与现实处境不相称。焦虑症与正常焦虑情绪是不同的:首先,它是无缘无故的,没有明确对象和内容的焦虑、紧张和恐惧;其次,它指向未来、似乎某些威胁即将来临,但是病人自己说不出究竟存在何种威胁或危险;再次,它持续时间很长,如不进行积极有效的治疗,几周、几月甚至数年也难痊愈;最后,焦虑症除了表现出持续性或发作性惊恐状态外,同时伴有多种躯体症状。

因为身心发育尚未完全成熟,却又承担着繁重的学习任务和社会责任,很多大学生都被焦虑问题困扰着。焦虑症患者除了遵医嘱治疗之外,还可以按以下几种方法进行自我调节:

(1) 自我反省。有一种神经性焦虑是由于患者对某些情绪体验或欲望进行压抑,压抑到无意识中去了,但它并没有消失,仍潜伏于无意识中,因此便产生了病症。焦虑症发病时很多人只知道痛苦、焦虑,而不知其原因。因此,在此种情况下,必须进行自我反省,把潜意识中引起痛苦的事情诉说出来,必要时可以发泄,发泄后症状一般可消失。

(2) 肯定自己。当焦虑袭来时,可以反复地告诉自己,没有问题,我可以对付,我和别人一样行的。这样可使你渐渐消除呼吸加快、手心冒汗的本能反应,使你的理性反应逐渐表现出来。

(3) 学会放松。在面临例行的干扰之前暂时放松数秒可以大幅改善焦虑的程度,例如当电话铃响时,先做个深呼吸,再接听。这种在需要时放松数秒钟的习惯,可充当有效的镇静剂,使你控制焦虑,而不是被焦虑掌控。

(4) 转移注意力。如果眼前的学习让你心烦、紧张,你可以暂时转移注意力,把视线转向窗外让眼睛及身体其他部位适当地放松,从而暂时缓解眼前的压力。还可以起身走动,暂时避开紧张的学习气氛。

2. 抑郁症

抑郁症是一种以显著而持久的心境低落为主要特征的综合征,可以从闷闷不乐到悲痛欲绝,甚至木僵。抑郁症常表现为兴趣丧失、无愉快感;精力明显减退或充满疲乏感;精神运动性迟钝或激越;自我评价过低,自责或内疚;联想困难,或自觉思考能力下降;反复出现想死的念头,或自杀、自伤的行为;睡眠障碍,如失眠、早醒,或睡眠过多;食欲不振或体重下降;性欲减退。

部分大学生因个性特点、家庭环境、成长经历等原因,不善于应对挫折和压力,或者找不到生活的目标和动力，容易出现悲伤、失望、无助等负面情绪，这些情绪若长期积累，得不到处理，将有可能发展为抑郁症。

大学生抑郁症的特点是：情绪低落，遇事缺乏信心，无精打采，对学习、对生活兴趣索然；不愿与人交流思想，谈及前途时心情黯淡，对生活没有信心，甚至无端流泪，思维抑制、反应迟钝；行为被动，自我封闭，凡事缺乏主动性，不愿参加集体活动，个人卫生懒于料理；有沉默和独处倾向，不合群，对荣誉不主动争取；面临突发冲突时，行为极端。

患了抑郁症之后，大学生要接受正规医院专业治疗，在逐步好转的过程中可采取以下方式进行自我调节：

（1）体育锻炼。通过体育锻炼，使人产生轻松和自己做主的感觉，这有利于抑郁症患者克服其孤独感，但锻炼必须有一定强度、持续时间和频率，这样才能达到预期效果。跑步、跳绳、健身舞等运动，每周至少应做三次，每次持续时间 15 到 20 分钟。散步也可达到同跑步一样的效果，专家们建议患者每天步行 1 500 米，并力争在 15 分钟内走完，以后逐渐加大距离直到 45 分钟走完 4 500 米。抑郁症患者在开始体育疗法前必须征询医生意见，获得同意后方可进行。

（2）营养疗法。食物中所含的维生素和氨基酸对人的精神健康有重要的影响。抑郁症患者应多吃维生素 B 含量丰富的食物，如粗粮、鱼等。

（3）交际疗法。研究表明，善于与人结交者比喜欢独来独往者在精神状态上要好得多。人际交往是抑郁症患者自我痊愈的重要因素。与他人保持愉快的交往，能使自己获益良多，不自觉地在交往中学习如何有效地表达自己的需要和感情，渐渐感到能够控制自己的生活，这种感觉不但可以避免抑郁情绪的产生，还可预防抑郁症的复发。

（4）精神疗法。精神疗法主要包括明白、回答和行动三个方面。明白就是要承认自己精神上忧郁，注意自己的情绪变化、言行举止有无异常，观察自己感觉思维的差别和身体反应等。回答就是每当产生一个错误时，先写下自己的错误想法，再写下一个较为实际的选择答案。写完后要询问自己："这会是真的吗？"然后再问自己："从另一个方面该怎么看呢？"行动就是，如果你感到不被人注意，那就换一种新方式；如果你做工作时不能感到得心应手，则应修一门课程来提高自己的技术水平。

3. 强迫症

典型案例

小蔡是某高校的大二女生，人很文静，生活有条不紊，学习认真，待人真诚。9 月的一天，系里组织清洁卫生劳动，她在劳动中手无意碰到一条黑乎乎的毛毛虫，吓得大声尖叫，跑得老远，满脸涨红，很久平静不下来。从那以后，小蔡每天洗手几十次，拼命地擦洗碰过毛虫的那只手，即使擦掉了皮，洗出了血也不在乎，别人怎么劝说都不行。她说自己也知道这样搓洗毫无意义，但不洗总觉得不放心，似乎还抓着毛毛虫一样，浑身起鸡皮疙瘩。

以上案例中，小蔡的行为是强迫行为。强迫症是指以反复出现强迫观念或强迫行为为基本特征的一类神经症性障碍。强迫观念表现为某些思想、表象和意向以刻板的形式不由自主地出现在患者的意识中，患者明知没有必要，既多余又无现实意义，很想摆脱却无能为力，因而感到痛苦。强迫行为是指重复出现的刻板单调的动作或行为，患者明知不合理，但不得不做，无力摆脱。患者病前的人格多有一定的偏移，主要特征是：过分追求完美，容易将冲突理智化；过分内省自制，过分注重细枝末节，不能从宏观上操纵全局；过分循规蹈矩、墨守成规、不知变通；遇事优柔寡断、无所适从，难以做出决定；缺乏幽默感；思虑过多，喜欢钻牛角尖。一般来说，强迫症的形成与患者的成长环境和幼年教育方式关联很大。

一高校在对学生进行心理健康普查中发现，大学生强迫症正呈上升趋势，"3 000多名学生中可筛查出近200人有强迫症或强迫症倾向"。

强迫症治疗的关键在于患者能否勇敢理智地面对它。大学生一旦确诊为强迫症，需接受正规治疗，同时可通过以下步骤进行自我调节：

（1）确定自己的恐惧线索。一般来说，恐惧的线索有外在的和内在的两个方面。多数强迫症患者恐惧其周围环境中的某个事物，如某物体、人或者情境，这就是外在的恐惧线索。一些让人感觉羞耻或者厌恶的内在想象、冲动或者是一些抽象的想法，也能引起人的焦虑和痛苦，这一类就是内在的恐惧线索。外在线索和内在线索并不一定同时存在于一个人身上，有些人只有外在线索，有些人只有内在线索。

（2）确定自己的回避行为。强迫症患者为了降低自己的痛苦和焦虑，对于可能引发自己恐惧的情境或事物往往采取回避行为。大学生一旦患上强迫症，要找到自己的所有回避行为。

（3）确定自己的仪式行为。仪式行为是为了减轻由强迫思维带来的焦虑和痛苦而采取的一种仪式性行为，如反复洗手、洗澡或检查等。

（4）阻止回避行为。在通常情况下，处于恐惧的情境中，患者会感到焦虑和痛苦从而做出极力回避这种情境的行为。这时，必须靠患者的意志力或他人的帮助来阻止回避行为的发生，只要处于恐惧情境中的时间足够长，这种焦虑和痛苦就会缓解，经过反复大量的脱敏并阻止回避行为的发生，对这类情境就会渐渐不再恐惧，从而建立起正常的行为模式。

（5）严格控制仪式行为的发生。强迫思维让人产生痛苦，仪式行为则能减少这种痛苦。这一步骤的目的是打破这种仪式行为与缓解痛苦之间的错误连接，使患者体验到并相信不实施这种仪式行为，痛苦和焦虑也能得到缓解。

（6）避免新的仪式行为的产生。由于阻止仪式行为会出现焦虑和痛苦，所以很多时候患者会不由自主出现新的仪式行为。例如，控制住了自己不去反复洗手，却会不知不觉地靠反复搓手来缓解焦虑和痛苦。因而，要及时发现这些新的仪式行为并阻止。

4. 社交恐惧症

社交恐惧症以过分和不合理地惧怕外界某种客观事物或情境为主要表现，患者明知这种恐惧反应是过分的或不合理的，但仍反复出现，难以控制。社交恐惧症可分为两大类：

一类称为"一般社交恐惧症",即无论处在何种社交场合,都害怕被人注意,害怕被介绍给陌生人,甚至害怕和人发生目光接触;另一类是"特殊社交恐惧症",即对某些特殊的情境或场合恐惧,如害怕当众发言等。社交恐惧的人,既渴望得到别人的关注和认可,而又害怕别人关注自己,看到自己的缺点和不足,害怕别人会看不起自己,因此形成了思想矛盾和心理冲突。程度严重的还会出现一定程度的幻听和幻视,仿佛听到或看到有人在议论自己、看不起自己、嘲笑自己,而深感痛苦,出现自责、自罪心理。

社交恐惧症的危害很大,会降低学习和工作效率,降低机体免疫力,严重者不能正常生活和工作。如需克服社交恐惧情绪,可尝试以下方法进行自我调适:

(1) 接纳自己。不否定自己,并提醒自己"我就是我,不需要非得和别人一样"。不苛求自己,能做到什么地步就做到什么地步,只要尽力了,即使结果不如意也没关系。

不回忆不愉快的过去,过去的就让它过去,没有什么比当下更重要的事情了。接纳自我,可以从停止对自己的挑剔、批判、责难做起,不再苛求自己,不再急于从负面情绪中逃开。真实面对后,常常发现其实没有之前想得那么可怕。

(2) 认知重建。别总是假想人们会对你评头论足,大部分人主要关心他们自己和他们周围的事物,他们没时间拿你的行为消遣。对话的时候,每个人时不时都会说一些不合时宜的话。不用认为尴尬的状况和冷场完全是你的责任,别因为交谈中的负面因素而感到内疚。总会有不合时宜的事情发生,肯定会有冷场,这些都再正常不过了,继续做你自己。

我们可以这样驳斥这些"自我挫败"的认知,客观地衡量支持或反对这些观念的依据。

灾难化的想法:他们都会看出我不爱说话,很愚蠢。

支持该想法的依据:我总是不知道该说什么,和人交谈时感觉很紧张。

反对该想法的依据:说得少并不是一种错误,周围的人对我还是很友好的。

修正后的信念:他们不会因为我表现得紧张就看不起我,即使有时候我表现得有些笨拙,但是多数人并不在意。

当人们失去了客观看待事物的能力,只关注当前,而不是综观全局,灾难化的想法就很容易产生。这时,以上"认知重建技术"对我们适应性认知的建立就很有帮助。

(3) 视觉想象。除了认知方面的技术,还可以运用"视觉想象"技术。大体上讲,就是让自己逐步暴露到害怕的情境中去,用一种温和的方式让我们面对自己畏惧的情境。刚开始时,最好躺下来,花一点时间让自己的身体放松;然后,发挥想象力,在脑海里进行"练习":设想自己走进了某个社交场合;看到自己说话时口齿清楚、表情自然、充满自信、不慌不忙;别人也聚精会神地听自己谈话。每天练习这种想象,并且与"认知重建技术"结合起来。这可以帮助我们在真正演讲时保持镇静,显著降低焦虑水平。

(4) 训练社交技能。可以通过书本、在线课程等方式,学习一些基本的社交技巧,比如眼神接触、语音语调、姿势体态等。也可以观察别人是怎样与人交往的,然后将这些技巧应用于实践中,并不断调整和提高自己的社交技能。这样的练习可以让人降低社交情境中的焦虑,并能够获得更积极的回应,也能获得社交行为的反馈和练习新技能的机会。

最后,要明白这一点:不要害怕让别人失望。我们在任何时候、任何情况下,都不可

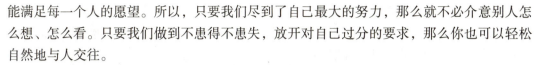

能满足每一个人的愿望。所以，只要我们尽到了自己最大的努力，那么就不必介意别人怎么想、怎么看。只要我们做到不患得不患失，放开对自己过分的要求，那么你也可以轻松自然地与人交往。

5. 双相情感障碍

双相情感障碍又名躁郁症，因为它既包含躁狂/轻躁狂发作的周期，又包含抑郁发作的周期，患者的状态经常被比喻为坐在情绪的"秋千"或者"跷跷板"上，因为他们很有可能上一秒还在低落，下一秒就情绪高涨起来，是一种严重的、需要被治疗的精神疾病。判定为双相情感障碍的一项基本标准，就是躁狂/轻躁狂发作，如果是躁狂/轻躁狂发作通常会有以下一系列的表现（并非精确诊断标准，请不要用来自我诊断，如果觉得自己有类似的表现，请去医院就诊）：在一段时间里，几乎每天的大部分时间，这个人都表现出持续的愉快，自我感觉极度膨胀，同时也很容易被激怒、发火，身边的人还会觉得他忽然有了很多目标性的行为，或觉得他精力过于旺盛。在这段时间中，他会出现以下至少3～4种表现：

（1）自尊心膨胀或夸大。比如，在并不具备相应的才华的情况下，认为自己能够有不切实际的发明，或写出伟大的作品。

（2）睡眠的需求减少。这与失眠（想睡觉但睡不着）不同，而是可能每天只睡了3小时，甚至几天几夜不睡，仍精神饱满。

（3）比平时更健谈，或者感到某种压力让自己停不下来说话，只想一直说话。比如，在公共场合主动和大量陌生人交谈，不停地开玩笑。

（4）想法特别多。意念飘忽不定，或主观感受到思维无法控制。可能表现为不断地说一些缺乏组织性、连续性的话，或者想法塞满了脑子，但表达不出来。

（5）注意力特别容易分散，会被不重要的、无关的外界刺激所吸引，比如因为房间的装饰、背景噪声等并没有太大影响的因素，而没有办法继续谈话。

（6）忽然多了很多目标导向的活动。比如，在一天中工作超长的时间也不觉得累，而且觉得没有什么事情是无法做到的；不断地联络老朋友或陌生人。

（7）过度参与那些很有可能导致痛苦后果的高风险活动。如疯狂而无节制地购物、捐款、超速飙车、轻率的性行为、愚蠢的商业投资。

6. 精神分裂

约翰·纳什（John Forbes Nash Jr.），是电影《美丽心灵》男主角的原型，普林斯顿大学教授，世界著名经济学家、数学家，诺贝尔经济学奖获得者。博弈论中的"纳什均衡"（Nash Equilibrium），是他最为人们所熟知的学术成果。然而，就在这些光鲜成就的背后，人们所不知道的是，他曾在很长一段时间里遭受着精神分裂症的困扰。精神分裂症主要的症状分为阳性症状和阴性症状。阳性症状体现了患者与真实世界之间的距离，主要包括妄想（如被害妄想、关系妄想、钟情妄想等）、幻觉（主要以幻听为主）、言语紊乱、明显紊乱或紧张症的行为（如僵硬的动作或姿势）。阴性症状并不仅仅出现于精神分裂症患者身上，还可能出现于如抑郁等其他情绪或精神障碍中，如情绪表达减少、意志减退（没有兴趣参与到工作或社交活动中）等。此外，精神分裂症还表现为一些其他的症状，如认知能力的下降、无法集中注意力、短时记忆出现问题（即刚学到的东西，转眼就忘）等。同时，认知能力的下降，还可能使得精神分裂症患者对自身疾病的觉察力变弱。所以有些时候，可能并不是他们不愿意就医，而是他们无法察觉到自己的异样。

及时有效的专业干预对于精神分裂症患者的预后和功能的恢复有积极的意义。因此，我们首先需要了解一些精神分裂症的早期预警症状，当自己或者身边的人短时间内（两周）频繁出现这些症状时，需要尽早寻求专业的帮助。预警症状包括以下一些：

听见或看见一些别人看不见的东西；

总感觉自己被人监视；

不恰当或怪异的言语、行为、身体姿势等；

学习或工作表现出现严重下滑；

在个人卫生方面和外表发生了很大的改变；

越来越少与人来往；

对所爱的人表现出不理性的、愤怒的或恐惧的反应；

无法入睡或无法集中注意力；

对宗教或神学极度固执的想法。

当你所爱的人，被确诊为精神分裂症，以下的提醒可能对你有所帮助。

（1）认识到"精神分裂症"是一个长期的疾病，且照顾精神分裂症患者会是一件不容易的事。

（2）精神分裂症患者所感受到的幻觉或妄想等，对于他而言是十分真实的。你需要尊重、支持、友好地对待他，让他了解，你尊重你们彼此看待世界的不同方式。

（3）鼓励他坚持治疗，帮助他好好吃药。目前对于精神分裂症的治疗主要有抗精神病类药物与社会心理支持，后者包括心理咨询、社区支持等。你需要帮助自己和他都了解到精神分裂症虽然是精神疾病，但存在生物性的原因，需要使用药物。

三、心理保健

出现心理问题之后的调适固然重要，但是预防问题的出现是解决心理问题的最好方法。因此，为了减少心理疾病的发生，提高心理健康的水平，大学生应该从日常的心理保健做起。

心理保健主要包括以下几个方面：

1. 提高心理健康意识

大学生要重视自身心理健康，积极学习相关知识，并应用于学习生活实践，不断提高心理健康水平，更好地发展和完善自我。

2. 要有自知之明与自爱之心

自知来自自我观察、自我认识、自我判断和自我评价。有了自知，才能量力而行，不会给自己造成不必要的压力。自知是心理健康的基础。自爱是接受自己、悦纳自己、爱惜和保护自己，珍惜自己的品德和荣誉，力争事业的进展和自身充分的发展。大学生要敢于面对现实,在自尊自爱的基础上确立理想而又现实的目标,扬长避短,充分发挥自身的潜能,使自己达到最佳状态。

3. 增强情绪的自我调控能力

增强情绪的自我调控能力就是要进行积极的情绪调控。识别情绪、接纳情绪和表达情绪是合理应对不良情绪的三个重要步骤,大学生可以在日常生活中加以练习,学会做情绪的主人。

4. 培养和完善健全的人格

人格是个体在长期的生活过程中形成的独特的个性心理特征,一旦形成,就具有相对稳定性,并在个体的一切生活中显示出区别于他人的独特性。只有具备健全的人格,才能正确地评价客观事物,采取恰当的态度,做出正确的行为反应。所以,大学生要培养和完善健全的人格,这对心理健康的维护具有重大的作用。

5. 要培养良好的人际关系

良好的人际关系有助于心理健康,它表现为助人为乐,也能接受别人的帮助,相互关心。为了培养良好的人际关系,大学生应遵循尊重、真诚、平等、互利互惠的原则,积极倾听,学会共情,学会理解,也学会合理拒绝,与他人友好交往。

6. 积极从事适当的社会实践和劳动

社会实践和劳动是社会存在和发展的基本原则,也是个体心理健康发展的基本途径。它能促进大脑、身体及心理能力的发展;能增进人际交往、了解和互助;有助于消除以自我为中心所带来的不良影响,促进个性的发展;使人们认识自己存在的价值;通过社会实践和劳动获得成就感,从而增强自信心,有利于潜能的发挥。

7. 坚持健康的生活方式

生活方式是指人们日常生活活动中所遵循的行为规范,也就是习惯了的日常活动方式。健康的生活方式包括:起居有常,早睡早起;一日三餐,平衡膳食;保持适量的运动;不吸烟,不饮酒。

第八章　饮食安全

民以食为天，一日三餐是人们必不可少的，合理饮食对大学生来说至关重要。俗话说"病从口入"，这句话非常有道理，饮食安全是身体健康的基本保证。因此，大学生要掌握一些饮食卫生和食品安全的知识，从而建立安全意识，远离安全隐患，使自己拥有健康的体魄。

第一节　平衡饮食与营养

食物是营养素的"载体"，人体所需的营养素大多数是通过食物获得的。一方面，每类营养素都有其特殊的生理功能，都是不可缺少和不可替代的。另一方面，各类食物中所含的营养成分是多种多样、千差万别的。人体需求的全部营养素，只有通过食用各类食物获得，任何一种单一的食物都不可能满足人体对各类营养素的全部需要。如果营养失衡（缺乏、不足或搭配不合理），就会引起相关的疾病，如因铁、钙、锌等的缺乏，会引起贫血、骨骼发展缓慢、智力衰退等问题，严重的会影响正常的生活和学习。因此，注意饮食的平衡，以获取相应的营养是非常有必要的。

一、以谷类为主

人类的食物是多种多样的。各种食物的营养成分、生理功能不尽相同，必须强调合理搭配，其中要以谷类为主。每日谷类的摄入量，应占食物总摄入量的 1/3 左右为宜。如每日食物总量为 1 500 克，其中谷类约为 500 克，这样既体现谷类为主，也不至于出现谷类提供的能量过剩或不足。

谷类食品是我国居民的主要食物。膳食中所含 60%～70% 的能量、70% 的碳水化合物、50% 左右的蛋白质以及 B 族维生素和无机盐是由谷类食品供给的。不少国家的膳食指南中主张多吃谷类食品，尤其是全谷和未加盐、糖或脂肪的谷类食品。谷类是平衡膳食的一个重要组成部分，它能提供数量可观的许多营养素。例如：亚油酸、纤维素、维生素 E、硒和叶酸。小米、玉米和麸皮中含有胡萝卜素；谷类的胚芽、谷皮中含有维生素 E。这些营养素对预防非传染性慢性病的发生可起到一定的辅助作用。

二、多吃蔬菜与水果

蔬菜与水果含有丰富的维生素、矿物质和膳食纤维。

蔬菜的种类繁多,不同品种所含营养成分不尽相同,甚至相差很大。红、黄、绿等深色的蔬菜中维生素含量超过浅色蔬菜和一般水果,它们是胡萝卜素、维生素 B_2、维生素 C 和叶酸、矿物质(钙、磷、钾、镁、铁)、膳食纤维和天然抗氧化物的主要或重要来源。

有些水果维生素及一些微量元素的含量不如新鲜蔬菜,但水果含有的葡萄糖、果酸、柠檬酸、苹果酸、果胶等物质又比蔬菜丰富。红色、黄色水果,如鲜枣、柑橘、柿子和杏等是维生素 C 和胡萝卜素的丰富来源。

含丰富蔬菜、水果的膳食,在保持心血管健康、增强抗病能力、延缓衰老及预防某些癌症等方面,起着十分重要的作用。

三、多吃薯类食物

薯类与水果及蔬菜的性质相差较大,薯类是一种以淀粉含量为主的食物,其所含的蛋白质比谷类低得多,但其营养丰富,含有相当丰富的膳食纤维和维生素 C,有的还含有较高的胡萝卜素,特别是红黄色的甘薯,每 100 克重的维生素 A 含量高达 40 毫克,胡萝卜素被人体吸收后,可以转化为维生素 A,维生素 A 能维持正常的视觉功能。维生素 A 缺乏是一个严重的健康问题,是引起贫困地区儿童失明的主要原因,食用甘薯可以避免维生素 A 缺乏症。

马铃薯含糖量高达 15%~25%,超过其他所有蔬菜,含蛋白质也比一般的蔬菜多。因其产能量较高,还可以代替一部分主食。不仅如此,它还含有较多的维生素 C 和钠、钾、铁等,尤以钾含量最为丰富,每 110 克中含钾 502 毫克,是少有的高钾蔬菜。

红薯经过蒸煮后,部分淀粉发生变化,与生食相比可增加 40% 左右的食物纤维。这种纤维质地细腻,不伤肠胃,可有效刺激肠道,加快消化道蠕动,有助排便,清理消化道,缩短食物中有毒物质在肠道内的滞留时间,稀释肠道致癌物质的浓度,起到预防痔疮和大肠癌的作用。同时,膳食纤维能吸收一部分葡萄糖,使血液中含糖量降低,有助于预防糖尿病。

四、多吃菌藻类食物

菌藻类食物有蘑菇、香菇、酵母、银耳、木耳、海带、紫菜、发菜、海藻等,是一类对人体有益的活菌体或藻体,含有丰富的能量、蛋白质和碳水化合物,并含有钙、铁、碘等无机盐和丰富的 B 族维生素,对人体十分有益。例如,海带中含有丰富的碘,可以预防和辅助治疗甲状腺肿大(也就是通常所说的"大脖子病")。海带中的胶体纤维对降低胆固醇有一定的作用,海带胶质能促进体内的放射性物质随同大小便一起排出,从而减少放射性物质在人体内的积聚,降低放射性疾病的发生率。黑木耳能够清洁血液和解毒,经常食用能够有效地清除体内污染物质,预防动脉硬化。香菇中含有多种酶和氨基酸,香菇中还含有抗癌物质,它能提高人体免疫系统的功能,是辅助性 T 淋巴细胞的刺激剂,能刺激抗体形成,活化巨噬细胞,从而抑制癌细胞的生长。香菇还能有效地降低血液中胆固醇的浓度。香菇的降血压效果也是比较明显的,轻度高血压患者每天食用干香菇 3~4 个,坚持长期食用,能将血压控制在正常范围内。

五、常吃奶类、豆类及其制品

奶类除含丰富的优质蛋白质和维生素外,含钙量较高,且利用率也很高,是天然钙质的极好来源。牛奶蛋白质含量为 3%~3.5%。其蛋白质具有人体生长发育所必需的各种氨基酸,消化率高达 98%~100%,相对含量与鸡蛋近似,利用率较高。牛奶含脂肪约 3.5%,颗粒小且呈高度分散状态,容易消化吸收,同时含有必需脂肪酸、卵磷脂等。牛奶中的碳水化合物含量约为 5%,以乳糖形式存在,可调节胃酸,促进胃肠蠕动。牛奶中的无机盐,特别是钙、磷、钾的含量很丰富,钙的含量可达 125 毫克/100 克,是人体钙的最好来源,而且吸收率很高。同时富含维生素 B_2 和维生素 A。酸奶中的益生菌(乳酸杆菌和双歧杆菌)在维持改善肠道菌群平衡中至关重要。由于酸奶中加入了活性乳酸菌,其中的有机酸能有效地改善肠道菌群,使得肠道内的有益菌占有绝对优势,特别是双歧杆菌能利用其他细菌不能利用的低聚糖,从而有效地抑制有害菌的生长。

豆类是我国的传统食品,含大量的优质蛋白质、不饱和脂肪酸、钙和维生素 B、维生素 B_2、烟酸等。大豆中蛋白质含 20%~40%,而且还富含植物性油脂,含 15%~20%,易于消化吸收。大豆多肽通过抑制血管紧张素转化酶的作用从而起到降低血压的效果;大豆多肽能够阻碍肠道内胆固醇的再吸收,使之随粪便排出体外,从而起到降低胆固醇水平的功效。大豆低聚糖是存在于大豆中的可溶性糖分的总称,主要成分为水苏糖、棉子糖和蔗糖。它们具有双歧杆菌增殖作用,促进肠道有益细菌的增殖,并有降低大肠内容物的酸度,降低肠道内的 pH 值,从而有效抑制有害菌的繁殖,达到改善肠道菌群结构的效果,促进肠道蠕动,防止便秘,预防结肠癌。豆腐、豆浆、豆芽菜等豆制品营养价值也很高,而且比干豆类容易消化吸收。

六、吃适量的鱼、禽、蛋、瘦肉

鱼、禽、蛋、瘦肉等动物性食物是优质蛋白质、脂溶性维生素和矿物质的良好来源。动物性蛋白质的氨基酸组成更适合人体需要,且赖氨酸含量较高,有利于补充植物蛋白质中赖氨酸的不足。肉类中铁的利用较好,鱼类特别是海产鱼所含不饱和脂肪酸有降低血脂和防止血栓形成的作用。鳝鱼、河蟹、海蟹等产品还含有丰富的维生素 B_2。动物肝脏含维生素 A 极为丰富,还富含有维生素 B_{12}、叶酸等。但有些动物脏器,如脑、肾等所含胆固醇相当高,对预防心血管系统疾病不利。

吃鱼类食物时应注意不要生吃。专家介绍，食用生鱼片、涮鱼片等很容易感染华支睾吸虫病，这是一种寄生虫病。华支睾吸虫进入人体后就寄生在胆囊内，会引起胆囊发炎和胆道堵塞，从而使肝细胞坏死，诱发肝硬化和肝癌。另外，有人喜欢食用鱼头，鱼头中含有丰富的卵磷脂，常吃能益智健脑。但是，未经煮熟的鱼头切不可食用。我国学者曾经对淡水鱼进行了一次专项的调查，发现鱼鳃和鱼头感染华支睾吸虫囊蚴比较严重。鱼头较大应将鱼头切成小块再进行各种烹饪，如鱼头汤、鱼头火锅、红烧鱼头等，总之，必须烧熟煮透后方可食用。

蛋类食物也具有很高的营养价值。切记鸡蛋不能生吃，也不宜用开水冲服，这是因为生鸡蛋中含有大量的致病菌，如沙门菌、变形杆菌、金黄色葡萄球菌等，生吃鸡蛋很可能使食用者发生食物中毒。另外，生鸡蛋中含有抗蛋白酶，它能破坏人体消化液中的胰蛋白酶，妨碍胰蛋白酶的正常功能，从而影响对蛋白质的吸收。再者，生鸡蛋的蛋白质不易被消化吸收，因为鸡蛋的蛋白质结构致密，在胃肠道不易被蛋白水解酶水解，于是生鸡蛋中绝大部分蛋白质只是通过消化道便排出体外，不能被人体吸收。鸡蛋也不要采用油炸法，油炸鸡蛋尽管又香又好吃，但是鸡蛋在油炸过程中维生素已被破坏，而且还不容易消化吸收。

长期以来，中国人绝大多数养成了以猪肉为主的习惯。猪肉与禽肉相比，蛋白质含量较低，脂肪含量较高，即使是瘦肉，其脂肪的含量也占28%。鸡肉与牛肉比较，蛋白质较高而脂肪含量较低，含有多种人体需要的微量元素，吸收率较高。鸡肉中还含有大量的赖氨酸，其含量比猪肉高13%，对以谷类为主食结构的中国人来说，无疑是一种极好的补充赖氨酸能食物。鹅、鸭肉脂肪量仅为猪、牛、羊肉的1/3左右，所含脂肪的化学结构也不同，不饱和脂肪酸比畜肉多，这对心脏是有益的。鱼、兔肉等动物性食物产生的能量远低于猪肉。兔肉含钙、磷、铁等矿物质也很丰富。因此，适当减少猪肉的摄入量，在营养保健方面具有重要意义。

另外，肥肉和荤油为高能量和高脂肪食物，如果摄入过多，身体消耗不了，脂肪慢慢堆积会引起肥胖，成为某些慢性病的危险因素，应当少吃。

七、清淡饮食宜少盐

食盐不仅是一种调味剂，而且还是一种防腐剂。一般认为，成年人每天需要食盐2~3克，最多不要超过7克。WHO推荐每天食盐适宜摄入量为6克，而我国人均每天食盐实际摄入量为13克多，比标准量高出1倍多。

流行病学调查表明，长期过多地摄入钠盐会导致细胞外液和血浆容量增加，使血压升高、血管腔狭窄、管壁增厚，增加心脏负担，从而诱发心血管疾病。国际流行病学调查研究机构曾对32个国家、52个中心的10 079名年龄在20~59岁的成人，进行了尿排钠量与血压关系的分析，涉及全世界五大洲，包括我国的北京、南宁、天津及台湾等地。结果表明，钠盐摄入量低的人群平均血压低，且血压随年龄的增长幅度较小；而绝大多数钠盐摄入量高的人群，不仅平均血压高，而且血压随年龄而升高的幅度也较大。日本东北部人均日摄盐量为22～27克，其人群高血压发病率高达30%～35%；而非洲博茨瓦纳的Kung-Bushman土著人人均日摄盐量仅为1.5g，其人群中少有高血压患者。国内外很多研究均证实，摄盐量太多会导致高血压、心脑血管病发病明显增高。

在日常膳食中，大多数经过加工的食物均含有一定量的食盐，这些食物对健康是不利的。避免或减少这种加工食品的摄入，是一种最好的降低钠的摄入量以改善饮食结构的方法之一。同时，养成适应低盐饮食的良好习惯，不要在餐桌上加盐，不吃表面有盐的点心。例如：调味酱、罐头肉类、椒盐核桃、椒盐饼、苏打饼干、马铃薯片（条）、加盐的坚果等。不食用或少食用高盐食品，如咸鱼、咸菜、腌菜、泡菜等，或在食用前用煮沸的凉开水漂洗或浸泡后食用，以降低食品中的盐分。烹调用盐时，选用含钾的食盐，即氯化钾代替氯化钠食盐，对高血压患者更适合。

八、少饮或不饮酒

在节假日、喜庆和交际的场合人们往往饮酒。无节制地饮酒，会使食欲下降，食物摄入减少，以致发生多种营养素缺乏，严重时还会造成酒精性肝硬化。

 案例集锦8-1

> **【例1】**
> 2017年6月，珠海某高校王某与同学在一家餐厅聚会，这家餐厅规定3分钟内喝下6杯总共1 800毫升的鸡尾酒，就可以免单500元以内的消费。王某不顾个人身体状况，将4杯酒一饮而尽，当他喝下了第五杯酒时，干呕了几下，走下台阶，摆了摆手。到第六杯酒时，他的身体开始不听使唤，然后头一歪，重重地倒了下去，在一片"加油"声中走向死亡，再也没有醒来。公安机关出具的鉴定意见通知书显示，这名学生死于"急性酒精中毒"。
>
> **【例2】**
> 2018年11月23日晚，湖南商务职业技术学院会计学院2016级某学生，在校外与朋友喝酒，因喝酒过量，导致酒醉不省人事并晕倒在学生宿舍门口。所幸在老师、同学的帮助下到医务室进行了及时抢救后转危为安。

点评

> 过量饮酒会增加患高血压、中风等危险，并可导致事故及暴力的增加，对个人健康和社会安定都是有害的。因此，应严禁酗酒，若饮酒可少量饮用低度果酒，青少年则不应饮酒。

九、生食品与熟食品的搭配

在现代生活中，适当生食一些新鲜的瓜果蔬菜已成为时尚，生食蔬菜对防癌、抗癌能有积极的作用。营养学家通过大量的调查研究认为，新鲜蔬菜、水果、菌类等在烹调时，其维生素、无机盐以及某些抗癌因子等都会受到不同程度的损失，各类生理活性物质包括抗癌物质也会遭到严重破坏。只有生吃，它们才能更有效地接触人体的黏膜细胞，进而更好地发挥作用。蔬菜中的维生素与矿物质对维持膳食营养平衡具有不可替代的作用。生蔬菜中的营养物质含量不仅远远超过熟食，而且有些蔬菜与水果还含有特殊的成分，如萝卜含有淀粉酶、菠萝和无花果含有蛋白酶，这些蔬菜与水果的生食可促进消化。水果中的柠檬酸、苹果酸亦可促进消化液的分泌，有利于食物消化。还有些生蔬菜中的β-胡萝卜素、木质素、挥发油、酶等，被人体吸收后可以激发巨噬细胞的活力，增强免疫水平，把已经癌变的细胞吞噬掉，起到抗癌作用。除了黄瓜、胡萝卜、番茄、萝卜外，白菜、莴苣、卷心菜、茄子、辣椒、洋葱、芹菜等蔬菜都是可以生吃的食品。

总之，在食物搭配上要坚持粗粮与细粮搭配、荤食与素食搭配、酸性食品与碱性食品搭配、生食品与熟食品搭配的原则，定时定量地吃好三餐，养成良好的饮食习惯。

第二节　明确饮食禁忌

人的健康与饮食的有着很大的关系，科学、合理地把握好饮食关，越来越为现代人们所重视。日常饮食中，大学生除了要根据自身的情况平衡饮食与营养，知道哪些东西是需要吃的之外，还要加倍注意食物间的禁忌问题，懂得哪些东西是不可以吃的。

一、不可同食的食物

人们日常吃饭不可能只吃一种食物，总是得有各种各样的肉蛋蔬菜来丰富我们的餐桌。但是当我们吃下看似营养丰富的食物时，可能会由于某些食物的搭配不当，而引起身体的不适，严重的还会导致中毒，危及生命。常见的禁忌搭配如下：

（一）海鲜与啤酒同食易诱发痛风

海鲜是一种含有嘌呤和苷酸两种成分的食物，而啤酒中则富含分解这两种成分的重要催化剂——维生素B_1。如果吃海鲜的同时饮啤酒，会使有害物质在体内结合，增加人体血液中的尿酸含量，从而形成尿路结石。如果自身代谢有问题，海鲜与啤酒同食容易导致血尿酸水平急剧升高，诱发痛风，引起痛风性肾病、痛风性关节炎等疾病。

（二）菠菜与豆腐同食易患结石症

豆腐里含有氯化镁、硫酸钙这两种物质，而菠菜中则含有草酸，两种食物同食可生成草酸镁和草酸钙。这两种白色的沉淀物不能被人体吸收，不仅影响人体吸收钙质，而且还容易使人患上结石症。如果两者能分开吃，营养吸收会比较好。

（三）萝卜与橘子同食易诱发甲状腺肿大

萝卜会产生一种抗甲状腺的物质硫氰酸，如果同时食用大量的橘子、苹果、葡萄等水果，其中的类黄酮物质在肠道经细菌分解后就会转化为抑制甲状腺作用的硫氰酸，进而诱发甲状腺肿大。

（四）鸡蛋与豆浆同食降低蛋白质吸收

生豆浆中含有胰蛋白酶抑制物，它能抑制人体蛋白酶的活性，影响蛋白质在人体内的消化和吸收。鸡蛋的蛋清里含有黏性蛋白，可以同豆浆中的胰蛋白酶结合，使蛋白质的分解受到阻碍，从而降低人体对蛋白质的吸收率。

（五）奶与巧克力同食易发生腹泻

牛奶含丰富的蛋白质和钙，巧克力则含草酸，若二者同食，牛奶中的钙会与巧克力中的草酸结合成一种不溶于水的草酸钙，食用后不但不吸收，还会产生腹泻、头发干枯等症状，影响生长发育。

（六）水果与海鲜同食不容易消化

吃海鲜的同时，若再吃葡萄、山楂、石榴、柿子等水果，就会出现呕吐、腹胀、腹痛、腹泻等。因为这些水果中含有鞣酸，遇到水产品中的蛋白质，会沉淀凝固，形成不容易消化的物质。所以吃海鲜后，应间隔4小时以上再吃水果。

（七）火腿与乳酸饮料同食容易致癌

常常吃三明治搭配优酪乳当早餐的人要小心，三明治中的火腿、培根等和乳酸饮料（含有机酸）一起食用，容易致癌。为了延长香肠、火腿、培根、腊肉等加工肉制品的保质期，食品制造商会添加硝酸盐来防止食物腐败及肉毒杆菌生长。当硝酸盐碰上有机酸（乳酸、柠檬酸、酒石酸、苹果酸等）时，会转变为一种致癌物质——亚硝胺。因此，不要经常食用这类加工肉品，当然更要避免和有机酸含量高的食物（如乳酸饮料）一起吃，以免增加致癌风险。

（八）其他食物的一些禁忌

1. 甘薯

甘薯与柿子同食，会形成胃柿石，引起胃胀、腹痛、呕吐，严重时可导致胃出血等，危及生命；甘薯也不宜与香蕉同食。

2. 韭菜

韭菜不可与菠菜同食，二者同食有滑肠作用，易引起腹泻；不可与蜂蜜同食，易引起心痛；不可与牛肉同食，会令人发热动火。

3. 茄子

茄子忌与黑鱼、蟹同食，会损伤肠胃。

4. 南瓜（番瓜、倭瓜、饭瓜）

南瓜等不可与富含维生素 C 的蔬菜、水果同食；不可与羊肉同食，易发生黄疸和脚气病。

5. 竹笋（笋）

竹笋不宜与豆腐同食，同食易生结石；不可与鹧鸪肉同食，会引起腹胀；不可与糖同食；不宜与羊肝同食。

6. 茭白（茭瓜、茭笋）

茭白不宜与豆腐同食，易形成结石。

7. 芹菜（芹、旱芹、药芹、香芹）

芹菜忌与醋同食，易损伤牙齿；不宜与黄瓜同食。

8. 芥菜（护生草、菱角菜）

芥菜忌与鲫鱼同食，易引发水肿。

除上述一些禁忌外，大学生在进行饮食搭配时要事先查明，以免引起身体的不适或食物中毒。

二、易引起过敏的食物

（一）食物过敏及其症状

食物过敏也称为食物变态反应或消化系统变态反应、过敏性肠炎等，是由于某种食物或食品添加剂等引起消化系统的变态反应。其症状包括：胃肠道症状，如恶心、呕吐、腹痛、腹胀、腹泻、黏液样或稀水样便，个别人还会出过敏性胃炎、肠炎、乳糜泻等；皮肤症状，如皮肤充血、湿疹、瘙痒、荨麻疹、血管性水肿等，这些症状最容易出现在面部、颈部、耳部等地方；神经系统症状，如头痛、头晕等，比较严重的还可能会发生血压急剧下降、意识丧失、呼吸不畅，甚至过敏性休克。

（二）易引起食物过敏的食物种类

人的体质不同，引起过敏的食物种类便有所不同。食物的种类有成千上万，其中只有一部分容易引起过敏。同族的食物常具有类似的属性，尤以植物性食物更为明显，如对花生过敏的患者对其他豆科类植物也会有不同程度的过敏。各国、各地区的饮食习惯不同，机体对食物的适应性也就有相应的差异，因而致敏的食物也不尽相同。比如：西方人认为羊肉极少引起过敏，但在我国羊肉比猪肉的致敏性高；西方人对巧克力、草莓、无花果等过敏较多，在我国则极少见到过敏者。西方人一般认为，易引起过敏的食物为牛奶、鸡蛋、巧克力、小麦、玉米、坚果类、花生、橘子、柠檬、草莓、洋葱、猪肉，以及某些海产及鱼类、蛤蚌、火鸡及鸡等。

在我国，容易引起过敏的食物有以下几类：

（1）富含蛋白质的食物，如牛奶、鸡蛋。

（2）海产类，如鱼、虾、蟹、海贝、海带。

（3）有特殊气味的食物，如洋葱、蒜、葱、韭菜、香菜、羊肉。

（4）有刺激性的食物，如辣椒、胡椒、酒、芥末、姜。

（5）某些可生食的食物，如生番茄、生栗子、生核桃、桃、葡萄、柿子等。

（6）某些富含细菌的食物，如死的鱼、虾、蟹，不新鲜的肉类。

（7）某些含有真菌的食物，如蘑菇、酒糟、米醋。

（8）某些富含蛋白质而不易消化的食物，如蛤蚌类、鱿鱼、乌贼。

（9）种子类食物，如各种豆类、花生、芝麻。

（10）一些外来而不常吃的食物。

（三）防止食物过敏的办法

由于引起食物过敏的因素和引发的症状都呈现出差异性，因此防治食物过敏的方法也各不相同。目前，比较可取的方法主要有：

（1）避免疗法。即完全不摄入含致敏物质的食物，这是预防食物过敏最有效的方法。

（2）对食品进行加工。如可以通过加热的方法或是添加某种成分改善食品的性质，从而破坏原食品中的过敏原。

（3）替代疗法。即不吃含有致敏物质的食物，而用其他的食物代替。

（4）脱敏疗法。对某些易感人群，想经常食用或需要经常食用营养价值高的食品，可以在医院接受脱敏治疗。

三、易引起中毒的食物

（一）食物中毒及其种类

食物中毒，指食用了被有毒有害物质污染的食品，或者食用了含有毒、有害物质的食品后出现的急性、亚急性疾病。

典型案例

2018年5月12日，海南大学刘某等5名学生通过美团外卖在海口美兰某店购买了烤肉拌饭，并配搭了柠檬水、玫瑰花茶、百香果奶茶、法式草莓果茶等饮品，食用后发生恶心、呕吐、腹泻的症状。经海口美兰区疾病预防控制中心调查，刘某等5人发病属于变形杆菌污染引起的急性胃肠炎为主的食源性疾病，致病源正是烤肉拌饭。

2020年3月24日，贵州省锦屏中学因为当地市政停水，学校紧急启用了备用水源，也就是备用水井。因为水井水质不达标，造成了疑似食物中毒的症状。截至3月26日，

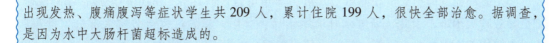

出现发热、腹痛腹泻等症状学生共209人，累计住院199人，很快全部治愈。据调查，是因为水中大肠杆菌超标造成的。

食物中毒按引起中毒的原因可分为以下4种：

（1）细菌性食物中毒。凡是食用含有致病量的病源菌，或含有细菌产生的致毒量毒素（内毒素或外毒素）的食物，以及同时食用含有一定量病源菌及其毒素的食物，所引起的食物中毒都称为细菌性食物中毒。

（2）真菌性食物中毒。真菌在谷物或其他食品中生长、繁殖，产生有毒的代谢产物，人和动物食入这种毒性物质发生的中毒，称为真菌性食物中毒。由于真菌生长繁殖及产生毒素需要一定的温度和湿度，因此，中毒往往有比较明显的季节性和地区性，如霉变甘蔗中毒。

（3）植物性食物中毒。凡是吃了因种植、储存或加工方法不当，而未去掉某些含有天然毒素的植物性食物，或误食了形似植物性食物的有毒植物，或由其花粉酿成的蜂蜜等所引起的食物中毒，称为植物性食物中毒。

（4）动物性食物中毒。凡是食入因储存或加工、烹调方法不当，而不能除去某些含有天然毒素的动物性食物，或是食入某些动物的有毒组织器官，或是吃了有毒的藻类或体内含毒的水生动物所引起的食物中毒，称为动物性食物中毒。

（5）化学性食物中毒。凡是食入化学性物品引起的食物中毒即为化学性食物中毒。例如，农药中毒、铅中毒等都属于化学性食物中毒。

（二）易引起中毒的食物

易引起中毒的食物包括以下几种：

1. 被细菌感染的食物

被细菌感染的食物，如肉、鱼、奶和蛋类、剩饭、糯米凉糕、面类发酵食品等。多因食物储存方式不当或在较高温度下存放较长时间，致使病菌大量繁殖，从而导致食物中毒。

2. 本身具有有毒物质的食物

（1）天然含有有毒成分的植物或其加工制品。如桐油、大麻油等。

（2）在食品的加工过程中，未能破坏或除去有毒成分的食物。如木薯、苦杏仁、河豚、鱼卵等。

（3）在一定条件下，含有大量有毒成分的食品。如鲜黄花菜、发芽马铃薯、未腌制好的咸菜或未烧熟的扁豆等。

3. 化学物质超标的食物

有些食物农药含量超标，食用后会出现中毒反应；有些食品中铅、汞等化学物质超标，食用后也易中毒。

四、常见的几种易中毒的食物

（一）鲜木耳

鲜木耳与市场上销售的干木耳不同，含有叫作"卟啉"的光感物质，如果被人体吸收，经阳光照射，能引起皮肤瘙痒、水肿，严重可致皮肤坏死。若水肿出现在咽喉黏膜，则会导致呼吸困难。因此，新鲜木耳应晒干后再食用，暴晒过程会分解大部分"卟啉"。市面上销售的干木耳，也需经水浸泡，使可能残余的毒素溶于水中。

（二）鲜海蜇

新鲜海蜇皮体较厚，水分较多。经研究发现，鲜海蜇含有四氨络物、5-羟色胺及多肽类物质，有较强的组胺反应，易引起"海蜇中毒"，出现腹泻、呕吐等症状。因此，只有经过食盐加明矾盐渍三次（俗称"三矾"），使鲜海蜇脱水，将毒素排尽，方可食用。"三矾"海蜇呈浅红或浅黄色，厚薄均匀且有韧性，用力挤也挤不出水。

海蜇有时会附着一种叫"副溶血性弧菌"的细菌，对酸性环境比较敏感。因此凉拌海蜇时，应放在淡水里浸泡两天，食用前加工好，再用醋浸泡5分钟以上，就能消灭全部细菌。

（三）鲜黄花菜

新鲜的黄花菜含有毒成分——秋水仙碱，如果未经水焯、浸泡，且急火快炒后食用，可能导致头痛头晕、恶心呕吐、腹胀腹泻，甚至体温改变、四肢麻木。因此，想尝尝新鲜黄花菜的滋味，应去其条柄，开水焯过，然后用清水充分浸泡、冲洗，使秋水仙碱最大限度溶于水中。建议将新鲜黄花菜蒸熟后晒干，若需要食用，取一部分加水泡开，再进一步烹调。

（四）变质蔬菜

在冬季，蔬菜特别是绿叶蔬菜储存一天后，其含有的硝酸盐成分会逐渐增加。人吃了不新鲜的蔬菜，肠道会将硝酸盐还原成亚硝酸盐。亚硝酸盐会使血液丧失携氧能力，导致头晕头痛、恶心腹胀、肢端青紫等，严重时还可能发生抽搐、四肢强直或屈曲，进而昏迷。因此，蔬菜当天买当天吃完最好。有些市民习惯将大白菜、青椒等用报纸包裹着放在冰箱里，这也是不可取的。

（五）变质生姜

生姜适宜放在温暖、湿润的地方，存储温度以5～12℃为宜。如果存储温度过高，易腐烂。变质生姜含毒性很强的物质——黄樟素，一旦被人体吸收，即使量很少，也可能引起肝细胞中毒变性。人们常说"烂姜不烂味"，这种观点是错误的。

（六）霉变甘蔗

霉变的甘蔗毒性十足。霉变甘蔗的外观无正常光泽、质地变软，肉质变成浅黄或暗红、灰黑色，有时还可发现霉斑。如果闻到甘蔗有酒味或霉酸味，则表明严重变质。误食后，可引起中枢神经系统受损，轻者出现头晕头痛、恶心呕吐、腹痛腹泻、视力障碍等，严重者可能抽搐、四肢强直或屈曲，进而昏迷。因此，要在观其色、闻其味之后再食用，如果发现霉变，一定不要食用。霉变甘蔗中含有神经毒素，目前还没有特效的解毒药。

（七）长斑红薯

红薯表面出现黑褐色斑块，表明受到黑斑病菌（一种霉菌）污染，排出的毒素有剧毒，不仅使红薯变硬、发苦，而且对人体肝脏影响很大。这种毒素，无论使用煮、蒸或烤的方法都不能使之破坏。因此，有黑斑病的红薯，不论生吃或熟吃，均会引起中毒。

（八）生豆浆

未煮熟的豆浆含有皂素等物质，不仅难以消化，还会诱发恶心、呕吐、腹泻等症状。因此，一定将豆浆彻底煮开再喝。当豆浆煮至85～90℃时，皂素容易受热膨胀，产生大量泡沫，让人误以为已经煮熟。家庭自制豆浆或煮黄豆时，应在100℃的条件下，加热约10分钟，才能放心饮用。

还需注意，别往豆浆里加红糖。否则，红糖中所含醋酸、乳酸等有机酸，与豆浆中的钙结合，产生醋酸钙、乳酸钙等块状物，不仅降低豆浆的营养价值，而且影响营养素的吸收。此外，豆浆中的嘌呤含量较高，痛风病人不宜饮用。

（九）生四季豆

四季豆，又名刀豆、芸豆、扁豆等，是人们普遍食用的蔬菜。生的四季豆中含皂苷和血球凝集素，其中皂苷对人体的消化道具有强烈的刺激性，可引起出血性炎症，并对红细胞有溶解作用。

此外，豆粒中还含红细胞凝集素，具有红细胞凝集作用。如果烹调时加热不彻底，豆类的毒素成分未被破坏就食用会引起中毒。

四季豆中毒的发病潜伏期为几十分钟至数小时，一般不超过5小时，主要有恶心、呕吐、腹痛、腹泻等胃肠炎症状，同时伴有头痛、头晕、出冷汗等神经系统症状。有时会出现四肢麻木、胃烧灼感、心慌和背痛等症状。病程一般为数小时或1～2天，愈后良好。若中毒较深，则需送医院治疗。

预防四季豆中毒的方法非常简单，只要把全部四季豆煮熟焖透就可以了。每一锅的菜量不应超过锅容量的一半，用油炒过后，加适量的水，加上锅盖焖10分钟左右，并用铲子不断地翻动四季豆，使它受热均匀。

另外，还要注意不买、不吃老四季豆，把四季豆两头和豆荚摘掉，因为这些部位含毒素较多。使四季豆外观失去原有的生绿色，吃起来没有豆腥味，就不会中毒。

（十）青番茄

青番茄含有与发芽土豆相同的有毒物质——龙葵碱，被人体吸收后会造成头晕、恶心、流涎、呕吐等症状，严重者会发生抽搐，对生命威胁很大。

因此，要选熟番茄食用。首先，外观要彻底红透，不带青斑。其次，熟番茄酸味正常，无涩味。最后，熟番茄蒂部自然脱落，外形平展。有时青番茄因存放时间久，外观虽然变红，但内部仍保持青色，同样对人体有害。购买时需仔细分辨，应观察其根蒂，若采摘时为青番茄，蒂部常被强行拔下，皱缩不平。

第三节 应对食物中毒

人体所需要的营养是从我们的日常饮食中得到的，但同时"病从口入"也是一个我们无法否认的事实，因此，大学生要注意平时的饮食安全，防止食物中毒。

> **典型案例**
>
> 2016年5月26日，江苏省宿迁市某学校在早餐结束后两小时内，有21人相继出现头痛、腹痛、恶心呕吐、腹泻等症状，之后这些患者去医务室进行对症治疗，下午又有15人相继出现上述食物中毒的症状，至5月26日下午4时，共计36例出现食物中毒的情况。所有患者的临床症状基本相似，经输液治疗以及抗生素治疗后，不良症状消失，全部恢复正常。经调查，这36例患者均在食堂第一窗口就过餐，本起食物中毒案例发生的主要原因是食物被金黄色葡萄球菌污染，食堂工作人员在再次加工时，温度和时间不够，导致了本起细菌性食物中毒事件的发生。

一、食品安全的10条原则

世界卫生组织科学总结了不同国家食源性疾病的发生情况并根据资料显示，提出了安全制备食品的10条原则。

（一）选择经过安全处理的食品

许多食品，诸如各类水果和蔬菜，其自然状态是最佳状态，也有的食品未经加工处理，可能是不安全的。例如，人们通常会购买消过毒的牛奶而不买生牛奶，并且在挑选时一定要选购经过辐照处理的新鲜和冷冻的家禽。购物时必须牢记，经过处理的食品可以提高安全性和保存期。某些生吃的食物，例如莴苣、黄瓜等，则需要清洗干净，并进行消毒。

（二）彻底烹调食品

许多生的食品，如绝大多数的家禽、肉类以及未经消毒的牛奶常被病原菌污染，彻底加热可杀灭病原菌，烹调时要牢记食品所有部位的温度都必须达到70℃以上。炖鸡时，如果靠近鸡骨的部分还未熟透，请放回火上直至完全炖熟。冷冻的肉、鱼和家禽必须彻底解冻后再进行烹调。

（三）立即食用做熟的食品

烹调过的食品冷却至室温时，微生物已开始繁殖。放置的时间越长，危险性越大。从安全角度考虑，食品出锅后应立即食用。

（四）妥善储存熟食品

若提前做好食品或需要保留剩余熟食时，必须把这些食品储存在 60℃ 以上或 10℃ 以下的条件下。假如需要将它们储存 4 小时以上，必须照此办理。婴幼儿食品绝对不能储存。引起大量食源性疾病的一个常见原因，是把大量热食品存放在冰箱里，超过了冰箱的负荷，食品中心温度不能很快降下来，中心温度较长时间保存在 10℃ 以上，致病菌快速并大量生长繁殖，达到致病水平。

（五）彻底再加热熟食品

这是消除微生物的最好办法。食品在储存时微生物也许已经开始生长繁殖（适宜的储存仅能减慢微生物的生长，但并不能杀灭它们）。再次彻底加热是指使食品所有部位的温度至少达到 70℃。

（六）避免生食品与熟食品接触

经过安全加热的熟食品稍微接触生食品就能被污染。这种交叉污染可能是直接的，即当生的家禽肉接触熟食时即可发生。交叉污染还可能是更隐蔽的，例如，先处理生鸡，然后再用未经清洗消毒的案板和刀具切熟食品，也会导致生熟食品的交叉污染。所以，食品加工时，不要先处理生的食品，然后再用未清洗的案板和刀具切熟的食品，以免再次引起在烹调前微生物增殖及疾病导致的各种潜在危害。

（七）反复洗手

食品加工前或每次加工间歇之后都必须把手洗干净，尤其是去厕所后。在加工生的鱼、肉或家禽等动物性食品以后，必须再次洗手，然后才能开始处理其他食品。假如手受伤了，为防止伤口感染，必须包上绷带或戴上手套后才能开始加工食品。还必须记住，家养的宠物（如狗、猫、鸟，尤其是龟类等）常常携带着致病菌，这些致病菌能够通过手来污染食品。因此，应反复洗手，避免受污染的手进一步污染加工食品。

（八）必须精心保持厨房的清洁

由于食品极易受污染，因此用来制备食品的任何工具的表面都必须保持绝对干净。任何食品的残渣、碎屑或残余物都会变成一个潜在的细菌库。接触餐具和厨房用具的抹布应每天更换，并在下次使用前煮沸消毒。用来清洁地面的拖把也应经常清洗。

（九）避免昆虫、鼠类和其他动物接触食品

各种动物常常携带引起食源性疾病的病原微生物，最好的方法是将食品贮藏于密闭容器里。

（十）使用净水

净水对于制备食品与饮用同样重要。若供水不能保证洁净，须在加入食品、制冰或饮用前，将水煮沸。要特别注意婴儿食品的用水。

二、食物中毒的预防

（一）加强对学生食堂的管理

1. 加强从业人员管理

学校食堂从业人员必须通过身体检查，有执法部门颁发的健康合格证。要及时对从业人员进行岗前培训，如《中华人民共和国食品卫生法》等法律法规、原料采购要求、操作技术规程、食品保鲜等内容；经常进行职业道德教育，并加强平时的检查与监管。

2. 确保原料采购质量

从正规渠道购买食用盐、主食原料、水产品、肉类食品等，并尽量做到集体采购；不要购买发芽的土豆与洋葱、有毒蘑菇与鲜黄花菜、变质的水产品与肉类食品、过期的饮料与熟食等。

3. 不食用有毒及变质食品

不食用有毒的蘑菇、发芽的马铃薯、木薯、杏仁，有毒鱼类（如河豚、金枪鱼、鲭鱼）和贝类（如贻贝、蛤和扇贝）。不过这些食物，经过剔除处理和充分加热是可以消除中毒危险的。

4. 严格管理食品加工程序

在食品加工过程中，严格做到所有食品烧熟煮透、生熟分开等卫生要求，避免熟食与待加工的生食交叉污染。

（1）烹饪加工所用的原料必须要新鲜。在进行粗加工时，处理肉、禽、水产品所用的刀、板、盆等用具与处理蔬菜的用具要分开使用。

（2）采购的冻品要彻底解冻。坚持做到"完全解冻、立即烹饪"的原则。

（3）烹饪时要适当增加烹饪加工的时间，保证食品温度达到70℃以上。

（4）蔬菜在烹饪前必须彻底清洗干净，采用一洗、二净、三烫、四炒的加工方法，特别是扁豆一定要炒熟。

（5）加工凉菜要达到"五专"的加工条件：专人负责、专用调配室、专用工具、专用消毒设备设施、专用冷藏设备；制作凉菜要掌握三个关键环节，保证切拼前的食品不被污染；切拼过程中严防污染；凉菜加工完毕后须立即食用。

5. 食物分离存放

生熟食品要分开存放。热菜储存温度要合适，必须把食品的温度保持在60℃以上。不用饮料瓶盛装化学品，存放化学品的瓶子应有明显标志，并放在隐蔽处。

6. 正确处理剩饭剩菜

若有少量的剩余饭菜须废弃；若可继续食用的剩余饭菜，必须要妥善保存，凉透后放入熟食专用冰箱冷藏保存,切不可存放在室温下;再次食用剩饭菜前,必须彻底加热,不可直接掺入新鲜的食品中。

7. 保证餐具干净

洗刷餐具时一定注意去除食品残渣、油污和其他污染物,洗刷干净后放入消毒柜内消毒,采用蒸气和紫外线消毒。及时处理垃圾,消除老鼠、苍蝇、蟑螂和其他有害昆虫,保持卫生。

(二)大学生预防食物中毒的方法

大学生预防食物中毒,应做到以下几点:

(1)个人要养成良好的卫生习惯。饭前、便后洗手。外出不便洗手时,一定要用酒精棉或消毒餐巾擦手。

(2)餐具要卫生。每个人要有自己的专用餐具,饭后将餐具洗干净存放在一个干净的塑料袋内或纱布袋内。

(3)饮食要卫生。生吃的蔬菜、瓜果梨桃之类的食物一定要洗干净。不要吃隔夜变味的饭菜。不要食用腐烂变质的食物和病死的禽、畜肉。剩饭菜食用前一定要热透。

(4)购买食品时一定要查看食品的生产日期、有效期、保质期、食品质量安全标志等,不买无照经营(非食品厂家)、个体商贩自宰自制的食品;不买不用过期、伪劣、假冒(如勾兑假酒等)食品。

(5)不吃变形、变味、变色食品和包装破损或异常的食品(如包装袋胀气)。

(6)生熟食正确存放食用。一是防止生、熟食品之间交叉加工,做到加工每一种食品前后都要洗手,案具、刀具不能混用;二是冰箱保存食品要严格分类分区,不能冷热混放,并严格遵守保存时间。

(7)外出就餐要注意就餐环境卫生、餐具清洁度,不吃装盒超过2小时的盒饭,饮用清洁水,不喝冷水。

(8)不吃不熟的青豆角、鲜黄花菜;不吃发芽的土豆;不吃野生蘑菇、霉变粮谷和有异味的鸡蛋。

三、食物中毒的处理

(一)食物中毒的应对措施

1. 建立快速反应机制

出现食物中毒后,特别是集体性食物中毒事件,要及时向学校领导、主管部门和所在地卫生防疫部门反映情况,并及时联系医院,确保在第一时间内进行救治。

2. 及时判断中毒类型

抢救食物中毒病人,时间是最宝贵的。从时间上判断,化学性食物中毒和动植物毒素中毒,自进食到发病是以分钟计算的;生物性(细菌、真菌)食物中毒,自进食到发病是以小时计算的。

3. 保留检查样本

在发生食物中毒后，要保存导致中毒的食物样本，以提供给医院进行检测，因此，确认中毒物质对确定治疗方案至关重要。如果身边没有食物样本，也可保留患者的呕吐物和排泄物，以方便医生确诊和救治。

（二）食物中毒的救护

1. 及时发现症状

很多食物中毒的患者不能及时发现自己的中毒症状，往往在送到医院的时候症状已经非常严重。因此，食物中毒后早期的发现和处理十分重要。食物中毒后第一反应往往是腹部的不适，中毒者首先会感觉到腹胀，一些患者还会腹痛，个别的会发生急性腹泻。与腹部不适伴发的还有恶心、呕吐的情况。一旦有人出现上吐下泻、腹痛等食物中毒症状，首先应立即停止食用可疑食物，同时拨打120急救电话呼救。

2. 催吐

如食物吃下去的时间在1~2小时内，可采用催吐的方法。首先使中毒者处于空气新鲜、通风好的环境中，并注意保暖。为防止呕吐物堵塞气道而引起的窒息，应让中毒者侧卧，便于吐出。用2%~4%盐水或淡肥皂水催吐，也可用手指、筷子等刺激其舌根部的方法催吐，以减少毒素的吸收。若经大量催吐后，呕吐物已为较澄清液体时，可适量饮用牛奶以保护胃黏膜。要注意当呕吐物中发现血性液体时，应暂时停止催吐，以免损伤消化道。在呕吐中，不要让中毒者喝水或吃食物，但在呕吐停止后应马上补充水分。

3. 导泻

如果病人食用中毒食物的时间较长（超过2小时），且精神状态较好，可采用服用泻药的方式，促使有毒食物排出体外。

4. 送入医院

出现中毒症状，感觉不适时，要立刻送入医院进行治疗，以免引起生命危险。

四、常见几种食物中毒的处理

（一）扁豆中毒

扁豆中含有皂素等有害物，如果吃了加热不透的扁豆，在半小时到几小时之内就可发生中毒，表现为恶心呕吐，血细胞升高。食用急火炒或凉拌的扁豆发生中毒者多。中毒轻者经过休息可自行恢复，用甘草、绿豆适量煎汤当茶饮，有一定的解毒作用。

（二）亚硝酸盐中毒

误食亚硝酸盐的人通常会出现胸闷、憋气、发绀等现象。一旦发生亚硝酸盐中毒应立即抢救，迅速灌肠、洗胃、导泻，让中毒者大量饮水。切记：患者一定要卧床休息，注意保暖，并将患者置于空气新鲜、通风良好的环境中。

（三）蘑菇中毒

一旦误食有毒蘑菇而中毒，要立即催吐、洗胃、导泻。对中毒不久而无明显呕吐症状者，可先用手指、筷子等刺激其舌根部催吐，然后用 1∶2 000 至 1∶5 000 高锰酸钾溶液或浓茶水、0.5%活性炭混悬液等反复洗胃，并让中毒者大量饮用温开水或稀盐水，以减少毒素的吸收。

（四）螃蟹中毒

如果发生螃蟹中毒，必须立即设法让食物从胃里吐出来。具体办法是：先给中毒者喝 5~6 杯加了盐和苏打的水，然后救护者用两个指头伸到其嘴里，抵住舌根进行催吐，再服些消炎药片。如果病情不重，经催吐后即会好转。

（五）马铃薯中毒

误食了发芽的马铃薯中毒，若食后不久，应立即采取洗胃催吐，吐尽胃内毒物，并及时将病人送往医院。

五、食品加工的相关安全标志

1. 食品质量安全标志

食品质量安全标志是食品市场准入标志，其式样和使用办法由国家市场监督管理局统一制定。加贴（印）有食品质量安全标志的食品，即意味着该食品符合了质量安全的基本要求。获得食品质量安全生产许可证的企业，其生产加工的食品经出厂检验合格的，在出厂销售之前，必须在最小销售单元的食品包装上标注由国家统一制定的食品质量安全生产许可证编号，并加印或者加贴食品质量安全标志。该标志由"QS"和"质量安全"中文字样组成（如图 8-1 所示），标志主色调为蓝色，字母"Q"与"质量安全"四个中文字样为蓝色，字母"S"为白色，使用时可根据需要按比例放大或缩小，但不得变形或变色。

2. 有机食品标志

有机食品指来自有机农业生产体系，根据国际有机农业生产要求和相应标准生产、加工，并经具有资质的独立认证机构认证的一切农副产品。有机食品不使用任何人工合成的化肥、农药和添加剂。有机食品标志如图 8-2 所示。有机食品与我国绿色食品的最显著

图 8-1　食品质量安全标志

图 8-2　有机食品标志

差别是在其生产和加工过程中绝对禁止使用农药、化肥、激素等人工合成的物质,而绿色食品则允许有限制地使用这些物质。

3. 绿色食品标志

绿色食品是遵循可持续发展原则,按照特定生产方式生产,经过专门机构认定,许可使用绿色食品标志的无污染的安全、优质、营养类食品,级别比"无公害农产品"更高。由于与环境保护有关的事物国际上通常都冠之以"绿色",为突出这类食品出自良好生态环境,因此定名为绿色食品。绿色食品标志如图 8-3 所示,由三部分构成:上方的太阳、下方的叶片和中心的蓓蕾。标志图形为正圆形,意为保护。该标志形象地告诉人们绿色食品正是出自纯净、良好生态环境的安全无

图 8-3 绿色食品标志

污染食品,象征着其蓬勃的生命力。绿色食品分为 A 级和 AA 级。A 级产地环境质量要求评价项目的综合污染指数不超过 1,在生产加工过程中,允许限量、限品种、限时间地使用安全的人工合成农药、兽药、鱼药、肥料、饲料及食品添加剂。AA 级产地环境质量要求评价项目的单项污染指数不得超过 1,生产过程中不使用任何人工合成的化学物质,且产品需要 3 年的过渡期。

第九章 网络安全

当今中国，网信事业蓬勃发展，网民数量全球第一、电子商务交易额总量全球第一。必须正确把握安全与发展的关系，让网络空间既充满活力又安全清朗。

"没有网络安全就没有国家安全。"党的十八大以来，以习近平同志为核心的党中央系统部署和全面推进网络安全和信息化工作。在习近平总书记关于网络强国的重要论述指引下，我国网络空间日渐清朗，网络安全保障体系日益完善，网络安全保障能力不断增强，网络空间命运共同体主张获得国际社会广泛认同。

第一节 网络安全体系现状

随着全球信息化的快速发展，网络安全成为各个国家的重点关注对象。面对诸多的网络安全事件，我国出台了一系列的政策来保护网络的连接安全、信息安全、用户隐私等，但是总的来看，我国的网络安全体系仍然不成熟，在规划、经费、人手等方面仍然存在不足。

一、计算机网络技术现状

随着计算机技术的迅速发展，在计算机上处理的业务也由基于单机的数学运算、文件处理，基于简单连接的内部网络的内部业务处理、办公自动化等发展到基于复杂的内部网、企业外部网、全球互联网的企业级计算机处理系统和世界范围内的信息共享和业务处理。

但在信息连接能力、流通能力提高的同时，基于网络连接的安全问题也日益突出，整体的网络安全主要表现在网络物理安全、网络拓扑结构安全、网络系统安全、应用系统安全和网络管理的安全等方面。

2020年年底爆发的 Solar Winds 攻击仍在持续蔓延并进化，勒索软件成为各行各业最大的心头之患，基础服务和框架爆发漏洞引发大面积的安全事故，涉及地缘政治的高级威胁攻击不断出现，数据泄露问题依旧源源不断。2021年，全球网络安全局势依然严峻，仅第一季度全球就有数起大型网络安全事件发生，见表9-1。

表9-1　2021年一季度全球大型网络安全事件汇总

月份	事件
1月	1月5日，2021年第一款企业级勒索软件Babuk Locker出现，有部分机构中招。 1月10日，新西兰央行第三方托管提供商遭攻击，导致数据泄露。 1月12日，欧洲药品管理局宣布，黑客泄露了此前网络入侵中被盗的新冠疫苗信息。 1月12日，笨鸟公司泄露400G数据，全球超2.14亿用户信息曝光。 1月14日，利用Telegram机器人的新型诈骗出现，只要对该机器人发送需要钓鱼的诱饵产品链接，就会自动生成完整的网络钓鱼工具包。 1月15日，苏格兰环境保护局披露勒索软件攻击造成严重网络中断，部分数据被盗。 1月27日，包含超过1.76亿巴基斯坦公民个人信息的数据库在网上出售
2月	2月19日，认证巨头UL遭勒索软件攻击，黑客对其服务器进行加密并导致服务器宕机。 2月22日，出现针对Mac设备的新恶意软件Silver Sparrow，153个国家的3万台终端被感染。 2月22日，Clop勒索软件将多个0day漏洞与一个新的webshell结合，破坏了100家公司的Acellion FTA（文件传输设备），并窃取了敏感文件。 2月26日，勒索软件团伙Hotanus Corp入侵厄瓜多尔财政部和该国最大的银行Banco Pichincha，声称窃取了"敏感的部委信息、电子邮件、雇员信息、合同"
3月	3月5日，英国数据分析公司Polecat的一台未加密服务器暴露了大约30TB的数据，其中包括120亿条与社交媒体相关的记录。 3月10日，Ryuk勒索软件袭击了700个西班牙政府劳工局办公室，导致系统被关闭。 3月19日，Office 365新型网络钓鱼兴起，针对保险和金融行业高管获取其证书，并发起BEC攻击。 3月19日，宏碁Acer遭REvil勒索软件攻击，被索要迄今所知的最高赎金5 000万美元。 3月22日，能源巨头壳牌安全文件共享系统被入侵，导致发生数据泄露事件。 3月23日，物联网巨头Sierra Wireless披露遭勒索软件攻击，迫使其停止所有基地的生产。 3月24日，以色列大选前一天，650万选民的个人身份与登记信息被泄露。 3月29日，Clop组织声称可访问斯坦福大学等6所美国顶尖高校的学生和教职员工的财务文件和护照信息

二、我国高度重视网络安全

在复杂多变的安全环境下，国家从立法层面进一步提升了全社会对网络安全的关注与重视程度。2015年《国家安全法》颁布，首次提出了"网络安全主权"概念；2016年《网络安全法》颁布，明确了网络安全主权的原则，要求建立关键信息基础设施安全保护制度等。

网络安全已经成为"五年规划"的重要议题，其中2021年出台的"十四五规划"对网络安全提出了更全面的发展要求，要培育壮大网络安全等新兴数字产业，营造安全的数字生态，健全网络安全制度，加强网络安全基础设施建设等。中国历次"五年规划"中对于网络安全的规划要求见表9-2。

表9-2 中国历次"五年规划"中对于网络安全的规划要求

文件	相关内容
《中华人民共和国国民经济和社会发展第十二个五年规划纲要》	发展信息安全服务。健全网络与信息安全法律法规，完善信息安全标准体系和认证认可体系，实施信息安全等级保护、风险评估等制度。加快推进安全可控关键软硬件应用试点示范和推广，加强信息网络监测、管控能力建设，确保基础信息网络和重点信息系统安全。推进信息安全保密基础设施建设，构建信息安全保密防护体系。加强互联网管理，确保国家网络与信息安全
《中华人民共和国国民经济和社会发展第十三个五年规划纲要》	统筹网络安全和信息化发展，完善国家网络安全保障体系，强化重要信息系统和数据资源保护，提高网络治理能力，保障国家信息安全。加强数据资源安全保护；科学实施网络空间治理；全面保障重要信息系统安全。参与国际网络空间治理，维护全球网络安全。加强网上主权空间对敌斗争和网络舆情管控，遏制敌对势力和恐怖势力利用网络空间进行渗透破坏活动。提高网络风险防控能力。推进网络安全等涉及国家安全的立法工作
《中华人民共和国国民经济和社会发展第十四个五年规划纲要》	培育壮大网络安全等新兴数字产业。加强网络安全保护。健全国家网络安全法律法规和制度标准，加强重要领域数据资源、重要网络和信息系统安全保障。建立健全关键信息基础设施保护体系，提升安全防护和维护政治安全能力。加强网络安全风险评估和审查。加强网络安全基础设施建设，强化跨领域网络安全信息共享和工作协同，提升网络安全威胁发现、监测预警、应急指挥、攻击溯源能力。加强网络安全关键技术研发，加快人工智能安全技术创新，提升网络安全产业综合竞争力。加强网络安全宣传教育和人才培养。推动构建网络空间命运共同体。推动全球网络安全保障合作机制建设，构建保护数据要素、处置网络安全事件、打击网络犯罪的国际协调合作机制。全面加强网络安全保障体系和能力建设，切实维护新型领域安全

三、网络安全制度体系不断完善

随着顶层设计的陆续落地，相关的配套文件也陆续出台。2020年至今，随着疫情所带来的影响逐渐消散，网络安全行业迅速恢复，多项相关政策正式施行，为网络安全产业的发展提供了新的契机和更有力的支持。截至2023年3月底，我国出台了一系列网络安全政策，见表9-3。

表9-3 截至2023年3月底我国网络安全相关政策汇总

时间	政策文件	重点内容
2023年3月23日	国家网信办公布《网信部门行政执法程序规定》，自2023年6月1日起施行	国家互联网信息办公室有关负责人表示，出台《规定》，是为了进一步规范和保障网信部门依法履行职责，保护公民、法人和其他组织的合法权益，维护国家安全和公共利益

续表

时间	政策文件	重点内容
2023年2月27日	《数字中国建设整体布局规划》发布	《规划》明确数字中国建设要夯实数字基础设施和数据资源体系"两大基础",推进数字技术与经济、政治、文化、社会、生态文明建设"五位一体"深度融合,强化数字技术创新体系和数字安全屏障"两大能力",优化数字化发展国内国际"两个环境"
2023年2月24日	国家互联网信息办公室发布《个人信息出境标准合同办法》,旨在保护个人信息权益,规范个人信息出境活动	《办法》明确,通过订立标准合同的方式开展个人信息出境活动,应当坚持自主缔约与备案管理相结合、保护权益与防范风险相结合,保障个人信息跨境安全、自由流动
2023年2月21日	中国网络空间安全协会发布《个人信息保护自律公约》	《公约》指出,面向会员单位及广大互联网从业者组织开展签署工作,以提升全社会各方个人信息保护意识,推动个人信息保护综合治理工作开展
2023年2月8日	工业和信息化部发布《工业和信息化部行政执法事项清单(2022年版)》	《清单》共涉及296项,其中涉及网络安全领域38项、数据安全领域15项、个人信息保护领域4项,总计45项行政处罚、12项行政检查。
2023年2月6日	国家邮政局修订《寄递服务用户个人信息安全管理规定》	《规定》指出,依法严厉打击泄露、买卖寄递服务用户个人信息等行为,督促寄递企业加强网络安全、数据安全和个人信息保护工作,健全完善企业信息安全保护责任制,强化个人信息安全实时监测能力
2023年1月13日	工业和信息化部等十六部门发布《关于促进数据安全产业发展的指导意见》	《意见》指出:计划到2025年,数据安全产业基础能力和综合实力明显增强,产业生态和创新体系初步建立,重点行业领域应用水平持续深化,人才培养体系基本形成
2022年6月30日	网信办就《个人信息出境标准合同规定(征求意见稿)》公开征求意见	《规定》明确个人信息处理者向境外提供个人信息的应当依据标准合同开展个人信息出境活动,依法保障个人信息有序自由流动。要求个人信息处理者事前开展个人信息保护影响评估,重点评估内容包括出境的目的、必要性等,以及个人信息出境可能对个人信息权益带来的风险和个人信息出境后泄露、损毁、篡改、滥用的风险等
2022年6月27日	网信办发布《互联网用户账号信息管理规定》(国家互联网信息办公室令 第10号)	《规定》要求互联网信息服务提供者应当履行互联网用户账号信息管理主体责任,配备与服务规模相适应的专业人员和技术能力,建立健全并严格落实真实身份信息认证、账号信息核验、应急处置、个人信息保护等管理制度。依法保护和处理互联网用户账号信息中的个人信息,并采取措施防止未经授权的访问以及个人信息泄露、篡改、丢失
2022年6月23日	国务院发布《关于加强数字政府建设的指导意见》(国发〔2022〕14号)	《意见》明确了七方面重点任务,在构建数字政府全方位安全保障体系方面,全面强化数字政府安全管理责任,落实安全管理制度,加快关键核心技术攻关,加强关键信息基础设施安全保障,强化安全防护技术应用,提高自主可控水平,切实筑牢数字政府建设安全防线

续表

时间	政策文件	重点内容
2022年6月22日	中央全面深化改革委员会第二十六次会议审议通过了《关于构建数据基础制度更好发挥数据要素作用的意见》	会议强调，数据基础制度建设事关国家发展和安全大局，要维护国家数据安全，保护个人信息和商业秘密，促进数据高效流通使用、赋能实体经济，统筹推进数据产权、流通交易、收益分配、安全治理，加快构建数据基础制度体系。
2022年6月14日	网信办发布新修订的《移动互联网应用程序信息服务管理规定》	《规定》要求应用程序提供者和应用程序分发平台应当履行信息内容管理主体责任，建立健全信息内容安全管理、信息内容生态治理、数据安全和个人信息保护、未成年人保护等管理制度，确保网络安全，维护良好网络生态
2022年6月9日	市场监管总局、网信办公开发布《关于开展数据安全管理认证工作的公告》（2022年第18号）	《公告》鼓励网络运营者通过认证方式规范网络数据处理活动（数据收集、存储、使用、加工、传输、提供、公开等），加强网络数据安全保护。其认证依据为GB/T 41479—2022《信息安全技术 网络数据处理安全要求》及相关标准规范
2022年4月25日	网信办、发改委、工信部联合发布《深入推进IPv6规模部署和应用2022年工作安排》	《工作安排》部署了十个方面重点任务，包括强化网络承载能力、提升终端支持能力、优化应用设施性能、强化安全保障、加强统筹协调等。在安全保障方面，要求加快IPv6安全关键技术研发和应用、提升IPv6网络安全防护和监测预警能力、加强IPv6网络安全管理和监督检查
2022年4月13日	工业互联网专项工作组办公室发布《工业互联网专项工作组2022年工作计划》（工厅信管〔2022〕256号）	《工作计划》提出了十五项工作任务，要求工业互联网企业依法落实企业的网络安全主体责任，健全完善工业互联网安全管理制度，深入实施工业互联网企业网络安全分类分级管理制度，强化网络安全技术保障能力，持续提升国家工业互联网安全技术监测服务能力
2022年3月7日	工信部发布《车联网网络安全和数据安全标准体系建设指南》（工信厅科〔2022〕5号）	《指南》提出到2023年年底初步构建起车联网网络安全和数据安全标准体系。重点研究基础共性、终端与设施网络安全、网联通信安全、数据安全、应用服务安全、安全保障与支撑等标准，到2025年形成较为完善的车联网网络安全和数据安全标准体系，支撑车联网产业安全健康发展
2022年3月5日	国务院总理李克强向第十三届全国人民代表大会第五次会议作《2022年政府工作报告》	《报告》指出2022年将强化网络安全、数据安全和个人信息保护，促进数字经济发展，加强数字中国建设整体布局，建设数字信息基础设施，逐步构建全国一体化大数据中心体系，推进5G规模化应用，促进产业数字化转型，加快发展工业互联网，培育壮大数字产业，加强供应链韧性。
2022年1月18日	发改委、网信办、市场监管总局、工信部等九部门联合发布《关于推动平台经济规范健康持续发展的若干意见》（发改高技〔2021〕1872号）	《意见》聚焦平台经济发展面临的突出问题，提出要强化数据和算法安全监管，严厉打击平台企业超范围收集、超权限调用个人信息等违法行为。强化数据安全管理工作。推动平台企业深入落实网络安全等级保护制度，探索开展数据安全风险态势监测通报，建立应急处置机制。

续表

时间	政策文件	重点内容
2022年1月12日	国务院发布《"十四五"数字经济发展规划》（国发〔2021〕29号）	《规划》部署了八项重点任务，在数字经济安全体系方面，提出了三个方向的要求，一是增强网络安全防护能力、二是提升数据安全保障水平、三是切实有效防范各类风险，并系统阐述了网络安全对于数字经济的独特作用及重要性
2022年1月6日	国务院办公厅发布《要素市场化配置综合改革试点总体方案》（国办发〔2021〕51号）	《方案》旨在深入贯彻落实《中共中央 国务院关于构建更加完善的要素市场化配置体制机制的意见》，以综合改革试点为牵引，更好地统筹发展和安全。《方案》明确提出要探索建立数据要素流通规则、完善公共数据开放共享机制、建立健全数据流通交易规则、拓展规范化数据开发利用场景、加强数据安全保护

四、网络安全挑战依然存在

虽然我国已经出台了相关的网络安全政策，但目前我国的网络安全水平仍然难以支撑数字化、智能化时代的信息化保障。2020年RSAC主题分享万人云峰会中指出，我国仍然缺少"规划"的网络安全建设，一方面不可避免地会存在安全能力碎片化、整体协同能力不足、可弹性恢复能力缺失等问题；另一方面，规划的缺失也导致了网络安全产业的经费不足，包括运行经费和人手不足，并最终导致了政企机构实战化运行能力的薄弱。我国网络安全领域存在的问题如图9-1所示。

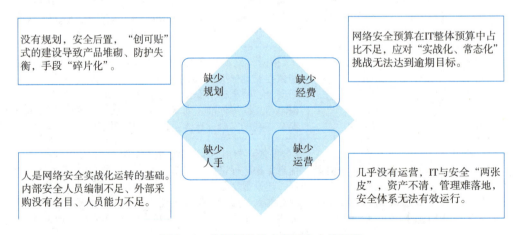

图9-1 我国网络安全领域存在的问题

因此，构建"关口前移，防患于未然"的网络安全管理体系，加强顶层设计、尽快实现向体系化规划建设模式的转型已是当务之急。只有从零开始加入信息化的规划当中，将安全嵌入信息化和业务系统中，做到安全与信息化的同步规划、同步建设、同步运行，才能真正让安全成为"内生安全"，从而避免"事后补救"，实现"事前防控"。

第二节 合理使用网络

当前，信息化发展时代潮流与世界百年未有之大变局和中华民族伟大复兴战略全局发生历史性交汇，维护国家网络安全的重要性和紧迫性愈加凸显。

国家统计局数据显示，2022 年，全国网上零售额达 13.79 万亿元，按可比口径计算，比上年增长 4.0%。实物商品网上零售额 11.96 万亿元，按可比口径计算，比上年增长 6.2%，占社会消费品零售总额的比重为 27.2%。截至 2022 年 12 月，我国网络购物用户规模达 8.45 亿，较 2021 年 12 月增长 319 万，占网民整体的 79.2%。我国拥有全球第一的网民规模，2019 年网络购物用户交易规模超过 10 万亿元，产业数字化进程不断加快。面对复杂的国内外环境以及日益提高的网络安全需求，坚持把网络安全和信息化作为一体之两翼、驱动之双轮，其意义显得尤为突出。伴随 5G 等新技术的到来，网络安全防护难度不断加大，对此应从技术创新、人才培养、安全意识提升等方面"下苦功"，推动建立网络安全良性生态，共同筑牢网络安全防护网。

网络信息化改变了青年大学生的生活和学习方式，已成为高校师生在教育教学过程中不可或缺的重要载体，然而网络安全事件在高校时有发生，网络诈骗手段不断推陈出新，不仅危害校园网络安全管理，也对大学生的身心健康，甚至世界观、人生观、价值观产生深远影响。

在信息时代背景下，大学生不仅要提高辨析包罗万象的网络信息真伪的能力，还要提高自身网络道德自律能力与适应社会的能力，在学习、生活中将互联网使用好，提高防范网络安全事件和网络舆情事件的能力，自觉抵制网络诈骗等影响大学生成长和身心健康的犯罪行为。

案例集锦 9—1

【例1】

申月（化名）是江西某高校学生，由于迷上网络游戏而无心学习，上网时间常常达到每天十几个小时，学习成绩直线下降。大二时，被学校留级处理的申月仍未反省，5 门课程不及格，最终被学校劝退。

面对记者，21 岁的申月显得很沉默，怎么看他都不像个"坏孩子"。申月来自江西安义县石鼻镇一个小村庄，大一时一次偶然的上网经历，让他沉迷网络游戏不能自拔。后来，申月开始千方百计挤出时间上网，最后发展到逃课，白天在宿舍睡觉，晚上去网吧上网。因为晚上包夜便宜，从晚上 11 时到次日早晨 7 时只需 6 元钱，而白天 1 个小时就 1 元多。为了挤出上网的钱，申月常常一天只吃两顿饭，且大多是泡面或面包之类。

记者在学校下发的退学决定书上看到如下内容：申月，1997 年 3 月出生，因考试不及格门数已经达到退学条件,申请自动退学。根据学校《学生管理规定(试行)》第三十七条,经 2017 年 11 月 9 日院系党政联席会议研究,建议给予其自动退学处理;经 2017 年 11 月 21 日校长办公会议研究,决定给予其自动退学处理。

  申月的父亲无奈地告诉记者,儿子考进大学读了近 3 年,包括学费在内花费近 5 万元。对于一个农村的家长来说,培养一个大学生并不容易,儿子在学校已经上网成瘾,他和妻子竟浑然不知。直到学校开学,儿子还待在家里不去学校,他才知道儿子已被学校勒令退学了。现在儿子整天待在家无所事事,他们做父母的很担忧。申月的父亲表示,儿子因沉迷网络游戏被学校劝退,是做家长的失败,他和妻子对此表示无法接受。

【例 2】
  河北某高校学生小黎(化名)因感觉愧对父母,在保定市火车站服毒自杀,幸亏医院抢救及时才脱离了生命危险。

  "要不是迷恋网络游戏,我儿子说啥也不会落到这个地步呀!"说起儿子服毒的原因,小黎的父亲不禁老泪纵横。

  他介绍说,自己是阜平县农民。小黎从小学习成绩非常好,2020 年考上了省会的一所知名院校,家里千方百计借钱供他上了大学。读大一、大二时,小黎的学习成绩仍然十分优秀,且连续两年拿到了奖学金。但从大三开始,小黎迷上了网络游戏,学习成绩也一落千丈。随着上网费的增加,小黎开始频频向家中伸手要钱,最多的时候每个礼拜都向家里要二三百元。起初家里相信了儿子"搞关系、找工作"的说法,哪怕到处借钱也尽量满足小黎的要求。直到有一天学校打来电话,家人才知道小黎要钱是为了上网,而且把学业也耽误了。4 月 16 日,家中突然接到小黎同学打来的电话,称小黎已经一个多星期没回学校了,而且连毕业考试也没有参加。小黎的父亲赶到学校,最终在同学的帮助下在一家网吧找到了小黎。

  "把他从网吧拽出来的时候,我都认不出来了:头发像乱草,胡子老长,眼神游移不定,全身衣服又脏又皱,看着跟叫花子差不多。"小黎的父亲一问才知道儿子已连续在网吧"泡"了十多天,每天只吃两包方便面,困了就蜷缩在网吧的沙发上打个盹。

  4 月 19 日,正当父亲忙着和学校联系,为小黎争取补考机会时,小黎又突然失踪了。

  4 月 20 日中午,小黎的父亲接到学校的电话,这才知道儿子出事了。

  小黎的父亲说:"后来我才知道,儿子寒假后几乎就没在学校上过课,就是有机会补考,也根本没希望通过。"4 月 19 日,小黎一人回到阜平县城后,感到无脸见家人,便买了一瓶农药转车来到保定。4 月 20 日上午,身无分文的小黎被困在保定火车站,他左思右想觉得无路可走,便喝下农药想以死求得解脱。幸亏有好心人拨打报警电话,这才捡回了一条命。

> 网络对大学生心理发展及心理健康的影响是双重的，有积极影响也有消极影响，关键在于学校、家庭和社会如何进一步发挥电脑网络的积极影响，控制和减少其消极影响。

一、网络对大学生的影响

（一）网络对学生的积极影响

（1）网络为学生提供了求知和学习的广阔平台。2020年突如其来的疫情，加速了线上教学、网络教学手段的普及应用，已成为国内外大中小学的一种新颖的教育模式。学生不仅可以通过网络及时了解学校的情况，还能直接学习课程，与学校的老师进行直接交流，解答疑难，获取知识。诸多网上课堂的陆续建立，为学生的求知和学习提供了良好的途径和广阔的空间，有助于帮助青年大学生养成良好的用网习惯。

（2）网络为学生获得各种信息提供了新的渠道。获取信息是学生上网的主要目的，通过网络可以关注和了解"家事、国事、天下事"，令思想空前开阔。当前学生的关注点十分广泛，传统媒体已无法及时满足青年大学生个性化的阅读需求与兴趣特征，网络信息容量大的特点最大限度地满足了学生的个性需求，为学生提供了最为丰富的信息资源，网络已成为学生搜寻信息的首要选择。

（3）网络有助于学生不断提高自身能力。国外的一些专家学者将计算机技能作为未来成功青年所必须掌握的5项基本技能之一。我们可以通过网络查找到涉及人类生活所有方面的各类信息，对能够熟练使用计算机的学生来说，可谓是取之不尽、用之不竭、学之不完的知识宝库。

（4）网络有助于拓宽学生的思路和视野，加强学生之间的交流和沟通，增强学生的社会参与度，开发学生内在的潜能。网络的包容性使上网的学生处于与现实生活完全不同的环境中，在思考的过程中，学生不仅锻炼了自己独立思考问题的能力，而且提高了自己对事物的分析力和判断力；网络的互动性使学生可以通过网络交互的方式广交朋友，参与社会问题的讨论，发表观点和见解；同时，网络的开放性、无限性特征极大地激发了学生的好奇心和求知欲，使其潜质和潜能被有效地开发出来。

（二）网络对学生的负面影响

网络具有新颖性、互动性、开放性、平等性、虚拟性、超时空性、信息传播的高速性、无限性和复杂性等特征。这些特点既可成为优点，又可成为缺点。如网络的新颖性深深地吸引着人们，甚至使人沉迷其中；网络的开放性、互动性有利于民主的发挥，但也容易带来无序、混乱、危机；网络的虚拟性导致了网络犯罪感的虚无化，进而使网络犯罪增加迅速；网络的超时空性使用户有更多的自主性，也使网络犯罪手段更隐蔽，更难以控制；网络是有史以来最大的信息库，丰富的网络信息开阔了青少年的眼界，但伴随着信息爆炸、信息污染，各种冗余信息影响了有用信息的清晰度和效用性，网上黄毒是诱发青少年犯罪的重要因素。

（1）网络对学生的人生观、价值观和世界观的形成具有潜在威胁。网络是一张无边无际的"网"，内容虽丰富却庞杂，良莠不齐，学生在网络上频繁接触西方国家的宣传论调、文化思想等，这对他们头脑中沉淀的中国传统文化观念与我国主流意识形态造成冲击，使学生的价值观产生倾斜，甚至盲从西方价值观。长此以往，对于我国大学生的人生观和意识形态必将产生潜移默化的影响，对于国家的政治安定显然是一种潜在的巨大威胁。

（2）网络使许多学生沉溺于网络虚拟世界，脱离现实，甚至使部分学生荒废学业。与现实的社会生活不同，学生在网上面对的是一个虚拟世界，它不仅满足了学生尽早尽快获取各种信息的需要，也给人际交往留下了广阔的想象空间，而且不必承担现实生活中的压力和责任。虚拟世界的这些特点，使得不少学生宁可整日沉溺于虚幻的环境中而不愿面对现实生活。而无限制地"泡"在网上将对日常学习、生活产生很大的负面影响，甚至使学生荒废学业。

（3）网络中的不良信息和网络犯罪对学生的身心健康和安全构成危害和威胁。当前，网络对学生的危害主要集中在两点：一是某些人实施诸如诈骗或性侵害之类的犯罪；二是黄色垃圾及反动的、负能量的信息对学生的危害。据有关专家调查，因特网上非学术性信息中，有47%与色情有关，网络使色情内容更容易传播。据不完全统计，60%的学生虽然是在无意中接触到网上色情信息的，但自制力较弱的学生往往出于好奇或冲动而进一步寻找类似信息，从而深陷其中。调查还显示，在接触过网络上色情内容的学生中，90%以上有性犯罪行为或动机。

二、积极防范网络安全

习近平总书记指出，"网络安全和信息化是事关国家安全和国家发展、事关广大人民群众工作生活的重大战略问题"，"没有网络安全就没有国家安全，没有信息化就没有现代化"。

近些年来，随着网络技术和网络应用服务的快速发展，网络安全形势日益严峻复杂，网络安全在国家安全中的地位及作用日益凸显。为切实维护网络安全，不断推进依法治网，我国加快推动网络安全立法进程，着力健全完善网络安全法律法规。一方面，对传统法律进行修改完善，通过对原有法律文本的解释、修订或增补，将其效力从现实空间延伸到网络空间；另一方面，针对网络空间的特殊属性，专门出台网络法律、行政法规、部门规章等多个层次的法律文件，全面构建系统、完备、科学的网络安全法律体系。

如何做好大学生的网络安全意识教育，正确引导和防治上网带来的弊端？

（1）要充分认识网上思想渗透问题，强化对大学生的教育引导，使他们树立正确的人生观、世界观和价值观。

（2）要切实加强网上文明行为规范的建设。要广泛开展以宣传《大学生网络文明公约》为主题的各项活动，积极引导大学生遵守网络道德，提倡"五要五不要"，即：要善于网上学习，不要浏览不良信息；要诚实友好交流，不要侮辱欺诈他人；要增强自护意识，不要随意约见网友；要维护网络安全，不要破坏网络秩序；要有益身心健康，不要沉溺虚拟空间。努力创造干净、健康、文明、有序的网络环境。

（3）要构建网络和社会互动的大学生教育体系。网络时代的大学生思想教育是一项复杂的系统工程，因此政府、社会和家庭要协作联动，努力做到"三结合"：一是要把传统的大学生教育的政治优势与互联网的特征有机结合起来；二是把党、政府和群众团体的组织力量与培养网上青年志愿者的工作结合起来；三是把网站的建设工作与对现有大学生组织和机构运行机制进行必要的改革结合起来，以适应网络发展的需求。另外，还要着重加强对大学生的社会化教育，提高大学生适应现代社会的能力，使他们勇敢地直面现实世界，积极投入改造社会的实践中去。

（4）培养一批适应网络时代要求的学生工作者队伍。加强网络安全教育，不断发展壮大专业的网络安全教师队伍。通过聘请专业的网络安全技术管理专家、经验丰富的网络专业人才来担任国内高校的兼职教师，加强对广大学生工作者网络技术的培训，让他们尽快掌握与互联网有关的知识和技能，丰富自己的知识容量，改善自己的知识结构，了解大学生的所思所想，这样才能使教育工作更具有针对性。

（5）开辟更多更好的青年网站，积极占领网络阵地。目前，大多数大学生网站没有新鲜感和时代感，显得比较呆板，不容易产生强烈的凝聚力和号召力。因此，要尽快建设内容丰富多彩、形式独特而富有新意的大学生网站，以"主题鲜明、形式活泼、清新高雅、健康向上"的风格对大学生进行正面教育，真正在"以理服人、以情感人"上有所突破。同时，要加强大学生教育软件的开发制作，利用法律和技术上的可行性打击网上违法犯罪现象，走"依法治网"的良性发展轨道。

三、网络安全训练

（1）提高网络安全意识，加强网络法律法规的学习。学校要通过创办网络安全主页，对网络安全的法律法规进行及时的登载，这样既方便学生学习网络安全的法律法规知识，同时，也使学生一进入网络首先能感受到网络安全的重要氛围，在思想上形成一道能抵御外来反动、邪恶势力侵蚀的"防火墙"。

（2）遵守网络文明，坚持网上道德。树立良好的网上风气，摈弃不文明、不道德的网上行为，自觉抵制网上有害信息的侵蚀，倡导文明、健康的网络生活。

（3）不登录反动网站。不看淫秽及格调低下的网页，不下载传播反动的网络内容及煽动性信息，不在网上发表煽动性言论，对个人电子邮箱中接收到的反动邮件要自觉删除，保证不转发、不投递。实践证明，教育学生自觉抵制校园网上的有害信息，是防止校园网络遭受恶意攻击最有效的方法和途径。

第三节 远离网络犯罪

国家建设网络与信息安全保障体系,提升网络与信息安全保护能力,加强网络和信息技术的创新研究和开发应用,实现网络和信息核心技术、关键基础设施和重要领域信息系统及数据的安全可控;加强网络管理,防范、制止和依法惩治网络攻击、网络入侵、网络窃密、散布违法有害信息等网络违法犯罪行为,维护国家网络空间主权、安全和发展利益。近年来,大学生通过计算机和网络技术手段实施的犯罪行为也时有发生,给社会、学校和个人都造成了严重的影响。

案例集锦 9-2

【例1】

据《现代快报》报道,徐州市公安局2006年8月25日披露,由中华人民共和国公安部督办的"风艳阁"色情网站案成功告破。该色情网站会员数多达万人,帖子数量超过34万,涉案人员涉及国内18个省市,服务器设在美国,招募高学历人员进行日常管理和维护。经初步查实,截至2006年5月30日,该网站共有主题文章39 197篇,帖子340 118篇,日均新增帖子7 000余篇,涉及淫秽图片、淫秽电影、淫秽小说等多种题材。拥有会员101 524名,管理人员43名,日均在线人数1 500余人。

在获取大量证据后,警方对徐州涉案嫌疑人实施了抓捕。"风艳阁"网站的管理员魏某是徐州某学院职工,他对犯罪事实供认不讳。根据其交代,专案组民警奔赴上海、常州、连云港、江西上饶、湖南长沙等地进行抓捕,历时20多天,终于将该案的十多名案犯一一抓获。

让办案民警们吃惊的是,这些嫌疑人中,大多数是拥有较高学历和稳定工作的年轻人。其中,网名为"风的小猪"的李某是"风艳阁"上海地区的版主,在一所名牌大学读大三,并担任学生会主席。近日,徐州鼓楼区人民检察院做出决定,对"风艳阁"色情网站案涉案者中的10名犯罪嫌疑人,以涉嫌传播淫秽物品罪批准逮捕,另外2名取保候审。

【例2】

2007年9月中旬,惠州市公安局网监部门发现了一个名为"六色链社区"的色情网站。该网站于8月底创建,服务器设在美国。网站开设了多个栏目,设立了4个总版主、10个分版主。该网站已有注册会员1.4万多名,新会员还以每天200名以上的速度激增。惠州公安机关迅速成立了专案组,经过不到3天的摸底排查,充分掌握了犯罪嫌疑人叶某的主要犯罪情况,并于9月27日一举将叶某抓获。叶某交代了自己创建、维护"六色链社区"网站的事实,并供出另一同伙——ID为"江南一匹狼"的王某。专案组通过对"江南一匹狼"的即时调查,确定其在浙江台州,并立即派出追逃行动小组远赴浙江,将王某抓捕归案。王某供认了其"六色链社区"网站创建人和管理员的身份。经查明,王某先后化名"Sexta""Tz",在网站上发表463条帖子、12篇淫秽小说、近3 000幅图片和近100部色情电影。

截至10月2日该网站被查获关闭,其已拥有39万多名注册会员。在短短一个月的时间里,该网站共发布了淫秽图片约1.5万张,淫秽文章约1 000篇,淫秽视频文件约1 000个,总点击数高达132万次。就在叶某被抓获的当天,王某做主将价值1 500元/月的广告位,以200元/月的价格卖给一广告商。因此,办案人员表示,虽然只是区区200元,但叶、王两人还是构成了"传播淫秽物品牟利罪"。令办案人员震惊的是两名核心总版主竟是刚满18岁的孩子。叶、王两人的"得力干将"何某自打迷上了网上的花花世界后,满脑子都是淫秽图片,再也无心向学。因为发帖积极,他被王某破格提升为分版主,可以随意增删图片、影碟,甚至屏蔽会员发言……现实中孤僻贫寒的何某在网络中获得了极大的成就感,他更加卖力地投入网站建设中来。他夜以继日地忙着往网站贴图、上传色情影片,与"同道中人"交流切磋,由于发帖很积极,何某被提升为总版主,拥有了更大的论坛权限。之后,他更学会了到境外色情网站去寻找"资源",下载"奇文异图",丰富网站内容。

色情网站"经营者"呈低龄化趋势,这种现象实在值得我们深思。

▶ 点评

从上面的案例可以看出,以"色"为"本"的色情网站就似潘多拉魔盒,而以青少年为"经营者"的色情网站就更令人忧虑。且不说他们自己是青少年,是在为牟取暴利而违法犯罪,单说他们的"经营"内容,就将毒害更多的青少年。网络世界的"开发"潜力几乎是"无穷"的,而我们面对"无穷",制约措施却极其匮乏。大学生染指网络色情犯罪,可概括为以下原因:

第一,虽然有关部门比较有效地控制了社会上网吧对青少年的毒害,但是当下色情网站的情形仍然可以用"按下葫芦浮起了瓢"来形容。

第二,网络色情对青少年呈"无孔不入"的态势,仅仅靠清除不良网吧或者封锁青少年在网吧里追求色情刺激是远远不够的。不良网吧只是色情泛滥之"河"的"下游",而真正的"源头"是色情网站。

第三,有关部门查处网上淫秽色情违法犯罪活动的力度,依然不能够打掉色情网站"汹涌澎湃"的势头,"学生会主席版主""19岁经营者"是新问题,它以几何方式滋生蔓延。

第四,社会环境"金钱至上""金钱万能"的观念,以及社会上对一些类似于所谓"大学生辍学创业成亿万富翁"那样的"神话""事迹"的过分夸张炒作,侵蚀着我们的青少年。"经营"色情网站是一条"发财捷径"的看法毒害了一些青少年。

一、网络安全的保障体系

(一) 加强对网络运行安全的法律保障

习近平总书记指出:"要依法依规加强网络空间治理,推动依法管网、依法办网、依法上网,确保互联网在法治轨道上健康运行。"

2017年施行的《网络安全法》坚持维护网络安全与信息化发展并重,全面、系统、有针对性地建立了保障网络产品和服务安全、网络运行安全、网络信息安全等各方面的基本制度,确定了国家、主管部门、网络运营者、网络使用者的网络安全责任,确立了网络与信息安全保护的基本法律制度。特别是《网络安全法》将网络安全等级保护制度上升为法律要求,并在此基础上专门规定对关键信息基础设施实行重点保护,对于维护国家安全、公共利益和保障民生具有重要意义。

近年来,公安机关先后会同有关部门制定了《网络安全等级保护条例》《关键信息基础设施安全保护条例》《网络安全审查办法》等相关法律法规制度,着力在《网络安全法》的基础上进一步明确对计算机信息系统分级保护的具体要求。

(二) 加强对网络社会治理的法律保障

习近平总书记强调:"在互联网与现实社会深度融合的背景下,网络治理成为社会治理的重要组成部分,构建网络综合治理体系,对于提升国家治理能力具有重要而现实的意义。"为营造天清气朗的网络空间,近年来,国家不断提升网络社会治理能力和水平,以《网络安全法》《反恐怖主义法》等法律法规为依据,聚焦保护公民个人信息、落实网络运营者责任、查验网络用户真实身份、禁止危害网络安全行为等关键问题持续发力。

一是在保护公民个人信息方面,《全国人大常委会关于加强网络信息保护的决定》《网络安全法》等对加强公民个人信息保护做出了规定,明确了网络运营者收集、使用个人信息应当遵循合法、正当、必要的原则,完善了网络运营者收集、使用个人信息的规则及其保护个人信息安全的义务与责任,全面加强了对公民个人信息的法律保护。

二是在落实网络运营者责任方面,随着网络服务应用和普及,网络运营者占据大量社会资源,也应承担相应义务。《网络安全法》明确了网络运营者的网络运行安全义务、网络产品和服务安全义务、关键信息基础设施安全保护义务、公民个人信息保护义务、网络信息安全管理义务、对公安机关的执法协助义务等。

三是在查验网络用户真实身份方面,针对互联网匿名隐身特性,为加强网络可信身份体系建设,《全国人大常委会关于加强网络信息保护的决定》《反恐怖主义法》《网络安全法》等明确规定,在部分网络服务中落实用户身份真实查验制度。

四是在禁止危害网络安全行为方面,《网络安全法》《反恐怖主义法》明确了用户应当依法上网,不得从事危害网络安全的活动,不得为他人从事危害网络安全的活动提供帮助。

（三）加强对打击整治网络犯罪的法律保障

习近平总书记指出："互联网不是法外之地。利用网络鼓吹推翻国家政权，煽动宗教极端主义，宣扬民族分裂思想，教唆暴力恐怖活动，等等，这样的行为要坚决制止和打击，决不能任其大行其道。利用网络进行欺诈活动，散布色情材料，进行人身攻击，兜售非法物品，等等，这样的言行也要坚决管控，决不能任其大行其道。"

当前，网络犯罪分工协作、利益共享，催生了大量黑灰产业，形成了盘根错节的利益链条，极大地降低了作案技术门槛和犯罪成本，导致网络犯罪"易实施难打击、可打击难遏制"，建立事前预防、源头遏制、综合治理的网络犯罪生态打击机制已迫在眉睫。

1997年，我国修订《刑法》专门增加了非法侵入计算机信息系统罪、破坏计算机信息系统罪，并规定对利用计算机实施犯罪的，依照刑法相关规定定罪处罚，为惩治计算机犯罪提供了明确的法律依据。

2009年《刑法修正案七》将非法获取数据、非法控制系统以及提供黑客程序的行为入罪。2015年《刑法修正案九》增设了拒不履行信息网络安全管理义务罪、非法利用信息网络罪、帮助信息网络犯罪活动罪以及编造、故意传播虚假信息罪。

此外，为解决打击突出网络犯罪的法律适用问题，公安部积极推动最高人民法院、最高人民检察院出台相关司法解释，为侦办网络犯罪案件提供了定罪量刑标准，形成了较为完备的打击整治网络犯罪刑事法律体系。

（四）提高网民的道德素养

网民的道德素养亦即一个网民自身素质的培养，这是一个长期而漫长的过程。上网的人良莠不齐，从根本上说我们没有必要也没有权力干涉别人在干什么。但是我们也应该看到，上网的人中以年轻人为主，同时，在校的和已经毕业离校的学生是互联网的主流，他们是社会上较有知识的一代，应该维护好自身的声誉和形象。网民的道德观念和自我保护观念亟待提高和完善，不能因为网民的无所谓和好奇心理，而放任一个个没有良知和责任感的色情网站的存在。有些人甚至利用自己的小聪明大肆制作和传播色情信息，这更是人人深恶痛绝和强烈谴责的。网民应该有良好的道德修养，自觉地抵制访问色情网站，同时发现有人链接色情网站时要坚决地予以揭发和举报。

二、网络安全训练

网络技术的迅猛发展，对于加强信息交流起到了重大作用。但是由于网络覆盖的广泛性和信息传递的多媒体化，也使之成为黄毒传播的"最佳媒介"。大学生们思想活跃，易于接受新事物，也更容易受到来自网络的负面影响。有计划地对学生进行这方面的教育，对于预防大学生网络犯罪，可以起到积极的作用。

（一）洁身自好，自觉远离不良内容

网络是一个崭新的事物，应以开放的心态来迎接它，但对它的负面消息也应该坚决抵

制。在接受网络科技知识的同时，要强化自身的道德意识，不去浏览色情网站，不去点击和回复色情内容，给自己营造一个健康积极的网络环境。

（二）增强网络安全思想意识

要学会用相关的社会道德规范和行为规范来规范自己的行为，提高辨别善恶是非的能力；在论坛上发表言论时不能违反国家法令，提倡网络文明用语，不违背社会公德；自觉抵制任何利用计算机网络损害国家、社会和他人利益的行为；正确合理使用互联网，为拓宽视野、增加知识服务。

第四节　谨防网络陷阱

由于网络的开放性和互动性，网络信息几乎无时无刻不在无限制地被广为传播。商场购物，街边买菜，生活缴费，扫码支付已成常态。然而，在享受便利的同时，人们也受到欺诈、盗窃等违法犯罪行为的滋扰。"网络陷阱"对于思维活跃、追求新奇而又缺乏分辨力和自控能力的大学生来说，诱惑力极大。如何识别网络陷阱，保护自身安全，是我们必须认真对待的问题。

案例集锦9-3

【例1】

单纯的女大学生在网络聊天室里遇上了心仪的"对象"，并很快坠入情网。然而，令她意想不到的是，网络那端心仪的"对象"对她付出的却不是真情，对方的目的从一开始就是骗钱。在半年多的时间里，对方先后用各种花言巧语从她手里骗走近26万元，直到女孩父亲发现并报警。令人更想不到的是，直到骗子被抓，她与这个心仪的"对象"也没有见过面，而这个即将接受法律惩罚的骗子戴某，也是一名刚刚走出校园的大学毕业生。

戴某曾是本市某高校学生。2018年6月毕业后，他抱着对美好生活的憧憬迈出大学的校门走向社会。然而，手握大学毕业证四处找工作的戴某经过一段时间的碰壁后，才发现现实生活与理想有很大差距，他日趋消沉，开始在互联网上消磨时光。2018年10月，戴某在网络聊天室里认识了一个名叫吴某倩的女孩。聊天中，他得知吴某倩是本市一所高校的在校生，家里经济条件很好。通过交往，戴某发现，吴某倩是一个没有社会经验、非常单纯的女孩。于是，一个念头在戴某心中萌生——他要利用自己的"优势"从吴某倩那里弄钱。此后，戴某谎称自己还是在校大学生，开始施展自己的"魅力"向吴某倩发起"进攻"，单纯的吴某倩很快坠入情网。一个月后，见已经取得吴某倩的信任，戴某开始编造谎言向吴某倩"借钱"。

"倩倩，我同学出了车祸找我借钱看病。他住石家庄，我想去看望他，需要一笔路费,可我手头儿有点紧,能不能借点钱给我?"吴某倩收到戴某在网络上的留言后,立即按照戴某留给她的银行账号汇去800元。如此轻易得手,戴某的"胃口"越来越大。数日后,吴某倩再次接到戴某发给她的信息,戴某自称在赴外地途中不慎将腿摔断,需要去北京治疗,以找名医、吃进口药及办理医保手续需要给人送礼为由多次找吴某倩寻求帮助。而此时,吴某倩早已被戴某美丽的谎言所迷惑,从几百元到数千元直到上万元,吴某倩将钱一次次汇入戴某的账号。直至2019年3月,吴某倩发现自己已无力继续资助戴某。

见吴某倩不像以前那样慷慨,戴某开始翻脸:"找你借钱是为了和朋友投资做生意赚钱,要不然以前欠的款我就还不上了。"无奈之下,吴某倩只得一次次背着父母,从家里拿钱给戴某;而此时的戴某却正在得意地和朋友出入高档的酒吧、歌厅,花天酒地地尽情享受。

2019年5月,吴某倩的父亲到银行取款时发现,自家的银行卡中一下子少了近26万元,连忙询问家人,才得知女儿将钱汇给了一名素未谋面的男网友。他立即意识到女儿受骗了,随即带吴某倩来到市公安局报警。

根据吴某倩提供的线索,民警找到了戴某的家,发现其已不知去向。经多方查找,5月26日民警获取线索,戴某在一所高校内出现,随即民警部署警力在该高校周边设下埋伏。第二天上午10点,戴某刚在学校门口出现,立即被擒获。

经审问,戴某交代了半年多以来利用网络交友,以种种理由诈骗吴某倩25.8万元的事实。据他交代,这些钱全部被他用来请客吃饭、唱歌喝酒,并为自己购买高档手机、名牌皮衣和手表等。目前,戴某因涉嫌诈骗已被刑事拘留。

【例2】

2020年,南京某师范学校的大三男生小王有个在网上聊了半年多的辽宁女网友,对方一直自称24岁,是当地一家保险公司的白领。某日,女网友打电话给小王,说自己出差路过南京要和他见一面。可等小王到火车站接站时才发现,女网友的真实年龄至少有40岁。当晚,女网友在小王学校附近的一家旅馆住下后,说自己人生地不熟,让小王陪自己聊天。结果,小王喝下她递上的"可乐"后,直到第二天中午才醒来。醒来后,小王发现自己身上的钱包(内有1 200多元钱及一张银行卡)和CD机不翼而飞了。到总台一查,女网友登记的身份证竟是假的!

【例3】

吴义(化名)是天津一所大学的学生,25岁。2021年,吴义从网上了解到有种类似"会所"的高级卖淫组织方式,以"高额回报"悠恿女子"入会",然后以银行卡支付费用并收取"年费"。若和对方发生性关系并被拍录,更可以"要挟"她们从中渔利。于是,吴义便想到了先利用QQ广泛"撒网"的方式寻找机会。

2023年3月,吴义通过QQ认识了中央戏剧学院的一名女大学生姜西(化名)。被"高薪"引诱的姜西很快把手机号给了他,并定好在一宾馆内面试。

随后,吴义在宾馆内诱使姜西与自己发生了性关系,并把这一过程拍摄了下来。

趁姜西回校换衣服时，吴义将她的包、笔记本电脑和数码相机统统卷走。

几天后，吴义以打电话、发短信和发邮件等形式，要挟姜西往他办的卡里存10万元钱，否则就将拍的DV片子复制后发给她的老师和同学。后发现姜西没有存款，吴义就将目标移向了姜西的父亲。这是吴义偷偷从姜西的手机里找到的电话。但他没想到，姜父来到北京后就报了案将其抓获。

经查，从2021年年底至被抓获，吴义曾用同样的手段骗了来自中华女子学院、对外经贸大学、北京印刷学院等高校的4名女大学生共2万余元，其中还有两人被骗色。

【例4】

2019年3月27日下午2：37，小轩（化名）接到一通陌生电话，对方自称是小米金融的客服人员，并主动向小轩核实身份信息（核实信息时对方能准确报出小轩的身份证号码）。核实身份信息无误后，对方电话中称小轩在小米金融平台注册了账号并有过贷款记录。听到自己有贷款后的小轩很迷惑也很着急，向对方多次坚决回复自己未贷过款。在这种情况下，对方帮助小轩分析认为，可能是由于小轩身份信息泄露，并被其他人利用，注册了账号并贷了款，小轩也认为是这样（此时小轩的警惕意识已下降）。在确认小轩未贷款后，对方劝诫小轩赶紧注销自己的个人账号，以免他人下次再贷款，并给小轩留了注销小米金融平台账号的客服QQ号码。

心里着急的小轩立马添加了上面的QQ客服，并向QQ客服表明自己需要注销网贷平台个人账号。QQ客服指导小轩下载了小米金融App，小轩按照QQ客服截图指示填写了小米金融平台上的基本贷款信息（包括自己手持身份证照片），完成基本信息填写后，QQ客服给小轩发送了指定的银行账号，指导小轩在贷款平台填写了上面指定的银行账号，并完成了8 000余元（金额也是QQ客服指定）的贷款。贷款完成后，QQ客服发电脑截图告知小轩，网贷平台账户注销只完成了18%，还没有全部注销掉，并分析原因可能是小轩的身份信息还注册了其他网贷平台账户并贷了款。随后，小轩在QQ客服引导下，依次从小米金融、京东白条等4个网贷平台贷款4万余元至指定的银行账户。此时，网贷平台账户还是没有全部注销掉，小轩才意识到自己被骗。意识到被骗后的小轩心里非常慌张，回想起刚才两个多小时发生的事情感觉到自己非常愚蠢，不敢向家人、老师和身边同学说起这件事，独自一个人离开宿舍坐在学校广场。

3月27日下午6点左右，辅导员接到小轩的电话，赶到文化广场了解了事件的整个经过。辅导员第一时间向学校保卫处报告后并报警立案，还陪同小轩当天在派出所做了笔录。第二天，小轩被派出所告知客服QQ已失效，银行账户已注销。

随后小轩和家人、辅导员一起3次去派出所询问案件进展情况，都无实际进展。

点评

> 当代大学生在社会中并不成熟。加强学生的自我保护教育，提高学生的自我防卫能力显得十分重要。在对大学生进行自我保护的法律知识教育的同时，也要提高大学生的防范意识，使其学会识别网络骗子，保护自己的人身和财产安全。
>
> 网络诈骗犯罪具有以下特点：
>
> 1. 犯罪方法简单，容易进行。网络用于诈骗犯罪，使犯罪行为人虚构的事实更加逼近事实，或者能够更加隐蔽地掩盖事实真相，从而使被害人易于上当受骗，损失钱物。
>
> 2. 犯罪成本低，传播速度快，传播范围广。犯罪行为人利用计算机网络技术和多媒体技术制作形式极为精美的电子信息，诈骗他人的财物，并不需要投入很大的资金、人力和物力，着手犯罪的物质条件容易达到。
>
> 3. 渗透性强，网络化形式复杂，不定性强。网络发展形成一个虚拟的电脑空间，既消除了国境线，也打破了社会和空间的界限，使得犯罪行为人诈骗他人财物时有极高的渗透性。网络诈骗犯罪的网络化形式发展，使得受害人从理论上讲是所有上网的人。
>
> 4. 社会危害性极强，影响极其广泛，发展迅速。从中国互联网络信息中心（CNNIC）的统计调查报告关于网民对网络的使用和需求来看，网络正在进一步融入人们的生活中，搜索引擎、网上银行和网上销售等网上交易的使用和需求大幅提高。而且，由于网络诈骗犯罪的受害者分布广泛，因此造成了极为严重的社会危害。网络诈骗犯罪发展特别迅速，是所有网络犯罪中增长最快的一种。
>
> 来自检察机关的数字表明，节假日中发生于网友之间的诈骗案较往常高出三成，作案人都是以见网友的名义实施诈骗，而受害人此前对他们的真实情况几乎都不了解，这给司法机关办案增加了相当的难度。有关部门为此提醒"聊友"，与网友见面一定要慎之又慎，要对网友有个起码的了解，对网友提出的要求也不要轻易答应。

一、网络交友的安全训练

大学生在网络交友中受骗上当的案例时有发生。面对这样的情况，我们一定要注意加强自我防范和保护意识。第一，不要过分信赖对方，而无所保留地暴露自己的信息；第二，交往中要保持与对方的距离，时刻提高警惕；第三，既不要轻视忽略对方，过高地估计自身的能力，也不要过分依赖对方；第四，特殊条件下，不要单独与对方接触，特别是女生更应避免在夜晚、陌生地方、人迹稀少地方且孤立无援等情况下与网友见面。

二、网络求职的对策建议

怎样提高大学生网络求职的"安全系数"呢？

首先，在网络求职是风险与机遇并存的，大学生在找工作时切忌急功近利，一定要保持冷静的头脑，尽量详细地了解招聘单位的实际情况，比如直接将目标公司名称通过搜索引擎，查询该公司的法人资格和经营许可证等。

其次，要留心观察招聘单位在招聘时是否写明单位全称、具体经营项目及归属哪个部门管理等，还可以到招聘单位所在地的税务、工商等部门的官方网站查询其是否为正规单位。通过对招聘单位是否有逃漏税或欠费等现象的调查，可以看出该单位的信誉度。

再次，加强网络安全管理。网站在加强对求职者个人信息保密的同时，也要注意审核广告，不可不加核实而随意接受企业广告。

最后，学校的有关部门要对学生做好安全教育，增强大学生的自我保护意识。

总之，只有在大学生个人、学校和社会等各方面的共同努力下，才能避免大学生落入网络求职骗局。

案例集锦 9-4

【例1】

2020年，某高校女生小陈在"前途无忧"网站上发布了自己的个人信息。没过几天，她接到了一个自称为重庆某公司用人单位的电话，希望能够了解小陈的基本情况，随后询问了家庭电话。虽然小陈感到有些奇怪，但出于对工作的渴望，还是告诉了对方。

不料，小陈很快就接到了家里的电话。母亲语气焦急地问她："孩子，你在哪儿？怎么你的老师说你出车祸了，要我寄几千块钱过去？这是怎么回事？"小陈丈二和尚摸不着头脑："没有啊！我好好的呀！是谁给你打电话的？"一查电话号码，竟是自称重庆某公司的那个号码。虽然没有被骗成，但也着实让人捏了一把汗。

与小陈相比，福州某高校的大学生小李就没有那么幸运了。她把自己的求职简历挂到一家人才招聘网上，上面除了个人情况、求职意向外，还有她的手机号码等联系方式。第二天一个自称广告公司负责人的男子打来电话，说在网上看见她的求职简历，在详细地询问了她的有关情况后，要求她留下家庭电话，以便通过父母做进一步的了解。结果，小李的父母很快接到了女儿"出事"的电话，并被骗走了8万元。

【例2】

2022年8月，四川男子李某轻信网上一则招聘信息，竟辞掉工作乘飞机来桂林，要应聘年薪20万元的"销售总监"，不料被骗去了电脑和手机。所幸的是，桂林警方早已在此"守株待兔"，当场抓住了骗子。

李某原本是成都市某家具公司的一名高级管理人员。不久前，他在网上看到"广东东莞市某家具有限公司"发布的一则招聘广告，说公司要在桂林办一家分厂，急招一名驻桂林的销售总监，年薪20万~25万元。李某怦然心动，立即打电话与一名自称"刘总"的人联系。"刘总"要求他写一份营销策划书，然后存进手提电脑，并带上它来桂林面谈。李某唯恐受骗，还上网查看了该公司的网站，发现网站设计得不错，像是一家正规的公司。于是，他辞掉了原来的工作，带着资料赴桂林应聘。

　　李某乘飞机来到桂林。下机后，他接到"刘总"的电话，约他在桂林某大厦附近见面。李某赶到该大厦后，"刘总"又打来电话说因有急事，只能派公司的"小唐"过去接他。不一会儿，"小唐"开着一辆女式摩托车赶来，叫李某把笔记本电脑放在车子的踏板上。随后，"刘总"又拨打李某的手机，请他叫"小唐"接电话。于是，他就把手机给了"小唐"。"小唐"接过手机后将一个公文袋从摩托车上丢下，叫李某下车帮助捡一下。待李某下车去捡时，"小唐"随即驾车迅速逃走。

　　"螳螂捕蝉，黄雀在后"，骗子的一举一动早就在桂林警方的掌握之中。"小唐"驾车逃出不远，就被"守株待兔"的民警逮个正着。不久，幕后的"刘总"也被警方抓获。此前，他们以类似的手段将一名上海人诓到桂林后骗财。

● 点评

　　对许多大学生来说，利用网络求职，可以在最大限度节约人力的情况下"海投"简历，让求职成功的可能性无限延伸。在找工作越来越困难的今天，急于融入社会的学生，满怀憧憬地期待着能够找到一份适合自己且待遇优厚的工作，但也更加焦虑和急躁，这让不法分子有了更多的空隙可钻。

　　互联网具有快速、即时、匿名以及跨地区、无国界等特点，加上专用链接技术、镜像技术等，不法分子利用企业招人的幌子，不仅方便寻找上当的"肥羊"，更降低了被戳穿的风险，而且网上犯罪的证据被发现后很容易被毁灭，调查难、取证难、查处难，给警方的调查取证带来了极大难度。

　　网上求职遭遇的骗局多种多样。有些公司声称要"考验"求职者的水平，要求求职者为他们翻译文件或者设计策划，等到求职者辛辛苦苦地交卷，他们却说已经招到了合适的人，把求职者当作免费劳动力来使用；还有一些民办学校在网络上打出广告，宣称只要参加他们开办的就业培训班，毕业后包分配好工作，但许多大学生在交纳了高额的培训费和学费后，却发现上课没有什么实际内容，最后分配的工作都在一些小型私人企业里，而非广告上承诺的"稳定""高薪"工作。

📖 三、网络求职的安全训练

　　（1）选择正规合法的求职网站。正规、合法的求职网站是指经过有关部门审核、批准和注册的网站，一般在求职网站上都有特定的标志。选择正规合法的求职网站，可以确保信息来源的可靠性。另外，正规、合法的求职网站不会将你注册的个人资料泄露给第三方，减少了不法分子借求职者个人资料作案的机会。

（2）时刻保持警惕性。即使是正规、合法的求职网站所提供的职位信息，任何人也不能保证百分之百的可信度。这时，就需要大学生注意甄别真伪。对于一些可疑的招聘电话，要及时与学校、老师和家长沟通，增强安全意识，不能掉以轻心、疏忽大意。

（3）一旦上当受骗，要敢于用法律来保护自己。有些大学生受骗以后，觉得损失不大，可以承担得起，就自认倒霉不去揭发不法分子的行为。殊不知，这是对诈骗者的纵容，也是网络求职骗局越来越猖獗的原因之一。大学生要有强烈的社会责任感，敢于维护自己的权益，用法律来保护自己，维护社会秩序。

（4）注意识破网络求职骗局。经调查，网络求职骗局大致有以下几种：

①假借培训，向求职者要钱。

②低劣培训，收取高额培训费，却不能安排上岗。

③"烟幕弹"信息，浪费求职者宝贵时间。现在的求职网站上存在过时信息、垃圾信息甚至虚假信息。这些信息有些是招聘单位一种独特的广告宣传方式，如果求职者相信这些"信息"，不仅得不到职位，还会白白浪费宝贵的时间。

④诱骗求职者发送信用卡号、银行账号及社会保险账号。常常有网上"雇主"以招聘为名，要求求职者把自己的信用卡号、银行账号、社会保险账号、身份证或者身份证复印件发送给他们。这些本来属于个人机密的信息一旦落到那些别有用心的人手里，后果可想而知。

⑤以考查工作能力为名，让求职者徒劳"工作"。

第十章 公共安全

学习和了解有关公共安全的知识，自觉遵守公共规章制度，维护校园和社会秩序的稳定，是每个大学生义不容辞的责任。

第一节 交通安全

大学生交通安全是指大学生在校园内和校园外的道路行走、乘坐交通工具时的人身安全。只要有行人、车辆、道路这三个交通安全要素存在，就会有交通安全问题，也许只是一个小小的意外，可能就会造成严重后果，断送大学生美好的前程甚至鲜活的生命。

一、大学校园易发生交通事故的主要原因

随着高校改革的不断深入，高校与社会的交往越来越频繁，校园内人流量、车流量也急剧增加。高校老师拥有私家轿车的数量逐年攀升，摩托车更是普遍，学生骑自行车的很多，开汽车上学已不再是新闻。但校园道路建设、交通管理滞后于高校的发展，一般校园道路都比较狭窄，交叉路口没有信号灯管制，也没有专职交通管理人员管理。校园内人员居住集中，上、下课时容易形成人流、车流高峰等，致使高校的交通环境日益复杂，交通事故经常发生。

二、大学生交通安全事故的主要表现形式

1. 校园内易发生的交通事故

校园内发生交通事故的主要形式有以下几种：

（1）注意力不集中。这是最主要的形式，表现为大学生走路时，边玩手机、边听音乐，或者左顾右盼，心不在焉。

（2）在路上进行球类活动。大学生精力旺盛，活泼好动，即使在路上行走也是嬉戏打闹，甚至有时还在路上进行球类活动，更是增加了发生事故的危险。

（3）骑"飞车"。一般高校校园面积都比较大，宿舍与教室、图书馆等建筑的距离比较远，所以许多大学生购买了自行车，课间或放学时骑自行车在人海中穿行是大学的一道

风景线。但部分学生骑车技术也实在"高超"，居然能把自行车骑得比汽车还快，殊不知就埋下了祸根。

2. 校园外常见的交通事故

大学生在课余空闲时购物、观光、访友，或到市区活动，由于这些地方车流量大、行人多，各种交通标志眼花缭乱，与校园相比交通状况更加复杂，若缺乏通行经验，发生交通事故的概率会很高。有的学生公寓建在校外，每天上课、下课时校园周边地区易形成人流、车流高峰，成为大学生交通事故多发地带。大学生在离校、返校、外出旅游、社会实践、寻找工作等外出活动中，需要乘坐各种交通工具，交通事故也时有发生，有时甚至造成群体性伤亡，教训十分惨痛。大学生一定要严格遵守学校相关规章制度，外出之前要按规定做好必要登记，告知班上同学及辅导员，并随时保持联系。

遇到紧急情况，第一时间报告辅导员，寻求辅导员帮助。

增强安全意识，外出游玩务必选择正规、安全的游玩方式，做好充分准备。

> **典型案例**
>
> 11月的一个周末，某校7名大四学生，相约前往江西武功山进行毕业旅行。临行前他们只做了简单的准备，也没有向学院老师报告。他们到达武功山后并没有选择从景区大门进山，而是选择了一条很多"驴友"喜欢走，但尚未开发的一条小路。
>
> 当晚6时多，他们到达了第一站——九龙风景区，一位客栈老板告诉他们，再过两个小时就可到达铁蹄峰。他们继续前行，两个多小时过去了，铁蹄峰却一直没有出现，他们开始意识到可能走错路了。于是他们就地安营扎寨，并一边试图寻找下山的道路，可是直到半夜还没找到。深夜，山上突然下起了大雨，而他们没有带够御寒衣物和干粮，于是想起求救。此时，他们身处海拔一千多米的山上，信号时好时坏，无法进行定位。他们向之前客栈老板求助，客栈老板在电话中指指点点，他们听得一头雾水。无奈之下，他们只好拨打了110报警电话，同时也向在校的同学求助。他们的同学立即向学院汇报，学校紧急行动起来，向武功山风景区管理局和当地蓝天救援队联系求助。
>
> 因为武功山后山尚未开发，寻找难度较大，蓝天救援队兵分两路，分别从入口和客栈处入手，并携带20挂鞭炮，边走边放鞭炮，以此辨别方向。经过一天的紧急搜救，同学们在傍晚的时候终于被找到，此时他们已有两天没有进食，身体十分虚弱。
>
> 下山后，当地蓝天救援队的队长一句话，让在场师生至今心惊不已："这是我们第一次从山上带活人下山。"
>
> 这次学生遇险事件，是学生不遵守学校规章制度、纪律观念淡薄、安全意识不强、自救能力较差所造成的，所幸未造成重大人身伤亡事故，否则后果不堪设想。

三、交通事故如何预防

1. 提高交通安全意识

不管是校内还是校外，发生交通事故的最主要原因是思想麻痹、安全意识淡薄。乘坐交通工具，要依次上下，不挤不抢。在车辆行驶过程中不得把身体伸出窗外。乘坐长途客车、中巴车不能贪图便宜，不要乘坐车况不好的车，不要乘坐"黑巴""摩的"。乘坐火车、轮船、飞机时必须遵守车站、码头和机场的各项安全管理规定。

2. 自觉遵守交通法规

除提高交通安全意识、掌握基本的交通安全常识外，还必须自觉遵守交通法规。在道路上行走，应走人行道，无人行道时应靠右行走。走路时要集中精力，"眼观六路，耳听八方"；不与机动车抢道，不突然横穿马路、翻越护栏，过街要走人行横道；不闯红灯，不进入标有"禁止行人通行""危险"等标志的地方。

四、发生交通事故时如何处理

1. 及时报案

无论在校外还是在校内，一旦发生交通事故，首先想到的应是及时报案，这样有利于交通事故的公正处理，千万不能与肇事者"私了"。若在校外发生交通事故，除及时报案外，还应该及时与学校取得联系，由学校出面处理有关事宜。

2. 保护现场

事故现场的勘察结论是划分事故责任的依据之一，若现场没有保护好，会给交通事故的处理带来困难，甚至造成"有理说不清"的情况。切记，发生交通事故后要保护好事故现场。

3. 控制肇事者

若肇事者想逃脱，一定要设法控制，自己不能控制时可以发动周围的人帮忙控制，若实在无法控制也要记住肇事车辆的车牌号等特征。

第二节　住宿安全

学生宿舍是学生日常生活和学习的重要场所，宿舍管理事关学生人身和财产安全，事关学校正常的教学、生活秩序。良好的宿舍环境不仅能使学生感到安全舒适，而且能带来平和愉悦的心情，会对大学生产生潜移默化的影响，有助于学生培养良好的生活习惯、高尚的情操，对于提高大学生素质具有重要作用。因此，优化宿舍管理，创建一个文明健康、舒适整洁、安全有序的宿舍环境，将对大学生的健康发展起到积极的促进作用。

一、宿舍用电安全

电与生活是息息相关的，它存在于我们生活的每一个角落，然而正是由于我们对电太过熟悉，以致忽略了电的危害性。安全用电历来都是学校安全工作的一个重点，目前，学生宿舍中,许多同学都在使用诸如电脑、电热毯、电饭锅等电器,由于用电量过大,电线常常超负荷运载。因此,大学生要了解安全用电知识,并学会排除用电险情,当危险发生时能够正确应对。

案例集锦 10-1

> 【例1】
> 2020年6月20日,连续几天没下雨的南京最高温度达到37度。晚上10时许,某高校的男生宿舍忽然传出一阵叫喊声"救人啊!""有人触电了!"
> 当周围的同学冲到触电者宋某所在的寝室门口时,该寝室一片漆黑,电源总闸已经全部关闭,只剩下厕所里刺耳的水流声。有同学想冲进去马上救人,但马上被宋某的室友阻止,原来之前他在尝试靠近厕所时,也曾被电击到。
> 又过了10分钟,在整个男生宿舍电源总闸切断之后,两名同学冲进厕所,宋某被抱了出来。约20分钟后,校医赶过来,进行紧急抢救。当晚10时50分,事发40分钟后,救护车赶到,宋某被送往附近医院急救。第二天凌晨1点53分,抢救失败,宋某被宣告死亡。
>
> 【例2】
> 2013年2月26日下午5点左右,某学院一名大二女生在宿舍洗澡时触电。医护人员赶到时,女生脉搏、呼吸已停止,经一个多小时的抢救,女生最终恢复脉搏、呼吸等生命体征。

点评

> 宿舍供电为大学生的生活和学习提供了方便,但是由于大学生安全用电意识薄弱,不顾学校规定,大量使用热得快、热水器、电饭煲等违规电器,极易导致悲剧发生,应该引起高度警惕。

电能是一种方便的能源,它的广泛应用促成了人类近代史上的第二次技术革命,有力地推动了人类社会的发展,给人类创造了巨大的财富,改变了人们的生活。但是,电能是一把"双刃剑",如果在生产或生活中不注意安全用电,也会带来灾害。

1. 安全电压

所谓安全电压,是指为了防止触电事故而由特定电源供电所采用的电压系列,一般为36伏。安全电压应满足以下三个条件:一是标准电压不超过交流50伏、直流120伏;二是由安全隔离变压器供电;三是安全电压电路与供电电路极大地隔离。我国规定的安全电压额定值的等级为42伏、36伏、24伏、12伏、6伏,当电气设备采用的电压超过安全电压时,必须按规定采取防止直接接触带电体的保护措施。

当心触电标志如图10-1所示。

2. 触电反应

以变频电流为例，当 1 毫安左右的电流通过人体时，会产生麻刺等不舒服的感觉；当 10～30 毫安的电流通过人体时，会产生麻痹、剧痛、痉挛、血压升高、呼吸困难等症状，但通常不会有生命危险；当电流达到 50 毫安以上，就会在人体引起心室颤动而有生命危险；100 毫安以上的电流足以致人死亡。

3. 触电原理

（1）电击死亡：人（或动物）被电击死亡是因为人体内有电流通过，从而干扰人体神经传导的生物电，使得大脑对机体失去控制，或者感受到异常刺激后，对肌肉和各器官发出错误的命令。尤其是电流通过心脏时，心脏会痉挛而停止跳动，从而导致人体缺氧而死。

图 10-1　当心触电标志

（2）电灼伤：当人体接触高电压时，体内会产生大电流，由于电流的热效应，会造成身体的烧伤、灼伤等。

4. 常见的触电方式

（1）直接触电。直接触电是指人身体直接接触电气设备或电气线路的带电部分而遭受的电击。它的特征是人体接触电压就是人所触及带电体的电压；人体所触及带电体所形成的接地故障电流就是人体触电电流。直接触电造成的危害是最严重的，所形成的人体触电电流远大于可能引起心室颤动的极限电流。

（2）间接触电。间接触电是指电气设备或是电气线路绝缘损坏发生单相接地故障时，其外露部分带有危险电压，人体接触此外露部分而遭受电击，从而导致人身伤亡。

5. 宿舍安全用电隐患

（1）大功率及违禁电器的使用。使用大功率及违禁电器是构成电击、火灾的首要隐患。由于学生宿舍的供电线路和设备是按普通照明用电设计的，在人员密集区中使用大功率电器，如电炒锅、电暖器、热得快、电热杯等，使本来设计负荷小的线路和设备承载着超大负荷，易引起线路、设备着火。

（2）私拉乱接电线。大学生为了用电方便，在宿舍内私拉电线现象比较严重。电线经常被拖来拖去，造成绝缘层损坏，接头松动，极易造成电线短路或因接触不良发热而漏电，甚至起火。

6. 预防用电危险

触电事故的发生具有明显的季节性，事故多发生在夏、秋两季，一方面因为天气炎热，人体出汗多，电阻降低，危险性增加；另一方面是因为多雨潮湿，电器绝缘性能下降，容易出现漏电。大学宿舍安全用电要以预防为主，要从根源上远离触电，应做到以下几点：

（1）不要购买"三无"的假冒伪劣电器产品。

（2）使用电器时应有安全的电线插头，金属电器要接地保护。

（3）不要用湿手接触带电设备，不要用湿抹布擦拭带电设备。

（4）不要私拉乱接电线，不要随便移动带电设备。

(5) 电器电线破损时，要立即更换或用绝缘布包扎好。

(6) 家用电器与电源连接，必须用可断开的开关或插头，不将电线直接插入插座孔。

(7) 常用电器，尤其是电热类电器要随手关掉电源。

(8) 宿舍内不使用电炉、热得快等违规电器。

7. 触电应急措施

一旦发生触电事故，救护者一定要冷静，必须在保证自身安全的情况下，第一时间切断电源，具体做法如下：

(1) 如开关箱在附近，可立即拉下电闸或拔掉插头，断开电源。

(2) 如距离电闸较远，应迅速用绝缘良好的电工钳或有干燥木柄的利器砍断电线，或用干燥的木棒、竹竿、硬塑料管等物品迅速将电线拨离触电者。

(3) 若现场无任何合适的绝缘物可利用，救护人员可用几层干燥的衣服将手包裹好，站在干燥的木板上，拉触电者的衣服，使其脱离电源。

(4) 发生高压触电时，应立即通知有关部门停电，并迅速拉下开关，或由有经验的人采取特殊措施切断电源。

8. 触电急救措施

(1) 对触电后神志清醒者，要由专人照顾、观察，情况稳定后方可正常活动；对轻度昏迷或呼吸微弱者，可针刺或掐人中、十宣、涌泉等穴位，并送医院救治。

(2) 对触电后无呼吸但心脏有跳动者，应立即采用口对口人工呼吸；对有呼吸但心脏停止跳动者，应立刻采用胸外心脏按压法进行抢救。

(3) 如触电者心跳和呼吸都已停止，则须同时采取人工呼吸和俯卧压背法、仰卧压胸法、心脏按压法等交替进行抢救。

二、宿舍卫生安全

学生宿舍直接关系到学生的精神风貌和身心健康。高校要采取多种措施搞好学生宿舍区的清洁卫生，建设一个良好、整洁、优美的宿舍环境。

> **典型案例**
>
> 李某是一名大三的学生，大一刚来学校时，大家都还比较"勤快"，经常轮流打扫宿舍卫生。可到了大三，大家都变懒了，寝室4个人根本没有人打扫卫生，经常将快餐盒、纸屑、果皮、袜子等杂物随手乱扔乱丢，使得宿舍变得十分脏乱。这几天李某觉得后背很痒，到校医院检查后才知道得了过敏性皮肤病，是由脏、乱、差的宿舍卫生所导致的。
>
> 宿舍卫生直接关系着大学生的身体健康，脏、乱、差的宿舍不仅会引起各种传染病，同时也会严重影响大学生的学习心情。

宿舍脏、乱、差，被褥、枕巾、衣服长期不清洗，有着潜在的健康隐患。首先是容易滋生蚊蝇、跳蚤、虱子、蟑螂，诱发传染病，影响人的心情。其次是室内空气质量不好，易使人患呼吸道疾病。

1. 宿舍卫生标准

（1）地面整洁，无纸屑、果皮、杂物、污水积存现象。

（2）床上被褥、床单叠放整齐，干净整洁，方向一致；床铺下鞋子摆放有序，统一形式；无乱扯乱挂、乱刻乱画现象。

（3）暖瓶、洗漱用品、餐具、卫生用具等放置整齐、统一位置、固定摆放；不能出现脸盆内污水不倒现象。

（4）门窗、玻璃、柜子、灯具上（包括洗手间、卫生间）无浮尘污迹，室内墙角无蜘蛛网等现象。

（5）楼道内公用电话上无尘土积存。

（6）楼道灯具、电器开关、楼梯扶手及楼梯台阶、标语干净整洁。

（7）洗手间、卫生间地面、瓷片干净整洁，无果皮、纸屑等杂物和污水积存，空气新鲜。

（8）按照消毒规范消毒。

2. 宿舍卫生管理制度

（1）严格遵守作息制度，按时休息和起床，保持宿舍区的安静。

（2）要搞好内务管理，被子、毛巾等日用品的摆放做到统一、整齐、规范。

（3）要搞好宿舍的清洁卫生，每天打扫两次。

（4）确保室内、门前地面无污水，严禁在墙壁上乱涂乱画。

（5）要爱护公共财物，损坏公物按学校规定赔偿，节约水电。

3. 保持宿舍卫生

宿舍是大学生的第二个家，也是学校文化建设的重要阵地之一。一个良好的生活环境不仅可以影响大学生的生活习惯，还可以给他们带来良好的精神面貌和积极向上的生活态度，对于大学生的身心发展有至关重要的作用。此外，干净、整洁的宿舍卫生所带来的是大学生综合素质的提高，是大学生文明程度的体现。要想保持宿舍卫生，必须从以下几点做起：

（1）落实宿舍卫生制度。针对目前许多大学生普遍存在的卫生问题，建议每个宿舍应制定出切实可行的宿舍卫生制度，其中应包括不养宠物、每日值日安排、每日值日生保质保量完成打扫工作，以及对不打扫卫生的人的惩罚措施等，最后宿舍卫生制度应打印出来贴在墙上。负责人应起模范带头作用，认真、及时、负责地保持宿舍卫生，并起到督促作用，督促宿舍成员认真打扫卫生。

（2）做好评比工作。学校或宿舍负责人应加大对宿舍卫生的监督，切实起到监督作用，而不是徒有其名。做好宿舍卫生工作重要性的宣传工作，每月搞一次宿舍卫生评比活动，对优秀宿舍给予奖励并向全校公示，鼓励大家维护宿舍卫生。

（3）从我做起，从身边的小事做起。大学生应改变对打扫宿舍的观念和对待卫生的心态，不能认为打扫宿舍是小事而不屑去做，也不能以现在有事，改天再清理或者晚点清理为理由来推脱，应从我做起，从今天做起，从身边的小事做起。要做好自己的分内之事，换下来的衣服、袜子要及时清洗，被子及个人用品摆放整齐。个人垃圾、废物在规定地方放好，而不是随手乱扔。

（4）加强卫生宣传，提高学生的卫生意识。学校可用海报的形式呼吁学生爱护卫生，如不随地吐痰、不将剩饭菜倒在桌上或地上、用碗盖装鱼骨等，积极开展一些有关卫生问题的宣传和讨论工作，增强同学们的卫生意识。学校也可开设有关宿舍卫生方面的选修课。

三、大学生租房安全

尽管教育部门对学生校外租房持坚决的反对态度，各高校也明令禁止，但大学生因各种原因搬出学生宿舍另外租房的现象越来越普遍。然而，大学生们却没有考虑到，学校周边往往人员复杂，治安环境差，被盗、被抢等案件时有发生，出租房存在诸多安全隐患等问题，因此大学生在外租房引发的治安事件和安全事故屡见不鲜。

案例集锦 10-2

【例1】
2006年8月12日，一名歹徒闯入天津市某小区一间日租房内，抢劫了1 400元现金及一部手机，和女友在此租房的大学生赵某被歹徒连砍4刀，身负重伤。警方在破案后发现，犯罪嫌疑人曾是日租房的房客，正是日租房的管理漏洞给他提供了可乘之机。

【例2】
某大学生小丽觉得学校住宿条件较差、熄灯早，生活不够自由，住在校外方便出入，便独自一人在校外租房居住。2012年的一天凌晨4时许，一名小偷翻窗入室，偷得一部手机和75元现金。睡梦中小丽被屋内的磕碰声惊醒，见一名陌生男子在房间内翻包找东西，当她准备大叫时，小偷拿出尖刀对其进行威胁，并强调"不许呼喊"，随后企图对她进行骚扰。受到惊吓的小丽大声呼喊"救命"，小偷情急之下慌乱逃离。随后民警赶到，抓获小偷。隔壁房间的人听到呼喊声跑来施救，发现小丽用被子裹住身体，已经被吓得魂不附体了。

点评

校外租房安全隐患多，希望大学生轻易不要尝试在校期间在外租房，若因特殊情况需在校外租房时，应严格履行审批手续，经家长和学校同意，并详细考察社区治安和房屋状况后再选择。

1. 租房

一个或多个租房人为了满足居住需求、商业用途或商住两用的意愿而租用一个单间或整套房间的行为称为租房。

2. 租房的正规流程

（1）双方签订租赁合同。

（2）房主查看租房人身份证，并索取身份证复印件作为合同附件。

（3）租房人查看产权证、房主身份证，并审核两证是否统一。

（4）合同署名与产权证的产权人名字相同，如不相同须有产权人的代理委托书。

（5）办理合租合同时，须有房主的同意出租（或同意转租）证明。

（6）订房的时候如果房主要求支付定金，也需要查看以上证件，一般定金不要超过租房合同总金额的20%。

3. 常见的中介骗局

由于大学生经济能力有限，通过小型中介公司租房的为数不少。由于对中介市场不了解，缺乏经验，上当受骗的大有人在。下面介绍几种常见的中介骗局：

（1）诱人的虚假广告。不法中介在报纸、网络上发布一些虚假房源信息，引诱租房人上钩。等到租房人表示承租意向时，就以该房已租出为由向其推荐其他房屋，骗取租房人的看房费、信息费。

（2）免收中介费。俗话说："天下没有免费的午餐。"当中介公司宣称免收中介费时，就应小心了。不法中介使用各种手段骗取房主信任后，以极低的价格代理房主房屋出租事宜，然后利用租房人对租房行情不了解的特点，暗地里大幅提高房租，获取差价。

（3）一次性收取长期租金。一些不法中介公司打着房屋出租代理的名义，以各种优惠条件从房主手中骗得房屋钥匙及一个月的空置期，以月付的方式支付租金，同时刊登低价出租广告吸引租房人，如租房人看中此房，至少要以押一付三的方式支付房屋租金，而更多的人是采取半年付、年付来支付租金。不法中介采用这种手段聚敛现金，然后伺机携款出逃，从而给租房人带来巨大财产损失。

建议大学生首次租房时不要签长期合同，一方面，因为手中现金少，一次性支出太多，难以应对将来的不时之需；另一方面，初次租房往往考虑不周，仓促入住后才发现存在诸多问题，退租也没有主动权，只能将就到合约期满。如果时间紧张，尽量寻找短期房源，短期租金比长期租金略高，但可以利用这段时间看一看是否有更好的选择。

（4）"见不得人"的房主。一种可能的情况是，不法中介首先租下一套合适的房子做道具，然后雇请一名业务员冒充房主，报出的出租价格远远低于市场价格。当顾客看房满意与假房主签下合同并交纳了中介费后，这位假房主却找出各种理由不肯出租了。租房人找不法中介退钱时，不法中介说双方已签租赁合同，中介服务已经完成，房主属单方违约，中介费不予退还。

另一种可能的情况是，租房人通过不法中介找到适合的房屋，被要求先付中介费或看房费，然后才能提供"房主"的联系方式。当租房人联系到"房主"看房时，"房主"会以最近很忙、没时间或者正在出差等种种理由推脱。

(5) 名目众多的费用。包括：

①信息费。当租房人与不法中介在中介费上不能达成一致时，不法中介会提出优惠方式，即租房人交纳为数不多的一笔费用后，一般为300～500元，不法中介会为租房人提供若干条房源信息，由租房人自己去联系。

②押金。又称看房费，不法中介在手中没有现成可做道具的房源时，便想出在看房前收取所谓"押金"的骗术。租房人缴费后，不法中介想尽一切办法拖延看房，或者向租房人推销条件差的房源，然后以种种理由拒不退款，甚至采取恐吓、武力等暴力手段迫使租房人放弃"押金"。

(6) 合同陷阱。无论是房主还是租房人在委托中介公司为之出租或租赁房屋时，都要与之签订一份委托合同，在合同中设置陷阱是不法中介惯用的手法。

4. 保证租房安全

大学生选择校外租房的原因多种多样，如考研需要安静的学习环境，而宿舍太吵太闹；谈了男女朋友，在宿舍相处不方便；不想受制于学校限电限时的约束，追求"自由自主"等。大学生们可以从以下几点做起，保证租房的安全：

(1) "房比三家"。租房时要尽量多跑几家，多做比较，优中选优，选择最适合自己的，同时注意四周环境是否安静、安全、卫生等。

(2) 订金慢些交。租房时不要急于交订金或租金，最好从正反两方面来考虑自己的决定，如有朋友在场，相互商量会更好。

(3) 押金说清楚。租房人在交纳房屋押金时要与房主协商好是押一付三、押二付三还是押二付四。因为当租房人合同期满要求退租时，房主可能会以房屋设施损坏或者其他借口作为条件来克扣租房人的押金，造成租房人不必要的损失。

(4) 租金少交些。为了讨价还价，租房人要尽量把租期说得长一些，但一次性交纳的租金还是越少越好。

(5) 明确房屋信息。要明确所租赁房屋的位置、间数、面积、质量、租赁期限、租金及支付期限与支付方式等。

(6) 租赁合同要细。要明确水费、电费、煤气费、电话费、光缆电视收视费、卫生费和物业管理费等由谁支付，并列明租住前的各项数字以区分责任。同时还要对房屋维修及费用问题做出约定。

(7) 完备租赁手续。产权证并非合法出租的充分条件，还应按有关规定办理房屋租赁许可证，租赁合同经过租赁登记方可生效。

(8) 清点房屋设施。租房人在租房时一定要清点好房屋内部的设施，如门窗、家电、家具、煤气等，并且在看房时检查一下家用电器的运行情况、家具的完好程度等，然后将其一一列入清单。最好注明出现故障时维修费用由谁来承担，以免租房人在入住后家用电器等出现故障时因维修问题与房主产生矛盾。

第三节 常见传染病防治

传染病是由病原微生物（细菌、病毒、立克次氏体、螺旋体等）和寄生虫（原虫或蠕虫）感染人体和动物后产生的有传染性的疾病。由病原微生物和寄生虫（统称为病原体）引起的疾病都属于感染性疾病，但感染性疾病不一定都具有传染性。在感染性疾病中，具有传染性的疾病称为传染病。

一、传染病流行的特点

传染病在人群中的发生、传播和终止的过程，称为传染病的流行过程。

1. 传染病流行过程的基本环节

传染病的流行必须具备三个基本环节，即传染源、传播途径和易感人群。三个环节必须同时存在，方能构成传染病流行。

（1）传染源。传染源是指体内带有病原体，并不断向体外排出病原体的人和动物，包括病人、病原携带者、受染动物等。动物作为传染源传播的疾病，称为动物性传染病，如狂犬病、布鲁氏菌病等；野生动物为传染源的传染病，称为自然疫源性传染病，如鼠疫、钩端螺旋体病、流行性出血热等。

（2）传播途径。病原体从传染源排出体外，经过一定的传播方式，到达并侵入新的易感者的过程，称为传播途径。它分为以下四种传播方式：

①空气飞沫传播。病原体由传染源通过咳嗽、喷嚏、谈话排出的分泌物和飞沫使易感者吸入受染。流脑、猩红热、百日咳、流感、麻疹等均通过此种方式传播。

②水与食物传播。病原体借粪便排出体外，污染水和食物，易感者通过污染的水和食物受染。菌痢、伤寒、霍乱、甲型病毒性肝炎等，均通过此方式传播。

③虫媒传播。病原体在昆虫体内繁殖，完成其生活周期，通过不同的侵入方式使病原体进入易感者体内。蚊、蚤、恙虫、蝇等昆虫为重要传播媒介。例如蚊传疟疾、丝虫病、乙型脑炎病，虱传斑疹伤寒，蚤传鼠疫，恙虫传恙虫病。由于病原体在昆虫体内的繁殖周期至某一阶段后才能造成传播，故此种传播方式也称生物传播。

④接触传播。有直接接触与间接接触两种传播方式。例如皮肤炭疽、狂犬病等的传播方式均为直接接触传播；乙型肝炎为注射受染，血吸虫病、钩端螺旋体病为接触疫水传染，它们的传播方式均为直接接触传播。多种肠道传染病通过污染的手传染，传播方式为间接接触传播。

（3）易感人群。易感人群是指人群对某种传染病病原体的易感程度，或免疫水平。新生人口增加、易感者集中，或进入疫区、部队的新兵入伍，易引起传染病流行。病后获得免疫、人群隐性感染、人工免疫，均使人群易感性降低，减少传染病流行或终止其流行。

2. 影响传染病流行过程的因素

（1）自然因素。自然因素包括地理因素与气候因素。大部分虫媒传染病和某些自然疫源性传染病都有较严格的地区性和季节性。水网地区气候温和，雨量充沛，草木丛生，适宜于储存宿主，寒冷季节易发生呼吸道传染病，夏秋季节易发生消化道传染病。

（2）社会因素。社会因素主要与人的生活水平、社会卫生保障事业的发展、预防普及密切相关。生活水平低、工作与卫生条件差，可致机体抗病能力低下，无疑会增加感染的机会，也是构成传染病流行的条件之一。自中华人民共和国成立以来，我们消灭了烈性传染病与部分寄生虫病的流行，并使呼吸道传染病发病率降低，这显然与社会主义制度息息相关。

3. 传染病的流行特征

传染病流行有以下 5 项特征：

（1）强度特征。传染病流行过程中可呈散发、暴发、流行及大流行 4 个阶段。

（2）地区特征。某些传染病和寄生虫病只限于一定地区和范围内发生，自然疫源性传染病也只限于一定地区内发生，此等传染病因有其地区特征，均称地方性传染病。

（3）季节特征。季节特征是指传染病的发病率随季节的变化而升降，不同的传染病大致上有不同的季节性。季节性的发病率升高，与温度、湿度、传播媒介、人群流动有关。

（4）职业特征。某些传染病与所从事的职业有关，如炭疽、布鲁氏菌病等。

（5）年龄特征。例如，某些传染病，尤其是呼吸道传染病，在儿童中的发生率更高。

4. 传染病的诊断

对传染病必须在早期就能做出正确的诊断，方能及时隔离和采取有效治疗，从而防止其扩散，杜绝传染病流行。

二、传染病的预防

预防传染病的目的是控制和消灭传染病，从而保护人群健康。其主要预防措施有以下几个方面：

1. 管理传染源

（1）对患者和病原体携带者实施管理，要求早发现、早诊断、早隔离，积极治疗患者。1978 年，中华人民共和国国务院公布了《中华人民共和国急性传染病管理条例》；1989 年 2 月 21 日，中华人民共和国全国人民代表大会常务委员会正式通过《中华人民共和国传染病防治法》。《中华人民共和国传染病防治法》规定管理的传染病分甲、乙、丙三大类。向卫生防疫机构报告的传染病称法定传染病。

甲类：鼠疫、霍乱。

乙类：病毒性肝炎、细菌性和阿米巴痢疾、伤寒与副伤寒、艾滋病、淋病、梅毒、脊髓灰质炎、麻疹、百日咳、白喉、流行性脑脊髓膜炎、猩红热、流行性出血热、狂犬病、钩端螺旋体病、布鲁氏菌病、炭疽、流行性和地方性斑疹伤寒、流行性脑膜炎、黑热病、疟疾、登革热。

丙类：肺结核、血吸虫病、丝虫病、棘球蚴病、麻风病、流行性感冒、流行性腮腺炎、风疹、新生儿破伤风、急性出血性结膜炎，除霍乱、痢疾、伤寒和副伤寒以外的感染性腹泻。

传染病疫情报告力求迅速。甲类传染病,要求城市须在 6 小时之内上报卫生防疫机构,农村不得超过 12 小时;乙类传染病要求城市须在 12 小时内上报,农村不得超过 24 小时。卫生防疫人员、医疗保健人员对疫情不得隐瞒、谎报或授意他人隐瞒与谎报。

对病原体携带者进行管理,给予必要的治疗。特别要对食品从业人员、托幼机构工作人员等做定期健康检查,一旦发现传染病应及时治疗和调换工作。

对传染病接触者,须进行医学观察(留观)、集体检疫,必要时进行免疫法或药物预防。

(2)对感染动物的管理与处理。对动物传染源,有经济价值的野生动物及家畜,应隔离治疗,必要时宰杀并加以消毒,无经济价值的野生动物发动群众予以捕杀。

2. 切断传播途径

根据传染病的不同传播途径采取不同防疫措施。肠道传染病做好床边隔离、吐泻物消毒,加强饮食卫生及个人卫生,做好水源及粪便管理。呼吸道传染病,应使室内开窗通风,使空气流通并进行空气消毒,个人注意戴口罩。对虫媒传染病,应有防虫设备,并采用药物杀虫、防虫、驱虫,消灭动物媒介。对外环境中的病原体及传播媒介可采用物理、化学和生物学方法消除,消毒是切断传播途径的重要手段,要坚持做好疫源地消毒和预防性消毒工作。

3. 保护易感人群

加强体育锻炼,改善营养,提高人群抵抗力,有重点、有计划地进行预防接种,提高人群特异性免疫力。人工自动免疫是有计划地对易感者进行疫苗、菌苗、类毒苗的接种,接种后免疫力在 1~4 周内出现,持续数月至数年。人工被动免疫是紧急需要时,注射抗毒血清、丙种球蛋白、胎盘球蛋白、高效免疫球蛋白。注射后免疫力迅速出现,持续 1~2 个月即失去作用。对某些细菌性感染和原虫感染也可服用药物预防,如与疟疾、流行性脑脊髓膜炎、猩红热、肺结核等患者密切接触者可服用抗菌药物预防。

三、校园常见传染病及其防治

(一)流行性感冒

流行性感冒简称流感,是由流感病毒引起的急性呼吸道传染病。临床特点为急起高热,全身酸痛、乏力,或伴轻度呼吸道症状。该病潜伏期短,传染性强,传播迅速。流感病毒分甲、乙、丙三型,甲型流感威胁最大。由于流感病毒致病力强,易发生变异,若人群对变异株缺乏免疫力,易引起爆发流行。迄今世界上已发生过五次大流行和若干次小流行,造成数十亿人发病,数千万人死亡,严重影响了人们的社会生活和生产建设。

1. 流行性感冒的流行特征

(1)传染源:主要是病人和隐性感染者。病人自潜伏期末到发病后 5 日内均有流感病毒从鼻涕、口涎、痰液等分泌物中排出,传染期为一周,以病初 2~3 日传染性最强。其中甲型流感还有动物传染源,以猪为主,马及鸟类也有可能。

（2）传播途径。流感病毒随咳嗽、喷嚏、说话所致的空气飞沫传播为主，通过流感病毒污染的茶具、食具、毛巾等形成间接接触传播也有可能。传播速度和广度与人口密度有关。

（3）人群易感性。人群普遍易感，感染后对同一抗原型可获不同程度的免疫力，型与型之间无交叉免疫性。

（4）临床表现。潜伏期1~3日，最短数小时，最长4日。各种流感病毒所致症状虽有轻重不同，但基本表现一致。

2. 流行性感冒的预防

（1）管理传染源病人应就地隔离治疗一周，或至退热两天后。不住院者外出应戴口罩。地区性流行时要集体检疫，并要健全和加强疫情报告制度。

（2）切断传播途径。流行期间暂停集会和集体娱乐活动。到公共场所应戴口罩。不到病人家串门，以减少传播机会。室内应保持空气流通，每天开窗通风一小时，可用食醋和过氧乙酸熏蒸。病人用过的食具、衣物、手帕、玩具等应煮沸消毒或阳光暴晒两小时，病人住过的房间则应进行空气消毒。

（3）药物预防。已有流行趋势的地区，易感者可服用金刚烷胺或甲基金刚烷胺0.1克，每日一次（儿童及肾功能不全者减量），连服10~14日；或以利巴韦林滴鼻液滴鼻，均有较好的预防效果。此外也可采用中草药预防。

（4）流感疫苗接种。近年已研制出的流感疫苗和针对性强的甲流疫苗均投入了临床使用，取得了较好的预防效果。

3. 流行性感冒的治疗

根据病情不同，流感可采用一般治疗、对症治疗、抗生素治疗和抗病毒治疗等多种方式。

（二）病毒性肝炎

病毒性肝炎是由多种不同肝炎病毒引起的一组以肝脏损害为主的传染病，包括甲型肝炎、乙型肝炎、丙型肝炎、丁型肝炎及戊型肝炎。临床表现主要是食欲减退、疲乏无力、恶心、腹胀、肝区疼痛、肝脏肿大及肝功能损害。部分病例出现发热及黄疸；但多数为无症状感染者。其中，尤以丙型肝炎易发展为慢性，少数病患者可发展为肝硬化，极少数病例可呈重型肝炎的临床过程。慢性乙型肝炎病毒（HBV）感染及慢性丙型肝炎病毒（HCV）感染均与原发性肝细胞癌的发生有密切关系。

1. 病毒性肝炎的流行特征

（1）传染源。

甲型肝炎的主要传染源是急性患者和隐性患者。肝炎病毒主要通过粪便排出体外，自发病前两周至发病后2~4周内的粪便具有传染性，而以发病前5天至发病后一周传染性最强，潜伏后期及发病早期的血液中也存在肝炎病毒。唾液、胆汁及十二指肠液均有传染性。

乙型肝炎的传染源是急、慢性患者和乙肝病毒携带者。肝炎病毒存在于患者的血液及各种体液（汗、唾液、泪水、乳汁、羊水、阴道分泌物、精液等）中。急性患者自发病前两到三个月即开始具有传染性，并持续于整个急性期。HBsAg 阳性的慢性患者和无症状肝炎病毒携带者中凡伴有 HBsAg 阳性、抗－HBcLgM 阴性、DNA 聚合酶活性升高或血液中 HBV－DNA 阳性者均具有传染性。

丙型肝炎的传染源是急、慢性患者和无症状肝炎病毒携带者。肝炎病毒存在于患者的血液及体液中。

丁型肝炎的传染源是急、慢性患者和无症状肝炎病毒携带者。HBsAg 携带者是 HDV 的保毒宿主和主要传染源。

戊型肝炎的传染源是急性及亚临床性患者，以潜伏末期和发病初期粪便的传染性最高。

（2）传播途径。

甲型肝炎主要经粪、口途径传播。粪便中排出的肝炎病毒通过污染的手、水、苍蝇和食物等经口感染，以日常生活接触为主要方式，通常引起散发性发病，如水源被污染或生食污染的水产品（如贝类动物），可导致局部地区暴发流行。通过注射或输血传播的机会很少。

乙型肝炎的传播途径包括：输血及血制品以及使用污染的注射器或针刺、拔牙等医源性传播；母婴传播（主要通过分娩时吸入羊水、产道血液、哺乳及密切接触，通过胎盘感染者为 5%）；生活上的密切接触传播，近年来发现乙型肝炎有家族聚集现象；性接触传播。此外，尚有经吸血昆虫（蚊、臭虫、虱等）叮咬传播的可能性，消化道黏膜破溃时也可经此途径传播。

丙型肝炎的传播途径与乙型肝炎相同而以输血及血制品传播为主，且母婴传播不如乙型肝炎多见。

丁型肝炎的传播途径与乙型肝炎相同。

戊型肝炎通过粪、口途径传播，水源或食物被污染可以引起爆发流行；也可经日常生活接触传播。

（3）人群易感性。

人类对各型肝炎普遍易感，各种年龄均可发病。甲型肝炎感染后人体可产生较稳固的免疫力，在本病的高发地区，成年人血液中普遍存在甲型肝炎抗体，发病者以儿童居多。乙型肝炎在高发地区新感染者及急性发病者主要为儿童，成年人患者则多为慢性迁延型及慢性活动型肝炎；在低发地区，由于易感者较多，可发生流行或爆发。丙型肝炎的发病以成年人多见，常与输血和血制品、药瘾者注射、血液透析等有关。丁型肝炎的易感者为 HBsAg 阳性的急、慢性肝炎及无症状肝炎病毒携带者。戊型肝炎各年龄普遍易感，感染后具有一定的免疫力。各型肝炎之间无交叉免疫，可重叠感染及先后感染。

（4）临床表现。

各型肝炎的潜伏期长短不一。甲型肝炎为 2～6 周（平均 1 个月）；乙型肝炎为 6 周～6 个月（一般约 3 个月）；丙型肝炎为 5～12 周（平均 7.8 周）。

2. 病毒性肝炎的预防

（1）管理传染源。

报告和登记。对疑似、确诊、住院、出院、死亡的肝炎病例均应分别按病原学进行传染病报告，专册登记和统计。

隔离和消毒。急性甲型及戊型肝炎患者自发病日起隔离 3 周；乙型及丙型肝炎患者隔离至病情稳定后可以出院。各型肝炎患者宜分室住院治疗。对患者的分泌物、排泄物、血液，以及污染的医疗器械及物品均应进行消毒处理。

献血员管理。献血员在每次献血前进行体格检查，检测 ALT 及 HBsAg（用 RPHA 法或 ELISA 法），肝功能异常、HBsAg 阳性者不得献血。有条件时应开展抗 HCV 测定，抗 HCV 阳性者不得献血。

HBsAg 阳性者和管理。HBsAg 阳性者不能献血，可照常工作和学习，但要加强随访，应注意个人卫生和经期卫生，以及行业卫生，以防其唾液、血液及其他分泌物污染周围环境，感染他人；个人食具、刮刀修面用具、洗漱用品等应与健康人分开。HBsAg 阳性者不可从事饮食行业、饮用水卫生管理及托幼工作。

（2）切断传播途径。

加强饮食卫生管理、水源保护、环境卫生管理以及粪便无害化处理，提高个人卫生水平。

加强各种医疗器械的消毒处理，注射使用一次性注射器，医疗器械实行一人一用一消毒。

加强对血液及血液制品的管理，做好血液制品的 HBsAg 检测工作，HBsAg 阳性者的血液及血液制品不得出售和使用。非必要时不输血或不使用血液制品。洗漱用品及食具专用，接触患者后须用肥皂和流动水洗手。

（3）保护易感人群。

对易感人群进行防病知识宣传，使其远离传染源。

3. 病毒性肝炎的治疗

病毒性肝炎目前尚无可靠而满意的抗病毒药物治疗。一般采用综合疗法，以适当休息和合理营养为主，根据不同病情给予适当的药物辅助治疗，同时避免饮酒、使用肝毒性药物及其他对肝脏不利的因素。

（三）艾滋病

艾滋病（AIDS）是获得性免疫缺陷综合征的简称，是由人类免疫缺陷病毒引起的一种严重传染病。艾滋病通过性接触及输血或血制品等方式侵入人体，特异性地破坏辅助性 T 淋巴细胞，造成人体细胞免疫功能严重受损。临床上由无症状艾滋病毒携带者发展为持续性全身淋巴结肿大综合征和艾滋病相关综合征，最后并发严重机会性感染和恶性肿瘤。本病目前尚无有效防治方法，病死率极高，已成为当今世界上最为关注的公共卫生问题。

1. 艾滋病的流行病学特征

（1）传染源。艾滋病患者和无症状艾滋病毒携带者。艾滋病毒存在于血液及各种体液（如精液、子宫阴道分泌物、唾液、泪水、乳汁、脑脊液和尿液）中，并通过相应的途径传播。

（2）传播途径，包括性接触传播、血液和注射传播、母婴传播。性接触传播是本病的主要传播途径。医护人员护理艾滋病人时，被含血针头刺伤或污染破损皮肤传染，仅占 1%。

应用艾滋病毒携带者的器官移植或者人工授精也可传染。密切的生活接触也有传播可能。

（3）易感人群。人群普遍易感。同性恋和杂乱性交者、药瘾者、血友病患者等多次输血者以及 HIV 感染者的婴儿为本病的高危人群。此外，遗传因素与发病可能也有关系，艾滋病发病者以 HLA – DR5 型为多。

（4）临床表现。本病潜伏期较长，感染病毒后短则数月，长则十余年，一般 2～10 年才发生以机会性感染及肿瘤为特征的艾滋病。

2. 艾滋病的预防

（1）管理传染源。加强国境检疫，禁止 HIV 感染者入境。隔离病人及无症状艾滋病毒携带者，对患者血液、排泄物和分泌物进行消毒处理，避免与患者密切接触。

（2）切断传播途径。加强卫生宣教，取缔娼妓，禁止各种混乱的性关系，严禁注射毒品。加强血源管理，限制生物制品特别是凝血因子的血液制品进口；防止被患者血液等传染性材料污染的针头等利器刺伤或划破皮肤。推广使用一次性注射器。严格婚前检查，限制 HIV 感染者结婚。已感染的育龄妇女，应避免妊娠、哺乳。

（3）保护易感人群。HIV 抗原性多肽疫苗及基因疫苗正在研究之中，距大规模临床应用为时尚远。因此，目前主要措施为加强个人防护，并定期检查。加强公用医疗机械和公用生活物品的消毒。

3. 艾滋病的治疗

目前尚无特效疗法，早期抗病毒治疗是关键。

第四节　逃生技巧

在日常生活中，人们会遇到各式各样的危险，正确的逃生方法是对生命最好的呵护。针对大学中经常出现的安全事故，在此介绍大学生需要掌握的一些逃生技巧和需要学会使用的逃生工具。希望大学生通过学习逃生技巧，养成处变不惊的心理素质。

一、电梯逃生

电梯的普及给生活在城市中的人们带来了不少的便利，但是也带来了相应的安全隐患。当电梯出现故障，乘坐者被困在电梯里时，可以利用平时掌握的逃生技巧，合理控制情绪，科学分配体力，成功脱困。

案例集锦 10 – 3

【例1】
2012 年 9 月 25 日早晨 8 时 30 分，某大厦内的电梯发生故障，从十多层急速向下坠落，当时共有 13 人被困在电梯中。所幸的是电梯的保险装置发挥了作用，避免了人员的伤亡。

【例2】

2013年5月15日上午11时36分许，某大厦电梯间发生一起惨剧：一名在大厦内实习的女护士在搭乘电梯时，因电梯出现故障，在即将迈出电梯时身体被电梯门夹住，随后被电梯拖行致死。

【例3】

2013年5月23日12时40分左右，合肥某大厦一部满载14人的电梯，突然从7楼急坠卡在1楼与2楼之间。据悉，被困在电梯中的几个妇女被吓得发出尖叫声。十几分钟后，维保人员赶到现场，电梯门打开，14名被困人员被救出。

点评

通过上述案例，我们看到了电梯事故的可怕，同时说明了学习应对电梯危机方法的必要性。只有掌握电梯事故的逃生技巧，才能在千钧一发之时拯救自己的生命。

1. 电梯

电梯，是指以动力驱动，利用刚性导轨运行的箱体或者沿固定线路运行的梯级（踏步）进行升降或者平行运送人、货物的机电设备，包括人（货）电梯、自动扶梯、自动人行道。

2. 电梯的构造

（1）曳引系统。曳引系统的主要功能是输出与传递动力，使电梯运行。曳引系统由曳引机、曳引钢丝绳、导向轮、反绳轮组成。

（2）导向系统。导向系统的主要功能是限制轿厢和对重的活动自由度，使轿厢和对重只能沿着导轨做升降运动。导向系统由导轨、导靴和导轨架组成。

（3）轿厢。轿厢是运送乘客和货物的电梯组件，是电梯的工作部分。轿厢由轿厢架和轿厢体组成。

（4）门系统。门系统的主要功能是封住层站入口和轿厢入口。门系统由轿厢门、层门、开门机、门锁装置组成。

（5）重量平衡系统。重量平衡系统的主要功能是平衡轿厢重量，在电梯工作中能使轿厢与对重间的重量差保持在限额之内，保证电梯的曳引传动正常。重量平衡系统由对重和重量补偿装置组成。

（6）电力拖动系统。电力拖动系统的功能是提供动力，对电梯速度进行控制。电力拖动系统主要由曳引电动机、供电系统、速度反馈装置、电动机调速装置等组成。

（7）电气控制系统。电气控制系统的主要功能是对电梯的运行实行操纵和控制。电气控制系统主要由操纵装置、位置显示装置、控制屏（柜）、平层装置、选层器等组成。

（8）安全保护系统。安全保护系统用于保证电梯安全使用，防止一切危及人身安全的事故发生。安全保护系统由电梯限速器、安全钳、夹绳器、缓冲器、安全触板、层门门锁、电梯安全窗、电梯超载限制装置、限位开关装置组成。

3. 如何避免发生电梯安全事故

在乘坐电梯时，一定要了解以下注意事项，以避免发生电梯安全事故。

（1）看是否挂有"停梯检修"标志。来到电梯前，乘客应看电梯前是否挂有"停梯检修"标志，如果挂有该标志，说明电梯正在维修，乘客不要乘坐。

（2）看有无安检合格标志。乘坐电梯时，首先要查看电梯内是否有质量技术监督部门核发的安全检验合格标志且是否在有效期内，两者同时具备才能保障安全。

（3）看是否超载。电梯超载容易引发安全事故，当电梯因超载报警时，应该主动退出等待。

（4）看运行是否正常。电梯停稳后，乘客进出电梯时应注意观察电梯轿厢地板与楼层是否平齐，如果不平，说明电梯存在故障，应及时通知电梯使用单位。

（5）按钮别多按，不要倚靠门。等候电梯时，有的人总是反复按动上行或下行按钮，还有人喜欢倚靠在门上暂时休息，有的人则会拍打电梯门。殊不知反复按按钮会造成电梯误停、按钮失灵，而倚靠、手推、撞击、撬动层门会影响层门开启或导致层门误开，人稍不留神就会有坠入井道的风险。

安全乘梯警示标志如图 10 – 2 所示。

图 10 – 2　安全乘梯警示标志

（6）开关层门不要伸手。电梯层门正在关闭时，外面的乘客会用手、脚等阻止层门关闭，这样做很不安全。这时应等待下一次电梯停靠，或者请电梯内部的乘客按动开门按钮使层门重新开启。电梯内的人不要伸手伸脚、探头探脑，更不能将携带的物品放在间隙处阻止电梯层门关闭。

4. 电梯事故的逃生技巧

（1）电梯被困自救。

①保持镇定，并且安慰困在一起的人，向大家解释不会有危险，电梯不会掉下电梯槽。因为电梯槽有防坠安全装置，会牢牢夹住电梯两旁的钢轨，安全装置也不会失灵。即使电梯上的安全绳断了，在电梯槽的底部还有缓冲器，它可以减小掉下来时的冲击速度。电梯内的人是不会受到伤害的，所以，不要因此而害怕。

②利用警钟或对讲机求援，如无警钟或对讲机，可拍门叫喊，如怕手痛，可脱下鞋子敲打，并请求立刻来人营救。

③如不能立刻找到电梯技工，可请外面的人打电话叫消防员或拨打110。消防员通常会把电梯绞上或绞下到最接近的一层楼，然后打开层门。即使停电，消防员也能用手动器把电梯绞上或绞下。

④如果外面没有受过训练的救援人员，不要自行爬出电梯。

⑤千万不要尝试强行推开电梯内门，即使能打开，也未必够得着外门。想要打开外门安全脱身更不可能。电梯外壁的油垢还可能使人滑倒。

⑥若电梯天花板上有紧急出口，也不要从此处爬出去。出口板一旦打开，安全开关就无法使电梯运行。但如果出口板意外关上，电梯就可能突然启动，使人失去平衡。人在漆黑的电梯槽里，可能被电梯的缆索绊倒，或因踩到油垢而滑倒，从电梯上掉下。

⑦在深夜或周末下午被困在商业大厦的电梯中，有可能会持续几小时。在这种情况下，最安全的做法是保持镇定，等候救援。最好能忍受饥渴、闷热之苦，注意倾听外面的动静，如果有人经过，要设法引起他的注意。

（2）电梯坠落自救。

电梯出现突然急速下坠时，乘客应该采取以下措施进行自救：

①不论有几层楼，要迅速把每一层楼的按键按下，一般电梯紧急电源启动时，可停止继续下坠。

②若电梯里有把手，乘客最好紧握把手，这样可避免因重心不稳而摔伤。

③在电梯下坠的过程中，乘客要将整个背部跟头部紧贴电梯内墙，呈一直线，这样可以运用电梯墙壁作为脊椎的防护，同时，膝盖要保持弯曲姿势，利用韧带来缓冲重击压力。

④在电梯停止下坠后，应利用应急电话或手机与值班人员、维保人员取得联系，将受困信息发布给电梯所在大楼管理机构或电梯维保单位，告知电梯所在位置、轿厢内人员情况等。乘客应当待在轿厢内等待救援人员，切不可强行推开电梯内轿门。

二、地震逃生

地震是地质灾害的主要表现，因其突发性和范围较大，常常造成严重的人员伤亡。地震发生常伴有火灾、水灾、有毒气体泄漏、细菌及放射性物质扩散，并可能造成海啸、滑坡、崩塌、地裂缝等次生灾害。虽然地震目前是人类无法避免和控制的，但是只要掌握一些逃生技巧，是可以将伤害降到最低点的。

案例集锦10-4

【例1】

2008年5月12日14时28分4秒，四川汶川、北川发生里氏8.0级地震，地震造成约69 000人遇难，超过37万人受伤，近18 000人失踪，被称为"汶川大地震"。

【例2】

2010年4月14日晨，青海省玉树藏族自治州玉树县（今为玉树市）发生两次地震，最高震级7.1级，地震震中位于县城附近。截至2010年5月30日18时，玉树地震已造成2 698人遇难，其中已确认身份2 687人，失踪270人。

【例3】

2013年4月20日8时2分，四川省雅安市芦山县发生7.0级地震。震中芦山县龙门乡99%以上房屋垮塌，卫生院、住院部停止工作，停水停电。截至2013年4月24日14时30分，地震共计造成196人死亡，失踪21人，11 470人受伤。

点评

由以上案例，我们可以看到地震等地质灾害危害极大，尤其是在校园等人员集中区域，很容易造成大面积的人员伤亡。因此，大学生应该在了解地震知识的基础上，掌握地震逃生自救知识，挽救自己及他人的生命。

1. 地震

地震又称地动、地振动，是地壳在快速释放能量过程中造成振动，其间会产生地震波的一种自然现象。

由于地球处于不断运动和变化中，逐渐积累起巨大的能量，造成地壳某些脆弱地带的岩层突然断裂，或者引起原有断层产生错动，地震就发生了。

地震活动在时间上具有一定的周期性，表现为在一定时间段内地震活动频繁，强度大，称为地震活跃期；而另一时间段内地震活动相对来讲频率低，强度小，称为地震平静期。

地震的地理分布受一定的地质条件控制，具有一定的规律。板块之间的消亡边界容易形成地震活动活跃的地震带。

2. 地震术语

（1）震源与震中。地壳内部发生地震的区域叫震源，地面上正对震源的位置叫震中，震源到地面的垂直距离是震源深度。震源越浅，地震的破坏强度越大。

（2）震级和烈度。震级和烈度是衡量地震的两把尺子，震级是指地震释放能量的大小；烈度是指地震在不同地点造成破坏的程度。一次地震只有一个震级，但可有多个烈度，一般而言，离震中越近的地方破坏强度越大，烈度也越高。

（3）不同震级之间的差别。震级小于3级的为弱震，一般人们不易觉察；震级等于或大于3级，等于或小于4.5级的为有感地震，人们容易感觉到，一般不会造成破坏；震级大于4.5级，小于6级的为中强震，属于可造成破坏的地震，但破坏强度轻重还与震源深度、震中距等多种因素有关；震级等于或大于6级的为强震，其中震级等于或大于8级的称为巨大地震，会造成很大的破坏。

（4）地震能量。地震能量决定震级，震级相差1级，地震能量相差约30倍。目前地球上有记载的最大地震的震级为8.9级。

3. 地震前的异常反应

地震前,在自然界发生的与地震有关的异常现象,称为地震前兆,它包括微观前兆和宏观前兆两大类。常见的地震前兆现象有地震活动异常,地震波速度变化,地壳变形,地下水异常变化,地下水中氡气含量或其他化学成分发生变化,地应力变化,地电变化,地磁变化,重力异常,动物异常,地声、地光以及地温异常等。

(1) 动物异常。地震前,飞禽走兽、家畜家禽、爬行动物、穴居动物和水生动物往往会有不同程度的异常反应。人们还总结出这样的谚语:

震前动物有预兆,抗震防灾要搞好;
牛羊驴马不进圈,老鼠搬家往外逃;
鸡飞上树猪拱圈,鸭不下水狗狂叫;
兔子竖耳蹦又撞,鸽子惊飞不回巢;
冬眠长蛇早出洞,鱼儿惊惶水面跳;
家家户户要观察,综合异常做预报。

(2) 地下水异常。地震前,地下含水层受到强烈挤压,破坏了地表附近的含水层状态,使地下水重新分布,造成有的区域水位上升,有的区域水位下降。水中化学物质成分的改变使有些地下水出现水味和颜色改变,发生水面浮"油花"、打旋冒气泡等现象。

(3) 震前地声。不少地震震前数小时至数分钟,少数在震前几天,会有地声传出。灾区群众根据地声的特点,能够判断出地震的大小和震中的方向,"大震声发沉,小震声发尖;响的声音长,地震在远方;响的声音短,地震在近旁"。

4. 地震逃生技巧

(1) 地震前及时关火。地震时,会有不能依赖消防车灭火的情形。因此关火、灭火的这种努力是能否将地震灾害控制在最低程度的重要因素。

(2) 不要慌张地向户外跑。地震发生时,慌慌张张地向外跑,碎玻璃、屋顶上的砖瓦、广告牌等掉下来砸在身上是很危险的。此外,水泥预制板墙、自动售货机等也有倒塌的危险,不要靠近这些物体。

(3) 将门打开,确保出口。钢筋水泥结构的房屋等,由于地震的晃动会造成门窗错位,打不开门,曾经发生有人被封堵在屋子里的情况,所以将门打开,是确保出口畅通的关键。

(4) 躲在桌子等坚固家具的下面。在地震发生时,首先要在重心较低且结实牢固的桌子下面躲避,并紧紧抓牢桌子腿。在没有桌子等可供藏身的场合,要用坐垫等物保护好头部(如图10-3所示)。

图10-3 地震发生时用坐垫等物保护好头部

(5) 在户外的场合，要保护好头部，避开危险之处。在繁华街、楼区，最危险的是会有玻璃窗、广告牌等物掉落下来砸伤行人，要注意用手或手提包等物保护好头部。

(6) 公共场合不慌乱。在百货公司、地下街等人员较多的地方，最危险的是发生混乱，一定要依照商店职员、警卫人员的指示来行动。

(7) 汽车靠路边停车。发生强震时，汽车会像轮胎泄了气似的，难以驾驶。因此应注意避开十字路口，将车子靠路边停下。

(8) 务必注意山崩、断崖落石或海啸。在山边、陡峭的倾斜地段有发生山崩、断崖落石的危险，应迅速到安全的场所避难；在海岸边有遭遇海啸的危险。

(9) 避难时要徒步，所携带物品要尽量减少。因地震造成的火灾，危及生命、人身安全时，应以市民防灾组织、街道等为单位，由负责人及警察等带领采取徒步避难的方式，携带的物品要尽量减少。绝对不能利用汽车、自行车避难。

(10) 不要听信谣言，不要轻举妄动。在发生强震时，人们心理上易产生动摇，为防止混乱，人们应依据正确的信息，冷静地采取行动。一定要相信政府、消防等防灾机构发布的信息，决不轻信不负责任的流言蜚语，不轻举妄动。

三、公交车逃生

在日常生活中，人们经常选择公交车出行。因为选择乘坐公交车不仅环保，而且非常便捷。但是，公交车上也是安全事故的多发地，尤其是公交车发生火灾时。如果车内突发火灾，很容易因为乘客拥挤而导致人员伤亡。因此，我们要学会如何应对公交车突发事故，在发生危险时顺利逃生。

案例集锦10-5

【例1】
2018年5月5日上午9时15分，上海某大型商场附近一辆公交车发生爆燃，造成3人死亡，多人受伤。当天下午5时45分，警方称火灾系一名乘客携易燃物品上车所致。

【例2】
2019年6月5日8时25分许，成都一辆公交车在闹市发生燃烧，造成28人死亡、74人受伤，7月2日，查明事故系有人携汽油上车故意纵火所致。

点评

公交车火灾最大的特点就是火势蔓延特别迅猛，往往在数秒内就席卷全车，加上封住了车门，乘客稍有犹豫就会丧失逃生的良机，如果遭遇上下班高峰期，人员伤亡会更大。

1. 公交车的安全隐患

公交车（包括其他公共汽车）的安全隐患大概可以分为 5 类，包括火灾、车祸、卫生安全、偷盗、自然灾害。

（1）火灾。公交车最常见的安全事故是火灾，公交车火灾逃生技巧也是大学生必须掌握的逃生技巧。

车辆自身安全状况差，供油系统、电气系统或机械设备存在一些先天性故障或火灾隐患，如燃油箱渗油或存在缺陷、电气线路老化、机械设备陈旧或丧失部分功能等，一旦遇到明火或火星，甚至振动碰撞，都会引起爆炸和火灾事故，这是公交车起火的主要原因；人为因素引发的火灾，如有乘客携带易燃易爆等危险物品及火种上车，驾驶人员或乘客忽视消防安全，在车内吸烟、乱扔烟头等。

公交车火灾发生的特点如下：

①发生突然，发展迅速。公交车火灾无论是人为的火灾，还是车辆自身故障引发的火灾，一般都发生在车辆高速行驶中，火灾发生带有突然性、突发性。

②燃烧迅猛、蔓延速度极快。目前公交车特别是旧车型公交车，车体内使用易燃材料多，特别是一些内饰材料和布质座椅等，遇到火源或燃烧时发热量高，发烟量大，且燃烧迅猛，蔓延极快。

③容易造成人员伤亡。公交车由于空间狭小封闭、人员拥挤、逃生困难，容易造成人员伤亡和财产损失。

（2）车祸。公交车车祸事故主要包括翻车、落水、碰撞等，在发生车祸时，应该在第一时间离开车体，并在确保安全的前提下及时报警。

（3）卫生安全。公交车上人员流动性大，人员构成复杂，不排除有病菌携带者甚至传播者，而且，公交车上卫生状况也不容乐观，车内外的灰尘、飞沫、纸片等都会加重车内环境污染。

（4）偷盗。公交车偷盗行为比较常见，尤其在人流拥挤的上下班高峰期，小偷会隐藏在人群当中伺机偷盗。

（5）自然灾害。

①高温。夏季时易出现高温天气，当出现温度高于 35℃的天气时，乘客应避免乘坐非空调车或超载车辆，此时车内空气较差，极易中暑。

②雷击。雷击是较频繁的自然灾害之一，雷雨天气最好避免出门。

③台风。台风期间尽量不要外出行走。若在公交车上，可双手用力向前推扶手或椅背，双脚抵住固定物，稳定自己的身体。

2. 公交车逃生技巧

（1）旋转应急开关。公交车车门一般由驾驶员用开关按钮进行电动控制，一旦出现开关按钮损坏的情况，就需要乘客用另一种方式开门。公交车车门上方显眼处一般设有一个红色按钮，称为应急开关。如果车门无法正常开启，乘客可以按箭头指示方向旋转应急开关，这时会听到一阵"嘶嘶"声，表示气阀内的气压已放掉，用手就可推开车门。

（2）逃生锤砸开车窗。每辆公交车上都安装有 4～5 个逃生锤，均设在驾驶员和车窗附近。危急情况下，乘客可取下逃生锤，用锤尖用力锤击车窗玻璃的中心，击碎玻璃后清除车窗上的玻璃碎片，然后从车窗逃出。

有些公交车车窗中间位置安装了防止乘客甩出车外的栏杆，乘客击碎玻璃逃离时可抓住栏杆跳出窗外。

（3）推开车顶天窗。公交车车厢前后有两个换气用的天窗，当遇到紧急情况时，乘客可以按箭头指示方向旋动天窗一侧的按钮，然后向上用力推开天窗，就可以踩着座椅等爬上天窗，安全逃生。

四、公共场所逃生

人员集中的公共场所是安全事故的高发地点，而公众缺少必要的公共场所安全知识，不懂得采取适当的自我保护措施，这也是导致惨剧发生的重要因素。因此，掌握公共场所相关安全知识、培养良好的心理素质，才有可能在危急关头做出正确判断，避免造成更大的伤害。

案例集锦10－6

【例1】
2020年9月20日晚23时许，深圳某俱乐部正在举行一场室内烟花晚会，晚会中间，由于烟花被打偏冲向了天花板，突然引起火灾。火灾发生后，现场人员开始逃散，但大火将电线烧断引起停电，许多人被闷晕。事故共造成43人死亡，住院59人，留院观察6人。

【例2】
2021年9月4日凌晨5时许，南昌市某电影院大楼发生大火，二楼一个大型灯具城烧毁严重，过火面积约1600平方米。火灾中，1名群众因伤势过重经医院抢救无效死亡，10名群众不同程度受伤。

点评

公共场所由于人员众多，一旦发生事故，便会造成多人死伤。而大多数事故的发生都是因为组织不力、监管不严，当事人缺乏逃生技巧，失去了求生自救的机会。

1. 公共场所

公共场所是指供公众使用或娱乐的活动场所，包括宾馆饭店、影剧院、学校、大型商场、超市、体育场馆、公共交通车站、码头、候机大厅、大型集会、演出活动等人员高度密集的场所。

2. 公共场所人员聚集引起的危害

公共场所由于人员聚集，情况比较复杂，容易引起诸多突发性危害，应引起人们足够重视。公共场所人员聚集引起的危害常有以下两种：

（1）拥挤骨折。当有人因拥挤发生骨折时，须及时送医院救治，相关人员应做力所能及的初步处理。

（2）心脏病猝发。如果有人出现心脏病猝发，切忌将患者直接抬着或背着去医院，而应让其就地平躺，头略高，由患者亲属或其他相关人员从患者口袋中寻找备用药物，让其服用；同时，请附近医院的医生前来救治，待病情有所稳定后送医院救治。

3. 公共场所火灾的逃生技巧

（1）商场火灾的逃生技巧。

①利用疏散通道逃生。每个商场都按规定设有室内楼梯、室外楼梯，有的还设有自动扶梯、消防电梯等，发生火灾后，尤其是在火灾初起阶段，这些都是逃生的良好通道。

②自制器材逃生。商场（集贸市场）是物资高度集中的场所，商品种类繁多，发生火灾后，可利用逃生的物资是比较多的。如将毛巾、口罩浸湿后可制成防烟工具捂住口、鼻，利用绳索、布匹、床单、地毯、窗帘来开辟逃生通道等。

③利用建筑物逃生。发生火灾时，可利用落水管、商场内外突出部分和各种门、窗及建筑物的避雷网（线）进行逃生，或转移到安全地域再寻找机会逃生。

④寻找避难处所。在无路可选的情况下应积极寻找避难处所，如在室外阳台、楼房平顶等待救援；选择火势、烟雾难以蔓延的房间关好门窗，堵塞间隙。此时，若房间中有水源，要立刻将门、窗和各种可燃物浇湿，以阻止或减缓火势和烟雾的蔓延。

（2）地下商场火灾的逃生方法。

①首先要有逃生意识。凡是进入地下商场的人员，一定要对其设施和结构布局进行观察，熟记疏散通道和安全出口位置。

②防止火势扩大。地下商场一旦发生火灾，要立即关闭空调系统停止送风，防止火势扩大。同时，应立即开启排烟设备，迅速排出地下室内的烟雾，以降低火场温度和提高火场能见度。

③迅速撤离危险区。采取自救或互救手段迅速疏散到地面、避难间、防烟室，以及其他安全地带。

④灭火与逃生相结合。关闭防火门，防止火势蔓延或封闭窒息火灾。把初起之火控制在最小范围内，尽一切可能将其扑灭。

⑤低姿势前进。逃生时，尽量低姿势前进，不要做深呼吸。在可能的情况下，用湿衣服或毛巾捂住口鼻，防止烟雾进入呼吸道。

⑥等待救援。当疏散通道被大火阻断时，应尽量想办法延长生存时间，等消防队员前来救援。

（3）娱乐场所火灾的逃生技巧。

①逃生时必须冷静。由于进出歌舞厅、卡拉OK厅的顾客随意性大、密度很高，且是在晚上，加上灯光暗淡，失火时容易造成人员拥挤，在混乱中发生挤伤、踩伤事故。因此，只有保持清醒的头脑，明辨安全出口方向和采取一些紧急避难措施，才能掌握主动，减少人员伤亡。

②积极寻找多种途径逃生。在发生火灾时，首先应该想到通过安全出口迅速逃生。特别要提醒的是：由于一些歌舞厅只有一个安全出口，在逃生的过程中，一旦人们蜂拥而出，极易造成安全出口的堵塞，使人员无法顺利通过而滞留火场。这时应克服盲目从众心理，果断放弃从安全出口逃生的想法，寻找其他途径逃生。

③等待救援。假设在高层建筑中的歌舞厅、卡拉OK厅发生火灾时，逃生通道被大火和浓烟堵截，且找不到辅助救生设施时，被困人员应暂时逃向火势较轻的地方，向窗外发出救援信号，等待消防人员营救。

④互相救助逃生。在歌舞厅、卡拉OK厅进行娱乐活动的青年人比较多，身体素质好，可以互相救助脱离火场，或帮助年长者逃生。

⑤在逃生过程中要防止中毒。由于歌舞厅、卡拉OK厅四壁和顶部有大量的塑料、纤维等装饰物，一旦发生火灾，将会产生有毒气体，因此，在逃生过程中，应尽量避免大声呼喊，防止烟雾进入口腔，用水将衣服打湿捂住口腔和鼻孔，一时找不到水时，可用饮料打湿衣服，并采用低姿行走或匍匐爬行，以减少烟气的危害。

附 录　典型骗术分析

骗术1　冒充公检法人员诈骗

一、案情分析

犯罪分子大多冒充公安局、检察院、法院等部门工作人员，打电话给受害人，声称受害人的身份被冒用或者被害人涉嫌经济犯罪，要求配合司法机关工作，诱骗对方将钱财转到犯罪分子提供的所谓"安全账户"内。

二、警方提醒

接到疑似冒充司法机关工作人员的诈骗电话或短信时，要注意核实对方身份，不要随意透露自己的身份信息、银行账号及密码。尤其是对方要求向指定账户转账时，应第一时间告知家属，与家属商量解决或咨询公安机关。司法机关不可能提供"安全账户"，更不会指导你转账、设密码。

骗术2　冒充"110"电话诈骗

一、案情分析

犯罪分子通过非法渠道收集到市民群众的个人资料，利用"改号软件"等将来电显示号码修改成"区号+110"或者公安机关的其他办公电话，冒充公安机关工作人员，打电话给受害人，谎称其在某地有案底或涉案等，要求受害人协助调查，伺机套取受害人个人信息，进而骗取钱财。

> **警方提醒**
>
> 公安机关绝不会通过"110"拨打群众电话办案,不会通过电话或短信的形式要求转账,更不会有所谓的"安全账户"。接到类似电话,千万不能随意向陌生人透露个人信息,包括银行账号,更不可轻易往对方账户内转账汇款。遇到可疑情况,可及时拨打110向公安机关咨询、报案。

骗术3 "办理高额信用卡"诈骗

一、案情分析

> 犯罪分子通过手机短信、电子邮件等发布可办理高额信用卡的广告,一旦事主与其联系,犯罪分子以办卡需交"手续费""中介费""保证金"等为由,要求事主连续转账,实施诈骗。

> **警方提醒**
>
> 信用卡的申请和使用关系到个人切身利益,如有需要,一定要到正规的银行办理,切莫贪图便利或轻易相信他人而泄漏个人信息。且办理信用卡时留下的联系号码务必是自己的手机号码,不能留下他人的电话号码,谨防落入犯罪分子设下的陷阱。

骗术4 "我是你老公的女朋友"诈骗

一、案情分析

> 犯罪分子利用人们猎奇、排害心理向市民群众发送"我是你老公的女朋友,你自己看看你老公在外面都做了些什么事"等链接,一旦点击链接后,手机上绑定的各种账户和密码就会被盗。

> **警方提醒**
>
> 收到陌生号码发来的短信,一定不要点开里面的网址链接,也不要安装不安全的软件。一定要保持清醒,通过正确的渠道核实人物信息、事情真伪,避免上当受骗。

骗术 5 "10086 积分兑换现金"诈骗

一 案情分析

犯罪分子利用伪基站向广大群众发送"你的网络密码器失效""10086 移动商城兑换现金"等链接,一旦事主点击链接,便在事主手机上种植获取银行账号、密码和手机号的木马程序,从而进一步实施犯罪。

警方提醒

在收到类似短信时,不要盲目相信一些看似属于官方号码发来的短信,如有疑问,可拨打正确的官方客服热线进行确认。此外,对于在诈骗短信中附加的网址链接,要仔细辨别,不要轻易点击打开,以免造成不必要的损失。

骗术 6 "购车、房退税"诈骗

一 案情分析

犯罪分子冒充税务、财政、车管所工作人员拨打事主电话,称"国家已经下调购房契税""符合新能源汽车补贴"等,让事主提供银行卡号并直接通过 ATM 机转账退还税款。当事主到 ATM 机时,犯罪分子让事主按照其电话指示操作,乘机划走钱款。

警方提醒

税务、财政等部门对消费者进行退税的时候都会通过电视、报纸等权威媒体发布公告,根本不存在电话指示操作退款情况,对于存在疑问、难辨真伪的信息,市民群众可拨打 110 求助咨询或到相关部门当面求证,谨防上当。

骗术 7 "热门娱乐节目中奖信息"诈骗

一 案情分析

犯罪分子拨打受害人手机或发送短信,以其手机号在某知名公司或娱乐节目摇奖活动中中奖为由，利用受害人的贪利心理，诱骗受害人将所谓"手续费""个人所得税"汇款至其提供的账户。

◉ 警方提醒

预防中奖诈骗，最重要的是确定你是否主动参加过此类活动。一般所谓"随机抽取""先交手续费或保证金再领奖"等多是诈骗。若实在拿不准，可到活动发起单位当面核实，谨防上当受骗。

骗术8 "法院传票"诈骗

案情分析

犯罪分子假借法院名义，打电话通知市民群众"出庭应诉"。此类诈骗电话一般打到当事人家中或单位的固定电话，要求接电话的当事人领取诉讼传票。电话内容均由一段电话录音播出，并指示当事人按电话键进入下一级内容，进入下一级后，对方先以事主涉案为由进行恐吓，再以提供"公证账号"为由，要求当事人将名下存款转入其提供的诈骗账户。

◉ 警方提醒

司法机关在执法过程中会当面咨询当事人，并携带相关的法律文书等手续，绝对不会在电话中向当事人索要银行账号、密码，所以请大家务必提高警惕。

骗术9 "网络交友"诈骗

案情分析

犯罪分子通常扮演成有经济实力、事业有成的成功人士，借助婚恋交友网站登记虚假征婚信息，在取得受害人的电话号码等联系方式后，犯罪分子会用甜言蜜语迷惑事主，然后借机诈骗。

警方提醒

网络交友、恋爱一定要小心谨慎，时刻保持清醒的头脑和警惕心理，不要轻信陌生人的甜言蜜语，不要随意透露个人、家庭信息及财产收入等情况；不要随便给对方买贵重物品，更不要轻易借钱给对方，以防上当受骗。

骗术10　盗用QQ借款诈骗

一、案情分析

犯罪分子通过黑客手段，盗用受害人QQ后，分别给其QQ好友发送请求借款信息进行诈骗，有的甚至事先就有意和QQ使用人进行视频聊天，获取使用人的视频信息，在实施诈骗时有意播放事先录制的使用人视频，以获取其QQ好友的信任。

警方提醒

此类诈骗犯罪分子利用亲友间相互信任、警惕性不高的心理诈骗财物，迷惑性较大。凡涉及钱物，一定要核实对方身份信息后再汇款。

骗术11　"贷款信息"诈骗

一、案情分析

犯罪分子群发提供低息甚至无息贷款信息。当事主与其联系时，就会被要求向指定账户汇入"验资款""手续费"，或索要事主银行账户，再层层设套，窃取事主银行账户密码，通过网上银行将存款迅速转走。

警方提醒

无担保的贷款业务是不符合常理的，若看到"贷款无须担保、抵押"等类似广告宣传，千万要提高警惕，以避免造成不必要的钱财损失。若要办理贷款业务，请到银行等国家正规金融机构，以免上当受骗。

骗术 12　冒充公司老总诈骗

案情分析

犯罪分子通过搜索财务人员 QQ 群,以"会计资格考试大纲文件"等诱饵发送木马病毒,盗取财务人员使用的 QQ 号码,并分析研判出财务人员老板的 QQ 号码,再冒充公司老板向财务人员发送转账汇款指令。

警方提醒

财务工作人员凡收到要求转账、汇款的信息、电话,一定要提高警惕,核实对方身份,严格遵守财务规章,不轻易进行资金操作。且应保护好自己的个人信息,以防各类针对性的诈骗犯罪。

骗术 13　骗取话费诈骗

案情分析

犯罪分子通过拨打"一声响"电话(响一声即迅速挂断的陌生电话),诱使你回电,从而赚取高额话费。或以短信的形式发送"你的朋友 13××××××××为你点播了一首歌曲,表达了她的思念和祝福,请你拨打 9××××收听"。一旦回电话,就有可能会产生高额话费或定制某项短信服务,造成手机用户的财产损失。

警方提醒

碰到手机响一声突然挂断或者手机里有陌生的未接来电,一定要加倍小心,切莫轻易将电话回拨过去。

 骗术 14　汇款诈骗

案情分析

犯罪分子大量群发"我是房东,我的银行卡消磁了,请把房租或款项转至我的其

他账户，账户××××"等类似信息，如果恰巧你要汇款，就有可能上当受骗。

警方提醒

在涉及汇款问题时，可以设置一些试探性问题辨别真假，若实在拿不准的，通过电话核实和确定是最直接的方法。

骗术 15　网购诈骗

案情分析

犯罪分子开设虚假购物网站或淘宝商铺，一旦事主下单购买商品，便称系统故障，订单出现问题，需要重新激活。随后，通过QQ发送虚假激活网站，受害人填写好淘宝账号、银行卡号、密码及验证码后，卡上金额随即不翼而飞。

警方提醒

网购时一定要登录正规网站，注意店铺信誉，不要轻信超低价格的商品，不要轻易点开陌生人发送的链接。扔掉快递包裹前应先把快递单上的名字、手机号、地址等信息抹去，不给骗子留下可乘之机。

骗术 16　"猜猜我是谁"诈骗

案情分析

犯罪分子拨打事主电话，以"猜猜我是谁"的方式，让事主误以为是其亲友，骗取信任后，以发生车祸、嫖娼被抓需要钱应急等为借口，骗取事主钱财。

警方提醒

遇到"猜猜我是谁"的询问后，要多留心眼，不要主动报出亲友姓名，如对方自称是你好友，且能准确叫出名字时，一定要多方印证不要轻易相信，更不要在未见面的情况下给他人打款。

骗术 17 "ATM 机告示" 诈骗

案情分析

犯罪分子预先堵塞 ATM 机出卡口，并在 ATM 机上粘贴虚假服务热线告示，诱使银行卡用户在卡被吞后与其联系，套取密码，待用户离开后到 ATM 机取出银行卡，盗取用户卡内现金。

警方提醒

在 ATM 机取款时要提高警惕，遇到任何取款故障，不要轻易相信 ATM 机上所张贴的联系电话，应第一时间与发卡银行客服取得联系或拨打 110 报警。如果发现犯罪嫌疑人线索，请及时到当地公安机关报案。

骗术 18 "网络炒股" 诈骗

案情分析

犯罪分子以某证券公司的名义，通过互联网、电话、短信的方式透露、贩卖股市"内部信息"或代炒股票、贩卖虚假股票投资软件等诱骗客户投资，然后实施诈骗。

警方提醒

广大股民应不断增强自我防范意识和能力，遇到对方要求有偿成为会员、提供情报信息等情况要高度警惕，不要随意透露自己的身份资料、银行账号等情况。遇到可疑情况或发现自己被骗，应及时向公安机关报案。

骗术 19 票务诈骗

案情分析

犯罪分子利用门户网站、旅游网站、搜索引擎等投放广告，制作虚假的网上订票公司网页，发布订购机票、火车票、汽车票等虚假信息，以较低的票价引诱受害人上当。随后，再以"身份信息不全""账号冻结""订票不成功"等理由要求事主再次汇款，从而实施诈骗。

警方提醒

一定要通过有安全服务保障的网站购买机票、火车票和汽车票，学会鉴别克隆网站，不轻信要求先付款再送票的交易请求，在领取网购机票、火车票、汽车票时要注意当时识别票的真伪。一旦遇到可疑情况，及时拨打110报警。

骗术20 "微信代购"诈骗

一、案情分析

犯罪分子在微信朋友圈假冒正规微商，以优惠、打折、海外代购为诱饵，待买家付款后，又以"商品被海关扣下，要加缴关税"等为由要求增加付款，一旦获取购货款，则无法联系。

警方提醒

微信代购存在风险，市民群众在网上购物时务必通过正规网站进行，并通过安全的第三方交易平台完成支付，不要直接转账。一旦碰到类似要求先付钱、加缴关税的情况，应果断放弃。如遇诈骗，请及时报警，保留聊天记录、语音信息等证据，方便警方破案。

骗术21 "到我办公室来一趟"诈骗

一、案情分析

犯罪分子冒充领导打电话给受害人，正确叫出受害人的名字，并让其去对方办公室一趟，让受害人误以为是自己单位领导。当受害人深信不疑后，犯罪分子随即以各种理由诱使受害人转账汇款。

警方提醒

当接到类似电话时,应直接询问对方姓名,在无法确认对方身份时,还可以提出见面要求。当对方说自己遇到突发事件急需用钱时,一定要核实事件的真假,一旦确定对方是骗子,应立即报案。

骗术 22　虚构绑架或车祸等事故诈骗

案情分析

犯罪分子大多冒充公安局、检察院、法院等部门工作人员,打电话给受害人,声称受害人的身份被冒用或者受害人涉嫌经济犯罪,要求其配合司法机关工作,让对方将钱财转到犯罪分子提供的所谓"安全账户"内。

警方提醒

当接到疑似冒充司法机关人员的诈骗电话或短信时,要注意核实对方身份,不要随意透露自己的身份信息、银行账号及密码。尤其是对方要求向指定账户转账时,应第一时间告知家属商量解决或咨询公安机关。司法机关不可能提供"安全账户",更不会指导你转账、设密码。

骗术 23　冒充领导诈骗

案情分析

犯罪分子假冒领导、秘书或部门工作人员等打电话给基层单位负责人,以推销书籍、推销纪念币、划拨款项、配车、帮助解决经费困难等为理由,让受骗单位将订购款、配套费、手续费等汇到指定银行账号。

警方提醒

广大群众特别是基层干部,不要盲目听从"领导"电话"指挥",要理智对待,多加分析,保持头脑清醒,通过正确渠道核实人物身份、电话号码、事情真伪。对涉及钱、工程、人事等方面的过分要求采取拖延方式,经核实后再应对。

骗术 24 "网银升级"诈骗

一、案情分析

犯罪分子利用改号软件将来电显示号码修改成银行客服号码,发送"密码过期"的有关信息,并提供虚假的网站链接。当持卡人信以为真登录该网站,输入相关身份证号、网银用户名、密码、动态口令等信息后,卡内存款随即被转走。

警方提醒

银行不会通过邮件、短信、电话等方式,以系统升级或身份证认证工具过期激活等为由,要求客户到指定的网页修改网银密码或进行身份验证,请大家务必注意。

骗术 25 贩卖考题诈骗

一、案情分析

犯罪分子对即将参加考试的考生拨打电话,称能提供考题或答案,不少考生急于求成,事先将买答案费的首付款转入指定账户,后因无法联系而发现被骗。

警方提醒

各类资质考试是有严格保密程序的,任何人都不可能提前提供答案或在考后修改成绩,考生切莫让不法分子钻了空子,自己好好复习备考才是正道。

骗术 26 "电视、电话欠费"诈骗

一、案情分析

犯罪分子冒充通信运营商等企业工作人员,向事主拨打电话或直接播放电脑语音,以其电视、电话欠费为由,要求将欠费资金转到指定账户,否则将停用受害人本地的有线电视和电话服务并罚款。如果事主信以为真,转账就会被骗。

警方提醒

犯罪分子通过"催费"这一借口,诱导蒙蔽受害人将钱款通过银行汇到骗子指定的账号上。遇到此类问题,有线电视、电话用户可拨打当地营业厅的服务电话咨询,揭穿骗子的伎俩,避免上当受骗,使财产遭受损失。

骗术27 "微信点赞"诈骗

案情分析

犯罪分子冒充商家发布"点赞有奖"信息,要求参与者将姓名、电话等个人资料发到微信平台,一旦套取完足够的个人信息后,即以"手续费""公证费""保证金"等形式实施诈骗。

警方提醒

在参加微信点赞活动时要注意保护个人隐私,不可随意将个人重要信息透露,更不要轻易转账汇款。同时,要学会使用法律手段保护自己的合法权益,对商家的虚假内容和违法行为要及时举报。

骗术28 "扫一扫"诈骗

案情分析

"扫一扫"很流行,可是也让不法分子有了可乘之机。一些不明来路、不明源头的二维码,很可能泄露你的账户信息,严重的直接盗刷银行卡,造成钱财损失。

警方提醒

不要随意打开陌生人发送的链接、二维码,尤其是使用手机二维码在线支付时,更应当提高警惕。在网络支付或手机支付输入动态密码前,要仔细核对短信中的业务类型、交易商户和金额等。如发现有疑点,不要轻易支付,先通过官方渠道进行核实。

骗术 29 "航班取消"诈骗

案情分析

犯罪分子冒充航空公司客服人员以事主航班取消,提供退票、改签服务为由,逐步将其引入诈骗圈套,要求多次进行汇款操作,实施连环诈骗。

警方提醒

当收到"航班取消"短信时,应及时联系航空公司求证航班是否被取消,或联系订票处求证消息是否真实,不要轻信虚假信息,不要拨打短信中的陌生号码,不要轻易泄露银行卡信息,更不要轻易转账汇款。

骗术 30 红包诈骗

案情分析

犯罪分子假冒微信或支付宝红包,通过各种社交软件发布钓鱼网站链接,诱导用户点击或者下载。受害人一旦相信,在这些网站上提交身份信息和银行卡账号,下载安装手机病毒程序,将导致银行卡被盗刷。

警方提醒

在参与抢红包活动时一定要仔细确认发布红包活动的主办方是否正规可信,尤其是面对需要提供大量个人信息、填写支付信息的活动,一定要格外警惕,以免造成不必要的财产损失。

骗术 31 "高薪招聘"诈骗

案情分析

犯罪分子通过群发信息,以高薪招聘"公关先生""特别陪护"等为幌子,要求

受害人到达指定地点再次拨打电话联系。犯罪分子并不露面，声称受害人已通过面试，只要向指定账号汇入一定培训、服装等费用后即可上班，从而骗取受害人钱财。

警方提醒

求职一定要通过正规的劳动部门或者中介机构，千万不要轻信短信和路边小广告等。应聘前一定要核实招聘信息的真伪，必要时，可以到当地劳动部门咨询。

骗术 32 "包裹藏毒"诈骗

案情分析

犯罪分子群发短信，以寄给事主的包裹内发现大量毒品，个人信息可能泄露被不法分子利用为由，冒充邮局工作人员或公安民警连环设套，要求将银行卡中的钱款转入所谓的"安全账户"，方便公安机关取证，继而套取银行账号、密码，盗取钱款。

警方提醒

如果收到类似"包裹藏毒"的电话或信息要提高警惕，防止上当受骗。可直接与邮局联系，或查询邮政官方网站，切勿轻信不法分子的说法，更不要转账汇款，如有疑问，可拨打110咨询。

骗术 33 "爱心传递"诈骗

案情分析

犯罪分子将虚构的寻人、扶困帖子以"爱心传递"的方式发布在微信朋友圈里，引起网民转发，帖内所留联系方式实则绝大多数为外地号码，拨打过去实际上是吸费电话。

警方提醒

市民群众要提高警惕，不要轻易相信类似信息，也不要盲目转发，更不要轻易拨打来历不明的电话号码。如要捐款、捐物，应通过官方公布的正规渠道进行。

骗术34 "低价购物"诈骗

案情分析

犯罪分子主要利用网站、手机群发短信等方式对外发布虚假供货信息，谎称是海关罚没货物或走私商品等，价格与市场价相比极低，引诱事主打电话咨询，之后便以"交定金""补关税""托运费"等名目进行诈骗。

警方提醒

市民群众不要因贪小利而受不法分子或虚假短信的诱惑，应巩固自身心理防线，提高防范意识，遇到销售赃车等违禁品应向公安机关举报。

骗术35 "代刷信誉转佣金"诈骗

案情分析

犯罪分子通过网络平台发布虚假广告，以帮网店招聘刷信誉兼职人员为幌子，告知受害人在购买商品后将返还本金及佣金，一旦受害人上当汇款，就立即消失。

警方提醒

用虚假的交易方式刷店铺信誉不可靠，刷信誉其本身就是欺骗行为，因此，千万不要轻易相信此类兼职广告。当涉及网络转账、购买货物等问题时，一定要十分谨慎，以免上当受骗。

骗术36 冒充网站客服诈骗

案情分析

犯罪分子通过专门渠道购买购物网站的买家信息，再冒充购物网站的工作人员，声称"由于银行系统错误，买家支付未成功"，之后再冒充客服人员诱骗受害人到ATM机前办理手续，实则实施资金转账。

警方提醒

市民群众不要轻易相信网上异常优惠的商品信息，如确有购买需求，交易前认真核实商品信息，并尽量采取"货到付款"方式进行交易。

骗术37 冒充银联诈骗

案情分析

犯罪分子群发短信，以事主银行卡出现异常高额消费，可能泄露个人信息为由，冒充银联中心或公安民警连环设套，要求事主将银行卡中的钱款转入所谓的"安全账户"或套取银行账号、密码，从而实施犯罪。

警方提醒

对来历不明的短信或电话要提高警惕，在任何情形下都不要轻易向他人透露银行卡密码等信息。如果收到可疑短信，持卡人要亲自到银行柜台咨询，也可致电各发卡行的客服热线查询，或尽快向警方报案。

骗术38 "色情服务"诈骗

案情分析

犯罪分子在互联网上留下提供色情服务的电话，待受害人与之联系后，称需先付款才能上门提供服务，受害人将钱打到指定账户后才发现被骗。

警方提醒

应遵纪守法，洁身自好，万万不要相信此类招嫖信息，以防触犯法律又上当受骗。如果发现被骗，请第一时间拨打110，或者到最近派出所报案。

骗术39 "复制手机卡"诈骗

案情分析

犯罪分子群发信息，称可复制手机卡、监听手机通话信息，不少群众因个人需求主动联系对方，继而被不法分子以购买复制卡、预付款等名义骗走钱财。

警方提醒

一定要提高警惕，不要相信类似的诈骗短信，复制SIM卡的行为实际是骗子通过改号软件，任意显示来电号码。市民遇到类似骗局时，只要回拨手机，或者发短信查证就能戳穿骗子的阴谋，千万不能随意给对方账号汇款。

骗术40 "快递签收"诈骗

案情分析

犯罪分子冒充快递人员拨打事主电话，称其有快递需要签收但看不清具体地址、姓名，需提供详细信息，便于送货上门。随后，快递公司人员将送上假烟或假酒。一旦事主签收后，犯罪分子再拨打电话称其已签收必须付款，否则讨债公司或黑社会将找麻烦。

警方提醒

遇到有类似情况的快递员送货时，一定要问明白，看清楚是否是自己所购买的货物，不要贸然签收，也不要随意向"快递公司"打来的电话透露个人信息。如果不小心受骗，应尽快拨打110报警。

骗术 41　假冒商场客服诈骗

一　案情分析

犯罪分子先冒充银行工作人员，谎称事主持银行卡在某地"商场刷卡消费"，请事主回复其指定的"客服电话"核实。若事主拨打该"客服电话"询问有关情况，犯罪分子便称该银行卡可能被复制盗用，为保险起见，建议事主到银行 ATM 机进行更改数据信息的操作，实则是进行转账。

警方提醒

在接到类似商场客服电话通知时要提高警惕，注意保护个人隐私，不可以随意泄露个人银行账号和密码。如遇到不能确定的情况，可拨打商场客服电话咨询。

骗术 42　"网络投资"诈骗

二　案情分析

犯罪分子往往假冒知名金融机构网站，以网络投资等手段吸引投资，实施诈骗。或者通过虚假的商贸公司门户网站，大力宣传加盟商机及相关项目、相关政策，引人上钩。一旦有人与之联系，则以交"定金""加盟费""市场保证金"等各种名目的费用骗取受害人钱财。

警方提醒

在网上选择投资项目时要多加留意，不要被这类"天上掉馅饼"的宣传所蒙蔽。投资业务应尽可能到正规金融机构办理，必要时可向银监部门或者工商部门咨询了解其合法性。

参 考 文 献

[1] 姚攀峰．科学地震逃生［M］．北京：中国建筑工业出版社，2012．

[2] 中国地震局宣传教育中心．抗震救灾实用手册［M］．北京：人民出版社，2010．

[3] 杜玮．防震减灾基础知识问答［M］．北京：中国标准出版社，2012．

[4] 胡赪．对大学生创业法律保障问题的几点思考［J］．新西部，2007（10）．

[5] 陈海。大学生创业要注意法律风险［J］．致富时代，2009（9）．

[6] 蒋英燕．大学生就业法律指导内涵探析［J］．科教导刊，2010（3）．

[7] 杨晓慧．当代大学生生活方式问题及对策研究［J］．东北师大学报（哲学社会科学版），2006（6）．

[8] 刘红霞．大学生人际冲突的成因及对策研究［J］．湖北师范学院学报（哲学社会科学版），2001（6）．

[9] 何爱霞，苏海民．大学生消防安全意识现状调查——以宿州学院为例［J］．宿州学院学报，2011（12）．

[10] 陈武，方运纪．新编大学生安全教育［M］．北京：北京理工大学出版社，2021．

[11] 姚天金．大学生法制与安全教育［M］．北京：北京理工大学出版社，2022．